改革开放是决定当代中国命运的关键一招,也是决定实现"两个一百年"奋斗目标、实现中华民族伟大复兴的关键一招。

——习近平

关键一招

——对话改革开放 40 年

杨万东 张建君 程冠军 / 著

中国财经出版传媒集团
经济科学出版社
Economic Science Press

图书在版编目（CIP）数据

关键一招：对话改革开放 40 年/杨万东，张建君，程冠军著.
—北京：经济科学出版社，2018.11
ISBN 978-7-5141-9973-4

Ⅰ.①关… Ⅱ.①杨…②张…③程… Ⅲ.①诗集-中国-当代 Ⅳ.① I227

中国版本图书馆 CIP 数据核字（2018）第 260779 号

责任编辑：杜　鹏　张　燕
责任校对：杨　海
责任印制：邱　天

关键一招
—— 对话改革开放 40 年

杨万东　张建君　程冠军/著

经济科学出版社出版、发行　新华书店经销
社址：北京市海淀区阜成路甲 28 号　邮编：100142
编辑部电话：010-88191441　发行部电话：010-88191522
网址：www.esp.com.cn
电子邮件：esp_bj@163.com
天猫网店：经济科学出版社旗舰店
网址：http://jjkxcbs.tmall.com
北京季蜂印刷有限公司印装
710×1000　16 开　19.5 印张　300000 字
2018 年 12 月第 1 版　2018 年 12 月第 1 次印刷
ISBN 978-7-5141-9973-4　定价：68.00 元
(图书出现印装问题，本社负责调换。电话：010-88191510)
(版权所有　侵权必究　打击盗版　举报热线：010-88191661
QQ：2242791300　营销中心电话：010-88191537
电子邮箱：dbts@esp.com.cn)

小平您好
——为改革开放 40 年而作
（代序）

青年时代，
你就打定主意，
把身子交给我们的党，
交给本阶级。
你坚信：
对马克思主义的信仰，
是中国革命胜利的一种精神动力。

你浴血奋战，
视死如归，
不畏枪林弹雨。

你忍辱负重，
精神不倒，
历经"三落三起"。

你励精图治，
百折不挠，

撑起艰难危局。

你信念执着，
意志坚定，
十年风雨何惧！

别人搞"一小撮"，
你开"钢铁公司"。
别人做"小脚女人"，
你"从来不走回头路"。

你总结经验教训，
实现拨乱反正，
坚决反对"两个凡是"，
坚持实践检验真理。

你捍卫毛泽东思想，
坚持马克思主义，
恢复"实事求是"，
主持"历史决议"。

你坚决反对本本主义，
坚信"贫穷不是社会主义"，
"发展太慢也不是社会主义"，
"市场经济不是资本主义的专利"。

你推行"联产承包"，

开启改革之旅。
发展商品经济，
引入市场经济。
擘画"三步走"。
提出"两手抓"，
发明"一国两制"，
创办"经济特区"。

泥泞中，
你走出"小平小道"。
黑暗中，
你相信光明，坚持真理！

低潮中，
你冷静观察，
从容应对，
掷地有声对彷徨者说：
世界上赞成马克思主义的人
会多起来的，
因为马克思主义是科学，
它揭示了人类社会发展的规律。

迷茫中，
你力挽狂澜，
为国际共产主义运动
加油打气：
不要惊慌失措，

不要认为马克思主义就
消失了，没用了，失败了，
哪有这回事！
什么是社会主义，
怎样建设社会主义。
我们要走自己的道路，
建设有中国特色的社会主义。

抉择中，
你毅然踏上南去的列车，
让改革的春雷再度响起：
"大胆地试，大胆地闯"，
没有一股气呀、劲呀，
就走不出一条好路、新路，
就干不出新的事业，
发展才是硬道理。

行进中，
你摸着石头过河。
坚持"两手抓，两手都要硬"，
坚持"一个中心，两个基本点"，
坚持——
社会主义的本质，
是解放和发展生产力，
是消灭剥削，
消除两极分化，
最终达到共同富裕。

四十年艰辛探索，
四十年风风雨雨，
四十年意气风发，
四十年春潮又急。

中国道路，
中国智慧，
中国方案，
中国奇迹。

西方人说，
你是"邓旋风"，
你是"打不倒的东方小个子"。
中国人说，
你是"改革开放的总设计师"。
我们说，
你是中国人民的儿子，
你带领中国人创造了世界奇迹！

昨天，
你为人民谋幸福，
今天，
你魂系中国大地。

昨天，
莲花山上脚步响，

今天,
大鹏湾里风再起。

昨天,
说一句：小平您好！
今天,
道一声：小平，我们永远爱戴你！

程冠军（三位作者之一）
2018 年 10 月 1 日于北京

目录 CONTENTS

1 回望改革开放 40 年

1.1 过去 40 年中国发生了什么//3

1.2 邓小平的改革遗产与标志性人物事件//11

1.3 改革开放 40 年的成功之道//21

1.4 人类需要一个什么样的 21 世纪//27

1.5 中国历史巨变的成功秘诀//33

1.6 改革开放 40 年的经验及启示//37

2 领悟中国新时代

2.1 新时代 "新" 在何处//49

2.2 新时代的新举措//58

2.3 新时代的新思想//61

2.4 新时代的新方略//66

2.5 新时代的主旋律//68

3 解决社会新矛盾

3.1 社会主要矛盾的新变化//79

3.2 1958 年 "小错积成大错" //85

3.3 毛泽东的探索与 "滕小国" 的故事//89

3.4 "不平衡" 与 "胡焕庸线" //91

3.5 "不充分"与"我就是法"//97

3.6 高质量民生是高质量发展之魂//102

3.7 破解制约"强起来"的难题//105

4 打造改革新动力

4.1 "大智E云"的时代机遇//113

4.2 77%与3%的悖论//118

4.3 人口转变与人力资本的提升//123

4.4 中国城市化道路的转型升级//129

4.5 建设现代化经济体系//133

5 赢得竞争新优势

5.1 改革红利的历史流变//143

5.2 红利消失、风险逼近//148

5.3 乡村振兴与"中国农民丰收节"//156

5.4 中国高铁与"马拉火车"//162

5.5 "一带一路":中国人的两只眼睛//167

6 探索发展新模式

6.1 市场是人类的一个伟大发明//177

6.2 形成国企与民企的"双进格局"//182

6.3 强政府、活市场与严监管//189

6.4 探索新的经济增长之路//192

7 重塑经济新格局

7.1 9899万与"一个都不能落"//199

7.2 区域重塑:新区、城市群与大湾区//208

7.3 基础设施与公共服务:全面提升与均衡发展//213

7.4 西部大局与"胡焕庸线"的突破//215

8 引领经济新常态

8.1 中高速增长的新常态//223

8.2 金山银山与美丽中国//226

8.3 房地产困局与"皇家的桃子"//231

8.4 转方式调结构与高质量发展//240

9 落实改革新举措

9.1 顶层设计与底线思维//247

9.2 机构改革的"铸剑行动"//251

9.3 走出中国历史周期律//254

9.4 发挥好两个积极性//257

10 开创中国新道路

10.1 "陷阱"焦虑与倍增前景//263

10.2 全面小康与现代化跨越//267

10.3 中国历史的纵贯线//275

10.4 中华民族的伟大复兴//283

参考文献//292

后记//294

回望改革开放 40 年

1.1 过去 40 年中国发生了什么

张建君：今年是中国改革开放 40 周年，我们中国人从传统社会主义走出了中国特色社会主义的一条新路，这不但改变了中国，也震撼了世界。过去的 40 年，中国最鲜明的时代特色是改革开放，中国翻天覆地的改变靠的是改革开放。对此，习近平总书记指出："改革开放是决定当代中国命运的关键一招，也是决定实现'两个一百年'奋斗目标、实现中华民族伟大复兴的关键一招。"所以，站在 40 年改革开放的历史关头，我们都有一个共同的感受——那就是改革开放推动了中国历史性的巨变，取得了历史性的成就，实现了中国从"站起来"向"富起来"的历史性跨越，为中国"强起来"奠定了坚实的基础，走出了一条国富民强的现代化发展之路，是真正决定中国命运与前途的"关键一招"。

过去 40 年中国发生了什么样的历史巨变？

从经济的角度来看，中国成功地实现了从低收入国家向上中等收入国家的历史性巨变，成功地创造了从传统社会主义向中国特色社会主义的伟大转型，成功开创了一个具有中国特色的经济体制范式——社会主义市场经济，成为确保中国发生经济巨变最为核心的制度创新。在国民生活的方方面面，从衣食住行到基础设施，从生产生活到公共服务，都发生了翻天覆地的变化，把一个解决不了温饱的中国推向了全面建成小康社会的全新境地，在 2020 年决胜全面小康社会后，中国将全面开启社会主义现代化国家建设的历史新征程。西方社会的评价是，我们创造了"中国奇迹""中国模式"，这是中国社会的全新发展阶段，是中国历史上的第一次。

从政治的角度来看，中国社会从高度集权的传统社会主义社会，转向了一个多元化选择的中国特色社会主义社会，人们有了更多的经济自由、政治自由、言论自由、文化自由，人民生活更加地呈现出和西方社会同样的繁荣富裕。所以，中国社会正在从传统社会主义的高度集权走向一种具有中国特色的协商民主、大众民主和广泛民主的全新实践，"有事好商量，众人的事情由众人商量"成为中国式民主的最新表述。

从文化的角度来看，中国人民富有教养、勤劳勇敢，文化长期保持了本土性与现代性的有效兼容，更具有海纳百川、有容乃大的民族品质，在改革开放中培养起来的吸收外来文化和传承本土文化的创造性积累，构建人类命运共同体成为中华文化现代化的最新范式，"周虽旧邦、其命维新"的文化精神在21世纪活力四射、熠熠生辉、光照世界，文化自信空前提升。

在过去的这40年里面，中国之所以发生如此翻天覆地的变化，根本原因就是坚持了中国共产党的领导，探索了中国特色社会主义的道路，为中国的持续发展提供了制度刚性，为中国社会的稳定提供了制度保障，打开了中国社会现代化的光明发展前景。所以，在传统社会主义向中国特色社会主义纵深化发展的历史关头，中国面临一个非常重要的问题，就是用什么样更加成熟、更加定型的制度，使过去40年发生巨变的领导力量和制度优势得以固化，使中国改革开放的伟业走向更加辉煌灿烂的未来。

改革开放40年，是一个伟大的历史性跨越时期，是中国在政治、经济、文化等一系列方面不断解放思想、开拓创新的伟大时代。在这一过程中，我们创造了无数转型经济的范式、改革开放的经验，以及推动社会持续和谐发展的革命性思想观念，成为弥足珍贵的中国改革开放成功经验，成为推动中国伟大崛起的独门绝技。与此同时，西方社会看待中国的视角也不得不发生历史性的改变，一个曾经被西方人认为落后愚昧的传统中国实现了全新的革命性变革。一些西方人不得不放眼看中国、重新认识中国。

特别是在21世纪，中国已经成为世界经济的发动机，即将实现向高收入国家的历史性跨越，中国已经成为自第二次世界大战以来经济增长持续时间最长、经济社会成就最大、受益人口最多的发展中国家，已经成为影响整个世界的重要国家，充分展现了中华文明历久弥新的伟大品质。

程冠军：回顾改革开放40年，我们的成绩是怎么取得的呢？我认为首先是来自思想解放。1978年12月党的十一届三中全会以"以经济建设为中心"取代"以阶级斗争为纲"，举起思想解放的大旗，使中国从此走向改革开放之路。十一届三中全会召开之前的1978年5~9月，中国的思想理论界发生了一场真理标准大讨论，起因是1978年5月10日中央党校主办的内部刊物《理论动态》发表了《实践是检验真理的唯一标准》一文。一个哲学问题的讨论，竟然引发了一场轰轰烈烈的真理标准大讨论，也正是这场讨论为党的十一届三中全会的召开作了思想上、理论上和舆论上的准备。

杨万东：建君和冠军都对过去40年发生了什么做了一个角度不同的总结，应该说建君的总结更多是从理论的角度，冠军是从重大历史事实发生的角度。如果我们现在来回顾改革开放的40年，当然，最重要的一个标志就是十一届三中全会和粉碎"四人帮"。这一时期，最早活跃起来的是文学艺术界，1977年前后出现了"伤痕文学"，有一部代表性的小说叫《伤痕》，是一个叫卢新华的上海工人的作品，"伤痕文学"就是以这部作品为标志。当时还出现了很多反思性作品，复旦大学有一个叫戴厚英的老师，有两部小说，一部叫《人啊，人！》，另一部叫《诗人之死》，实际上就呼唤了对人的尊重。当时哲学界也在开始讨论人性和人道主义，讨论人的作用和人的地位。当时，一方面是党中央所支持和倡导的真理标准讨论，另一方面则是整个文化艺术界带动了全社会对"文革"十年的反思，大量"文革"前拍摄但被查封了的电影、小说纷纷解禁。特别是在1977年底恢复了高考，"文革"后第一批大学生在1978年春天进入大学，就是我们说的老三届的第一届。这些都是在中国改革开放之初发生的重大事件，这些事件的发生应该说是一种上下结合，唤起了人们的自我意识、自由意识和对美好生活追求的意识。

因此，党的十一届三中全会公开宣布把党的工作重心转移到经济建设上来，引起了全社会上下的高度共鸣。我们沿着40年改革开放的路径来观察，它实际上是一个在探索中逐渐地迂回前进的过程，也就是说，改革开放的路径是一个渐进的过程，这个渐进的过程是以改革促开放，以开放进一步给改革引领方向。所以，在20世纪80年代出现了出国潮，出现了当时对数理化的重新重视，出现了对高等教育的高度重视。

在这个时候，安徽、四川部分地区的农民在当地政府的默许和支持下，开始搞包产到户。早期中国农村的改革实际上是一种农民自发的行为，各级政府由于有了一个指导思想的改变，采取了一种默认和支持的态度。当时的承包制实际上是很粗放的，比如把生产队划小，或者是实行部分的生产小组制，这种方式对于中国的农村改革起到一个潜移默化的作用。最后，20世纪80年代，在城市改革中开始实行放权让利、两步利改税，到80年代中期开始出现承包制和股份制，这都是在思想解放运动的推动下人们对经济体制改革的一种探索，这种探索的成就也是一个渐进显现的过程。但是，80年代末期整个社会思潮有些波动，特别是苏东剧变后，整个社会偏向保守，甚至于偏向回到旧的体制。在这个时候，邓小平的"南方谈话"又重新把整个国家的改革开放的路径重新打通并回到加速改革的轨道。因此，1992年就因为邓小平"南方谈话"成为中国改革开放特别重要的一个年份。现在企业家有一个很大的群体就叫"92派"，就是1992年邓小平"南方谈话"后开始创业、"下海"的一大批人成长为企业家，现在很多都活跃在当今中国的企业界。当然，改革开放还有一个重要增长点就是在21世纪初中国加入WTO。我们从当初所预判的"狼来了"，现在变成了"与狼共舞"，而且迅速使中国产品进入国际市场，中国的产品和经济才有了后来的巨变。2010年中国的制造业产值超过美国是一个很重要的标志。

因此，这40年的变化首先是思想的解放，其次是人们选择的多元化、自由化，同时，国际上先进的思想、意识、管理、制度、技术都被我们充分地吸收并体现到生产经营中，才有了今天中国改革开放取得的巨大成就。

张建君： 从十一届三中全会到邓小平"南方谈话"，到党的十八大推出全面深化改革的战略决策，大家都讲了一些很引人深思的改革故事，这引起了我的一个思考，即过去40年中国发生了什么？

如果从历史的角度来看，不能单看这40年，而是要看中国过去的100年、200年发生了什么，为什么有了现在这么巨大的历史性变化。我的看法是，改革开放40年的巨变离不开一个重要的时代背景，这就是1840年中国所面临的"千年未有之大变局"，把一个曾经秉持"中国就是天下、天下就是中国"的东方大国打入了历史的苦难大潮之中，使得亡国灭种成为中华民族所面临的前所未有之现实挑战，国家和人民陷入水深火热、积贫积弱的深重苦难，使中华民族面临着何去何从的历史选择，一代又一代的仁人志士从此开始了实现中华民族伟大复兴的历史探索和不懈奋斗。

为此，自1840年以来，中国人经历了四波革命浪潮，从洪秀全的太平天国，到孙中山的资本主义共和国宪政梦想，一直到蒋介石官僚资本主义的制度架构，最终到中国共产党创立社会主义制度。在这一中国社会的深重苦难与艰难探索过程中，始终凸显着中国社会现代化进程的三个重大主题：一是工业化的主题；二是现代化的主题；三是民主化的主题。工业化的主题，就是中国落后的社会生产体系、社会生产力如何推动人民实现生产的自由和生活的保障。现代化的主题，就是中国社会如何能够从封闭、落后走向开放、进步。民主化的主题，就是中国社会制度怎么样从半殖民地半封建的社会走向民主共和的政治体制。

在"三化"主题的探索中，中国共产党人从1921年建党，1927年"八一"南昌起义，一直到1949年新中国成立，经过近30年的探索，运用马克思主义的理想信念和理论武装，按照苏联社会主义的制度模式，打造了一个社会主义的新中国，从而解决了中国民主共和制度的政治选择和制度设计，为自由平等民主的社会制度奠定了坚实的发展基础。从1949年新中国成立算起，我们初步实现了社会主义的制度保障，但是，工业化、现代化、民主化的难题并没有得到彻底解决。在1949年到1978年的近30年探索中，验证了一个重要结论，这就是传统社会主义模式不足以彻底解决我们生产的不自由，也不能彻底解决工业化的挑战，从而解决不了人民生活的现代化需求，更不能给中国一个民主化的制度保障。

到了1978年，中国社会无论是生产、生活，还是在民主政治方面，都面临着前所未有的挑战，中国社会面临一个何去何从的难题，这从传统的革命道路实践里找不到解决的答案，从苏联东欧传统社会主义模式中也找不到解决的答案，这就逼迫中国共产党人必须做出自我抉择，走出一条中国特色社会主义发展的好路、新路，干出一番与文明大国相匹配的新事业，持续推进中国社会的工业化、现代化、民主化的有效延续、拓展和提升。40年的改革开放，终于为中国社会找到了一个走向工业化、现代化、民主化的重要制度安排，这就是走中国特色社会主义发展道路，建立社会主义市场经济制度。所以，过去这40年所发生的历史性巨变，正是市场经济为解决中国工业化、现代化、民主化的难题提供了最好的制度保障。在走向市场经济的改革开放道路方面，检验了中国共产党的伟大品质——这就是"除了人民的利益、没有自己的特殊利益"，中国共产党的领导集体始终坚持解放思想、实事求是的精神，把人民对美好生活的向往作为共产党人的奋斗方向，没有自我设置意识形态的藩篱、制度鸿沟，没有自我陷入因循守旧、落后保守的既得利益陷阱，而是勇于革命、勇于改革、勇于打破坛坛罐罐，走出了一条改革开放、发展市场经济的新路。

中国社会蕴藏着巨大的、来自人民群众的创造性的热情和创造性的力量一旦有了恰当的制度保障，就能够产生改天换地的实际效果。当毛泽东把马克思主义和中国具体革命实践相结合的时候，毛泽东能够带领从山沟沟里面走出来的一帮"泥腿子"打下一个新中国，甚至打败世界头号强国，建立一个独立自主的新中国。在改革开放的邓小平时代，一旦有了一个松绑的制度、一个宽松的社会氛围，中国人就能创造无穷无尽的社会财富。所以，在这40年里面，人民的力量一旦和市场经济相结合，中国工业化、现代化、民主化的时代主题，就取得了翻天覆地的历史性成果。

在过去40年波澜壮阔的历史进程里面，中国社会正在经历着从"有没有"向"好不好"的历史性转变。"有没有"就是在改革开放的初期，整个社会生活所面对的是物质的极其匮乏和票证经济的横行,是典型的短缺经济,解决不了人民群众日益增长的物质文化生活需要,人民生产生活面临着物资匮乏的落后状态;40年的改革开放,在人民的衣食住行、基础设施、教育医疗等一系列领域发生了翻天覆地的变化,人民生活实现了从"有没有"向"好不好"的历史性跨越,更高品质更高质量已经成为当代中国人生活的基本要求。这个变化表明,中国社会仍然蕴藏着巨大的发展潜力和发展动力,从而成功解决了困扰中国的工业化难题,也正在解决着中国社会的现代化难题,也将更好地让民主化成为推动中国社会进步的强大动力。

1958年的中国,曾经提出过"以钢为纲"的政治口号,仅仅是为实现年度生产2000万吨钢铁而奋斗,甚至全民大炼钢铁,最终只生产了不到1400万吨的钢铁。现在,中国年度钢铁产能达到11亿吨,是1958年奋斗目标的55倍。从2015年到2017年的三年时间里,在供给侧结构性改革的政策导向下,中国年均淘汰钢铁产能就超过了6500万吨以上的规模,这就是中国工业化的历史性进步。改革开放40年后的今天,中国决胜全面建成小康社会已经指日可待,在此基础上中国将以前所未有的发展成就跨越中等收入水平、跻身高收入国家行列,开启社会主义现代化强国建设的伟大征程。中国社会曾经是一个单位人的社会,人民迁徙、职业选择、结婚升学都没有自由选择的可能;40年后的今天,生活迁徙、职业选择等一系列政治经济文化方面的选择自由空前提升,中国人才有了"世界这么大,我想去看看"的辞职名言。

回顾改革开放40年,中国的成就有目共睹;前瞻中国改革开放的未来,仍然任重道远。中国社会不是有了工业化、现代化、民主化的时代成就,就可以心满意足、安于现状,而是要把工业化、现代化、民主化推向一个更高的境界,从而为全人类的发展做出中国贡献。我个人的看法就是,工业化要使中国人的生产选择更加自由,现代化要使中国人的生活选择更加自由,民主化要让中国人的政治选择更加自由,从而把中国社会从传统、保守,甚至带有部分封建官僚气息的传统状态,全面转向一个自由、生动、富有创造性的现代社会。可以说,中国依靠改革开放创造了中国奇迹;也只有依靠全面深化改革开放,才能赢得未来。

在21世纪大智E云的新时代，中国将不再是传统的工业化、现代化、民主化的跟随者，而是结合中国改革开放的伟大进程，真正成为人类社会新型工业化、现代化、民主化的开拓者和创新者。

程冠军：谈起中国40年的改革开放，有三个关键词不可忽视，即：摸着石头过河、包产到户、经济特区。在三个关键词中，可以说，摸着石头过河是改革开放的"方法论"，包产到户是改革开放的"头啖汤"，经济特区是改革开放的"发动机"。正是有了"方法论"的引领，"头啖汤"的先行，"发动机"的不竭动力，才使得改革开放一路走来，不断地闯关夺隘、一往无前，夺取了一个又一个新胜利。

杨万东：诺贝尔经济学奖获得者阿玛蒂亚·森有一句名言，叫"发展就是扩展自由"。实际上，40年的改革开放，如果要用一个最简化的词来概括，我认为就是"扩展自由"。农民的自由扩展了，所以，他们就在完成承包任务之后出去打工创业，主要体现为迁徙和择业的自由。

我曾经也经历过生产队时期，农民是每天都被生产队的任务所捆住，如果随便地出去，有可能因是无业游民而被抓，农民的不自由实际上就是社会最底层的不自由。同时，城市里面是所有的生产性企业、营业性企业都要被管控起来，甚至于理发店和小商店都是国营的。整个社会在被官僚和准官僚体系所笼罩的情况下，它的效率一定是非常低下的。当然，这种管控来自战争年代，战争年代是通过对所有人的甄别、管控，实现对敌我的区分，以求实现战争的胜利。长期的战争环境形成了这样一个传统，这个传统在新中国成立之后的计划经济时期，由于不断地强化阶级斗争而一直延续下来了。在改革开放之初，另一个重要的社会活动就是平反冤假错案。在邓小平的支持下，胡耀邦做了大量的工作。这次大规模地平反冤假错案，使得新中国成立以后在历次政治运动中受到迫害和伤害的人或者是被各种社会规范管控的绝大多数人都获得了自由。同时，在20世纪80年代还有一项工作就是对农村地主和富农这一很大的群体全部进行摘帽，实现了整个社会人群的平等化。这个平反运动让这些人获得了身份的平等和自由，这也使得 80 年代在制度变革还没有实现得很彻底转变的情况下，中国整个社会呈现出一种生机勃勃的景象。

中国的 20 世纪 80 年代是一个非常值得关注和重视的年代。80 年代的思想解放和个人自主决策自由奠定了以后近 40 年经济高速增长的基础。因为人们获得解放燃起的热情，最后就转化为创造性的制度建设，逐渐出现一种建构化的思想体系。比方说，在宏观层面上的价格改革是让市场机制充分地发挥作用，在微观层面就是产权改革使企业家有了形成的环境。所以，中国的改革，通常称为经济体制改革。经济体制改革就是对经济体制的调整和完善。改革本身是区别于革命的，我们曾经经历了一个很长的革命年代，这个革命是一种以毁灭、消灭对手为前提的一种社会运动。而中国社会变迁 40 年的成效在于，每一步的挑战尽管都是微小的一步，但是过一段时间看，它迈出了一个很大的步伐，这就是中国为什么出现了今天这么大的变化。

1.2 邓小平的改革遗产与标志性人物事件

张建君：毫无疑问，改革开放 40 年涌现出了一些标志性的人物、标志性的事件、标志性的制度设计。在政治方面，有邓小平、陈云、胡耀邦、万里、习仲勋等；在经济方面，有小岗村的大包干、八大王事件、傻子瓜子等；在理论方面，有真理标准大讨论、孙冶方、胡福明等。这些生动鲜明的人物和事件，成为改革开放 40 年的最佳总结，也是一个很好的纪念主题。

我想提出的是，在 40 年改革开放的历程中，这些标志性的政治人物，如邓小平、陈云、胡耀邦、万里、习仲勋等，他们的改革遗产是什么？他们体现了什么样的时代精神和个人品质？这些改革遗产、时代精神、个人品质，又给中国未来改革开放带来了什么样宝贵的经验和启示？比如，在政治人物中，邓小平的改革遗产是什么？我梳理了几条，权作抛砖引玉。

一是解放思想、实事求是。解放思想活路一条，封闭保守死路一条。中国40年改革开放最鲜明的特征、对未来最大的启示，就是要坚定不移地解放思想、实事求是，勇于推进中国特色社会主义制度的不断革新，决不能因循守旧，更不能封闭保守。在真理标准的大讨论中，邓小平旗帜鲜明地批评了"两个凡是"，提出了"解放思想，开动脑筋"的口号，指出毛泽东思想的精髓是实事求是，强调"只有解决好思想路线问题，才能提出新的正确政策"。最终开启了一条解放思想、实事求是的中国特色社会主义建设的新路子。

二是制度建设至关重要。中国革命胜利的前夕，黄炎培老先生在延安对毛泽东就提出了著名的"制度之问"。在总结了"文化大革命"的经验教训后，邓小平同志曾经精辟地指出，制度好可以使坏人无法任意横行，制度不好可以使好人无法充分做好事。所以，他高度重视制度建设，强调制度建设是带有根本性长远性的事情。因此，21世纪的中国改革开放，任重道远，保障改革开放的伟大成果，开辟更加辉煌灿烂的复兴前景，制度是最关键的问题。

三是"不搞争论、求真务实"的唯物主义态度。中国改革开放40年，最重大的成就是打造了一个全新的社会制度——中国特色社会主义制度。这是前无古人的事情，怎么样推动它的未来发展，邓小平曾经提出过著名的"白猫黑猫论"，这种不搞争论、求真务实的唯物主义态度，是一切从实际出发，让实践检验真理的科学做法；减少不必要的争论，特别是价值判断，让事实说话，用实践来检验改革的实际效果，这仍然是21世纪中国改革开放的宝贵经验。没有人掌握终极真理，在真理面前我们必须求真务实，靠真实的效果来检验改革举措。既不能盲目地崇洋媚外、拿来主义，也不能够妄自尊大、迷恋于设计顶层，要更好地依靠改革实践来检验制度设计并推动改革发展。

四是把改革当作一种革命。改革就是一个打破既有利益藩篱、创造全新发展格局的革命性利益调整过程，没有革命的精神不可能获得真正的发展。习近平总书记曾经总结到，我国过去30多年的快速发展靠的是改革开放，我国未来发展也必须坚定不移依靠改革开放，他精辟地指出：改革开放是制胜法宝，是关键一招。我们今天谈论改革开放40年，不仅仅是要总结40年，更多是要启示未来的40年，启示中国特色的工业化、现代化、民主化的历史进程里，怎样打造一个更好的有中国特色的现代化社会。从这个角度讲，我认为中国决不能丢失了改革开放总设计师——邓小平为代表的这一代政治人物的改革遗产。

五是要大胆地试、大胆地闯。20世纪80年代中期，邓小平多次指出，改革开放的原则就是：胆子要大，步子要稳。所谓的胆子要大，就是坚定不移地搞下去；步子要稳，就是发现问题赶快改。在90年代的"南方谈话"中，他说：改革开放胆子要大一些，敢于试验，不能像小脚女人一样。看准了的，就大胆地试，大胆地闯。现在，全面深化改革的历史进程需要这种标志性的人物、实干性的人物，干在实处、走在前列，抓铁有痕、踏石留印，让改革开放提升老百姓的获得感，增进社会成员的自由感，带给全社会创造创新的活力和张力。

程冠军：纵观40年改革开放的历史进程，也是中国的市场经济体制逐步确立形成和完善的时期。在这个历史进程中，作为中国改革开放的总设计师——邓小平以巨大的政治勇气、理论勇气和大无畏的改革精神，为推动中国的改革开放奋勇前行、呕心沥血，在改革开放的重大历史关头，1984年和1992年先后进行了两次具有重大历史意义的"南方考察"，发表了引领中国改革开放的重要讲话。

1980年5月，党中央、国务院设立了深圳、珠海、汕头和厦门四个经济特区。但由于中国长期的计划经济，许多人的思想观念一时间还转变不过来。当"经济特区"这一新名词出现时，一些人开始质疑：经济特区到底是"姓资"还是"姓社"？甚至有人提出，把土地租给香港、澳门的资本家使用，是不是在搞新租界？种种杂音的出现，让中国改革开放的总设计师邓小平同志和试办特区的城市承受了巨大的压力。鉴于这种背景，年近80高龄的经济特区倡导者邓小平同志决定南下视察："办特区是我的主张,至于办得行不行,能不能成功,我要来看一看。"为此,1984年1月的一天,他踏上了南去的列车,南下视察深圳和珠海等经济特区。此次南行,邓小平视察了深圳、珠海、厦门3个经济特区。

1992年,88岁的邓小平为什么又要到南方考察?这是因为,中国在历经"八九政治风波"之后,苏联解体,东欧剧变,一些社会主义国家纷纷改旗易帜,国际共产主义运动进入低潮。这个时候,有人就认为中国社会主义的前途渺茫,社会主义不行了,甚至有人鼓吹资本主义。另外还有一种思潮,特区的发展也出现了"姓资""姓社"的争论,甚至有些人有走回头路的想法。在这个重大历史关头,邓小平进行了他一生当中最有意义的一次"南方考察"。

"不要惊慌失措,不要认为马克思主义就消失了,不行了,失败了。哪有这回事!我坚信,世界上赞成马克思主义的人会多起来的,因为马克思主义是科学。""市场经济不是资本主义的专利,资本主义可以有市场,社会主义也可以有市场","改革不能像小脚女人一样,胆子要大一点,步子要快一点,看准了就大胆试,大胆地闯。不闯出一条新路就干不出新的事业。"这次南方谈话的首次发表并不是新华社和《人民日报》,而是《深圳特区报》。《深圳特区报》副总编辑陈锡添有幸成为这一事件的见证者和记录者,从1992年1月19日到23日,他全程跟随邓小平同志在深圳5天的活动,并于当年3月26日在《深圳特区报》头版头条发表了著名新闻通讯《东方风来满眼春》。《东方风来满眼春》一文真实记录了邓小平同志在深圳视察时的重要谈话,新华社在3月30日全文播发了这篇文章。不仅是国内的媒体,国外的各大通讯社和大报也几乎都全部播发或刊登了这篇通讯。《东方风来满眼春》的发表成为新闻界在思想解放运动中的一件标志性事件,并由此而催生了一个"春天的故事"。

1993年11月,党的十四届三中全会在北京举行。这次会议是在邓小平1992年发表"南方谈话",中共十四大把社会主义市场经济体制确定为中国经济体制改革目标,中国改革开放和社会主义现代化建设进入新的发展时期的背景下召开的。全会审议并通过了《中共中央关于建立社会主义市场经济体制若干问题的决定》。可以说，正是邓小平1992年的"南方谈话"精神催生了社会主义市场经济。

对于改革开放的总设计师邓小平，我们道一声"小平您好！"足以表明中国人民对这位"中国人民的儿子"的爱戴之情！

中国改革开放的伟大进程，同时也出现了一批市场经济闯关者的艰辛探索，他们因时代的际遇融入改革开放的洪流之中，历史不会忘记他们，他们的事迹同样被写进改革开放波澜壮阔的历史。下面我们回忆一下以下三个重大事件：小岗村大包干、"八大王"事件、"傻子瓜子"事件。

小岗村大包干。安徽凤阳的小岗村被称为"中国农村改革第一村"。1978年11~12月，中央工作会议和党的十一届三中全会召开期间，这个位于安徽东北部淮河中游南岸的小村庄正在静悄悄地酝酿着一场影响中国的"大事"。1978年11月24日的那个晚上，为了解决温饱问题，凤阳县梨园公社小岗生产队18户农民，在村长严宏昌的带领下聚在村里一间土屋里，秘密写下了一纸契约："我们分田到户，每户户主签字盖章，如以后能干，每户保证完成每户的全年上交和公粮，不再向国家伸手要钱要粮。如不成，我们干部坐牢杀头也甘心，大家也保证把我们的小孩养活到18岁。"大家在契约上按下了一个个红手印。这悲壮的一幕拉开了中国农村改革的序幕，而这一幕正预示着农村一场大变革的开始。

分田到户之后的效果怎么样呢？1979年，小岗生产队大丰收，全年粮食产量由原来的1.5万多千克猛增到6万多千克。小岗村的这份"红手印包干书"后来成为中国农村改革的一份重要文件，被认为是全国第一份包干合同书。

"八大王"事件。中国的传统文化里，有一种江湖文化，一旦一个人出了名，往往会被冠以"大王"之名，就连当事人自己也对"大王"的称号有实至名归的满足感。但是在中国还有一句古训"人怕出名猪怕壮"，有时候，有了大王的称号，并不见得是好事。"八大王"不是什么真正的"大王"，而是浙江温州乐清市柳市镇做小生意的八位个体户。因为做生意，成了万元户，随之就有了"八大王"的称号。"八大王"分别指的是："目录大王"（信息专业户）叶建华，"旧货大王"（旧货购销、加工专业户）王迈仟，"五金大王"胡金林，"翻砂大王"吴师濂，"线圈大王"郑祥青，"胶木大王"陈银松，"螺丝大王"刘大源，"矿灯大王"程步青。

"八大王"的名声不胫而走，很快就被以投机倒把罪抓捕。原因是1982年初，中央下发打击经济领域犯罪活动的紧急通知，以"投机倒把罪"抓了一批走在市场经济"风口浪尖"上的人。"八大王"理所当然地被列为重要打击对象。1983年，中央"一号文件"《当前农村经济政策的若干问题》下达后，人们清楚地看到中央对农村联产承包责任制给予充分的肯定，也是这一文件的颁布，农村经济政策获得了进一步放宽，"八大王"被羁押的人员中有的无罪释放，有的被取保候审。"螺丝大王"刘大源是唯一出逃躲过牢狱之灾的人，在乐清市改革开放30年之际，我见到了"八大王"中的六大王，我与"螺丝大王"刘大源进行了2个多小时的交谈。回想当年，刘大源两次泪流满面。"八大王"是中国市场经济进程中的闯关者，他们每人拿着一把板斧，劈开了一条血路，"八大王"成为中国经济改革发展过程曲折的一个缩影。

"傻子瓜子"。"傻子瓜子"指的是安徽芜湖开办瓜子炒货的生意人年广九，因邓小平两次在高层提及此人而闻名全国，号称"中国第一商贩"。党的十一届三中全会召开时，年广九的炒瓜子小作坊就是拥有100多号工人的"大工厂"，可谓红极一时。我们先看看"傻子"年广九的发家史：1965年，年广九子承父业摆起水果摊；1966年，年广九因卖板栗被关二十多天；1972年，学会了瓜子手艺，转向经营瓜子；1979年12月，注册"傻子瓜子"商标；1980年，邓小平肯定了安徽的包产到户，第一次提及"傻子"瓜子；1984年，邓小平第二次提到"傻子"，个体户雇工问题得到了解决；1991年5月，年广九被判刑；1992年，邓小平再次谈到"傻子"，年广九被宣告无罪释放。

1983年年底，有人举报年广九雇工问题，罪名是"资本家复辟"，有关部门派专人到芜湖调查年广九，写了一个报告上报中央，惊动了邓小平。邓小平因此两次点年广九的名，以傻子瓜子为例，对发展私营经济进行表态。在《邓小平文选》中，有这样的记录：农村改革初期，安徽出了个"傻子瓜子"问题，当时许多人不舒服，说他赚了一百万，主张动他，我说不能动，一动人们就会说政策变了，得不偿失。1984年10月22日，邓小平指出："我的意思是放两年再看，让'傻子瓜子'经营一段，怕什么？伤害了社会主义了吗？"

一个是中国改革开放的总设计师，一个是中国社会底层的个体户，"大人物"与"小人物"因为改革开放有了交集。邓小平的一句话不仅改变了年广九的命运，也决定着改革开放的历史进程。

杨万东： 过去40年的改革，刚才你们两位都讲到了政治人物。中国社会中政治人物确实很关键。但还有一批思想引领性人物，在经济学界如薛暮桥、马洪、孙冶方、于光远、蒋一苇、董辅礽、卓炯、刘国光、卫兴华、王珏、林凌、厉以宁、何伟、方生、吴敬琏等一批经济学家，他们对于传统计划体制有切身的感受、认识和反思，对中国经济从高度集中的计划经济体制转向市场经济体制有深刻的理论认识，他们对改革开放发挥着重要的推动作用，这些理论思考对于一个实行了20多年计划经济体制的国家来讲，有很重要的启蒙作用。当年，于光远先生在劳动人民文化宫搞了一个双周座谈会，那个会我参加过几次，你感觉他每次讲的东西很多是重复的，但是，你能强烈地感觉到他那种语重心长、那种忧国忧民的情怀。这一批老的学者他们很多都不是经济学科班出身，但是在整个80年代，讨论经济改革，为国家献计献策，他们的推动作用则是非常明显的。

除此之外，还有一批年轻的学者，当时像邓英淘、王小强、周其仁、林毅夫……这一批人，当时他们在国务院搞了一个农村发展组，出版了成系列的中国农村发展报告，实际上是以农村改革为核心，主要是做大量的调查研究，这些报告直接通过他们的渠道提供给当时的中央决策层，使得中共中央决策层的很多决策真实地站在当时国情的基础上，对中国改革的推动发挥了很重要的作用。这些人当年很多都曾经下过乡做过农村知青，他们自己总结说，他们是用皮肉体验中国。

20世纪80年代中期，我当时还是个硕士研究生，当时坐着拖拉机去了浙江温州的很多小商品市场，也亲自走访了江苏苏南的一些乡镇企业，真切地感受了市场经济初起的活力和混乱,也感受到了农民进行自主创业的能力和热情。

如果我们要总结改革开放40年的成就,一是广大民众自由、自主的创业意识,再一个就是党和国家所给予的鼓励、支持的政策。当然,首先是思想和个人的解放,这是中国改革产生奇迹的一个很深刻的原因。但是,我们也不能避讳,过去这40年,一方面成就是辉煌的,但同时,整个制度建设是不完备的,包括我们觉得很有效率的双轨制。双轨并行是一个摩擦系数相对小的改良式变革,是从边缘突破,就像温州的国有经济很弱,所以民营经济就先发展起来了。同时,双轨制还形成了一个巨大的寻租空间。所以,很多的企业,特别是国有企业在改制的过程中,确实也出现了一些体制性致富。40年的改革开放,有很长一段时间是修修补补式的,缺少一个完整的机制化的设计,所以,它就必然带来一部分时间的市场失灵,一部分时间的政府失灵。当政府失灵的时候,它就会出现比较明显的问题,比如财富不合理的获取;当市场失灵的时候,就出现经济的大波动。所以,每一次经济发展到一定程度的时候,基本上很快就会出现过热,随之而来就会出现政府的宏观调控,而每一次的宏观调控,实际上经济主体利益会受到极大的损失。这些问题在未来的改革中应该避免。中国已经不像20世纪80年代的改革初期,没有什么坛坛罐罐,而是现在有很多家当,如果一味地采取一种简单的、计划配置的方式来管控这个经济体制,就会带来巨大的社会财富损失。

程冠军:在改革历史进程中,无论是过去的改革,还是今天的全面深化改革,企业家是始终站在时代潮头的一个群体,他们才是真正时代的"弄潮儿",他们是社会财富的最直接创造者。改革开放40年,我最想说的一句话就是:致敬企业家!

中国的企业家诞生在清末。中国的企业家是在中华民族任人宰割之后,伴随着中华民族的伟大复兴的中国梦一路走来的。1840年以后,在中华民族遭受着西方列强瓜分之后,洋务运动催生了中国的第一批企业家。当时我们的企业家精神是实业救国,从实业救国到产业报国,到改革开放以来的实干兴邦,今天我们的企业家应该提倡的是创新强国。中国目前还是一个发展中国家,我们和发达国家相比还有相当长的路要走。

在十九大之前,中共中央、国务院出台了《关于营造企业家健康成长环境 弘扬优秀企业家精神 更好发挥企业家作用的意见》(以下简称《意见》)。《意见》用36个字对弘扬优秀企业家精神提出要求,即:爱国敬业、遵纪守法、艰苦奋斗、创新发展、专注品质、追求卓越、履行责任、敢于担当、服务社会,这才是新时代企业家追求的目标。目的有两个:第一,让我们的企业家吃一个定心丸。向他们释放重大信号:继续扩大改革开放,并且会营造一个企业家健康成长的环境。第二,号召我们的企业家们在中华民族迎来强起来的新时代,要培育优秀的企业家精神。我们在由站起来实现富起来之后,我们不能只拥有物质财富,还要拥有精神财富。

中华民族是一个伟大的民族。我们不仅能够创造巨大的物质财富,我们还能创造宝贵的精神财富。中国企业家的目标不是做金钱的奴隶,而是要做精神的贵族!改革开放需要企业家,更需要企业家精神。时代呼唤企业家,新时代呼唤新时代的企业家精神。

张建君:在40年改革开放的历程里,我们还有一些标志性的改革事件值得一说。

一是农村改革。它是对捆绑式的高度集权农村体制的改革,通过农民自主的包干一直到家庭联产承包责任制的制度确立,实现农村领域的家庭联产承包责任制,这是中国经济学的范式创新,是中国人在解决农村问题方面一个重要的制度创造。解放了农民、活跃了社会,使得社会资源自由化配置成为经济持续持久的动力源泉,成为中国最终走向市场经济的初始动力。这个改革思路,为即将成熟定型的中国特色社会主义制度提供了充分的政治镜鉴。

二是产权改革。它之所以成为显著的,就是在过去40年的改革实践中最初缺乏相应的产权保障,陷入了搞"一大二公三纯"的错误方向,只有全民所有制、集体所有制,没有个体经济、私营经济存在的空间,最终扼杀了经济的活力。所以,从过去40年的改革开放可以看出,在以放为主的所有制改革方面，个体、民营、非公经济的发展不断成为推动社会进步的强大动力。在这个方面，给市场主体、社会主体以产权保障，切实保证他们的财产权、人力资本的权力，以及对各种资源的市场化配置权力，仍然是全面深化改革崭新阶段最为核心的一种制度安排，是用产权制度保障产权主体的经济创造力和活力。

三是价格改革。这也是一个标志性事件。从计划经济走向市场经济，其实质是改变社会资源配置的主要方式，从用高度集权的权力来源配置资源转向由自由价格来配置社会资源，到现在我们仍然不敢讲已经做出了全面的、彻底的改革，现在市场在资源配置方面仍然存在着许多体制和机制的障碍，在资源配置方面政府仍然拥有过多的垄断性权力，这些都限制了打造一个更加充满活力和张力的社会主义市场经济体制。这也启迪我们，在转型过程中放开价格、搞活市场、推动繁荣方面，社会资源配置是一个基础性手段。在这方面，要进一步持续加大它的改革力度，从而使价格机制既有活力同时也不失去它应有的经济杠杆的作用，从而变成一种博弈手段。

四是现代企业制度。计划经济体制下中国没有现代的企业组织制度，都叫工厂，是国家指令性计划和指导性计划的生产车间，但在市场经济中的企业是市场主体，企业和个人在市场经济中要向自负盈亏、自我约束、自我发展的市场主体转变，必须承担起更大的社会创造的责任。企业改革经历了厂长经理负责制、利改税、股份制承包制等一系列的探索，最终走向了建立现代企业制度。现在，仍然面临着打造诚信机制的改革要求，要用诚信机制使这些自主化的市场主体自己约束自己，实现规范化的发展。

五是经济体制改革。过去40年改革开放所创造的标志性制度很多，这些制度是中国经济学的伟大创造。影响巨大的有两个，一是有计划的商品经济体制。什么叫有计划的商品经济？就是因为存在姓"资"姓"社"的争论，我们给商品经济安了一个笼头叫"有计划"，在改革开放明确选择了社会主义市场经济体制后，才明确了要把市场对资源配置的决定性作用以更好的制度设计来保证。二是社会主义市场经济体制。在市场经济基础上建设社会主义，前无古人，马克思、恩格斯没有讲过，列宁、斯大林没有过探索，这个是中国共产党人的一个伟大创新。1992年，江泽民同志在中央党校明确提出，中国要建立社会主义市场经济体制的改革目标。我曾经形容是江泽民同志以一苇渡江的勇气提出了社会主义市场经济体制的改革目标，开拓了中国改革开放伟业的康庄大道，推进了中国经济社会更为广阔的发展空间。

六是中国特色社会主义制度，是最宏大的标志性制度设计，可以说是前无古人。中国特色社会主义制度带给我们当下最大的启示是什么？我认为，这就是中国人经由社会主义革命、社会主义建设和改革开放的三个30年探索，现在要用中国人的智慧来解决我们所面临的道路自信、制度自信、文化自信，使中国人用自己的文化制度道路的实践来回答中国人走什么样的路，怎么走这条路，怎么在这条道路上让中国的工业化、现代化、民主化获得一个空前成功，从而把中国推进到一个现代化发展阶段。现在，这个全新阶段正处在关键发展时期，隆重地探讨和回顾改革开放40年对于我们的经验和启示，我觉得恰如其分。在过去的40年探索里面，我们不仅要总结它的成绩，也要看到它的不足，从而为发展提供更好的经验借鉴。

1.3 改革开放40年的成功之道

张建君：回顾40年改革开放之路，中国经济社会发生了前所未有的巨变，同时也体现出了一些独特的改革特征，这既继承了改革的过去，也正在开创着改革的未来。听了大家的讨论，我认为有三条：

第一，改革的一贯性和创新性。这是中国40年改革开放最鲜明的一个特征，实践地看中国改革一直在沿着社会主义制度自我革命、自我完善的道路持续推进。在过去的40年时间里，邓小平、江泽民、胡锦涛、习近平的改革思想一脉相承，在他们引领中国的相应时期，改革开放都取得了显著的成绩。在邓小平时代，中国毅然引入了商品经济；在江泽民时代，中国确立了社会主义市场经济的改革目标；在胡锦涛时代，中国实现了又好又快的经济社会发展；到了习近平时代，四个全面的战略布局，既立足实现全面建成小康社会的百年奋斗目标，又牢牢把握全面深化改革的时代主线，呈现出改革攻坚与制度完善统筹推进的时代特点，最终把中国特色社会主义推进到了制度创新与制度完善的全新阶段。改革开放的这种阶段性进展，所体现的正是他们改革思想的一贯性和连续性，同时也体现出了他们结合时代特点的创新性。江泽民以"一苇渡江"的勇气提出的社会主义市场经济改革目标，既得益于邓小平的"南方谈话"，更是对邓小平"南方谈话"的创造性回应，不是标新立异，而是继承创新，它所体现的正是中国40年改革的一贯性和创新性。在这方面，每一代人的改革都是沿着前一代人的路径推进，这正是中国改革开放的成功秘密。在每一个改革阶段中国领导人都有自己的创造性、独创性，但都服从并服务于中国特色社会主义制度的创新与完善，很好地体现了国家意志与个人思想的有机结合，并最终体现为中国的制度安排与创新。

第二，改革的适时调整与自我修正。改革是一个不断的试错过程，对此中国也付出了很多代价，甚至在改革开放初期中国经济持续下行，一直到1982年才开始实现增长。中国改革经历了1989年政治风波、1998年东南亚金融危机、2008年全球金融危机的冲击，甚至诸如价格改革、国企改革都付出了相当沉痛的代价。特别是在市场价格机制的引入过程中，价格闯关、价格双轨制改革引起的"官倒"现象，乃至教育、医疗、住房等行业过度市场化改革所引发的社会问题，都成为改革的倒逼机制和负面教训。中国改革的一个最大利好，就是在改革中进行了适时调整和自我修正，比如在20世纪80年代不断加大改革力度并适时调整，20世纪90年代成功应对东南亚金融危机的冲击，在党的十八大以来，掀起了最为波澜壮阔、最为深刻的反腐倡廉伟大斗争，有效清除了改革过程中所滋生的蛀虫与腐败，使得改革能够沿着正确方向更好地前进。

第三，改革的持续深化与制度定型。中国经历了社会主义计划经济、计划经济为主市场调节为辅、有计划的商品经济、"国家调控市场、市场引导企业"等体制改革，一直到社会主义市场经济体制的确立，探索一个成熟定型的制度安排与制度创新。党的十八大之后，在改革开放方面形成了一个最为根本的结论，即：中国特色社会主义制度最本质的特征是中国共产党领导，中国特色社会主义制度最大的优势是中国共产党的领导。这就标志着在改革开放40年之后，我们对制度的成熟和定型要做出中国式的表述，既要尊重创新，更要扬长避短，发挥中国特色社会主义的制度优势。在这个中国式的表述里面，中国从党政分开的改革再回到党政一体化，这是我们未来改革所蕴藏的巨大的潜能和历史性的启示。在这方面，前面冠军讲到的中国出现"仇官、仇富"现象，甚至存在着"端起饭碗吃肉、放下饭碗骂娘"的现象，我把它称为改革的后遗症。这个改革的后遗症从哪里来的？这不是改革福利溢出之后所引发的百姓心态变化，而是改革出现了种种弊端引起的民众不满和愤怒；这些都更好地警示我们，在中国未来的改革里面，怎么样把中国特色社会主义最本质的特征和最大的优势持续地发挥并提供制度化的保障，形成更为稳定的制度建构是中国未来所面临的一个巨大挑战。

程冠军：改革开放40年的成功经验有许多，主要体现在两个方面：一是坚定不移坚持中国道路；二是坚定不移继续解放思想。

关于道路问题，习近平总书记在庆祝中国共产党成立95周年大会上的讲话中指出，"我们党团结带领中国人民进行改革开放新的伟大革命，极大激发广大人民群众的创造性，极大解放和发展社会生产力，极大增强社会发展活力，人民生活显著改善，综合国力显著增强，国际地位显著提高。这一伟大历史贡献的意义在于，开辟了中国特色社会主义道路，形成了中国特色社会主义理论体系，确立了中国特色社会主义制度，使中国赶上了时代，实现了中国人民从站起来到富起来、强起来的伟大飞跃。"这段精辟论述，是对改革开放近40年所取得成就的充分肯定和科学总结。

开辟了中国特色社会主义道路，形成了中国特色社会主义理论体系，确立了中国特色社会主义制度——改革开放40年的历史进程中,也是中国特色社会主义制度日臻成熟的40年。

1982年9月,邓小平在党的十二大致开幕词,第一次提出了"建设有中国特色的社会主义"的崭新命题,他指出:"我们的现代化建设,必须从中国的实际出发,无论是革命还是建设,都要注意学习和借鉴外国经验。但是,照抄照搬别国经验、别国模式,从来不能得到成功。这方面我们有过不少教训。把马克思主义的普遍真理同我国的具体实际结合起来,走自己的道路,建设有中国特色的社会主义,这就是我们总结长期历史经验得出的基本结论。"十二大之后,邓小平在使用"有中国特色的社会主义"概念的同时,也频繁使用"具有中国特色的社会主义"的提法。从十三大报告一直到十五大报告,统一提法都是"有中国特色社会主义"。十五大之后,关于"有中国特色社会主义"出现了一个微妙的变化,即在十六大报告中把"有"去掉了,变成了"中国特色社会主义"。

邓小平当年为什么提出"建设有中国特色社会主义"或"具有中国特色的社会主义"?因为改革开放是一项前无古人的事业,市场经济也是马克思老祖宗没有讲过的。改革开放没有现成的道路可走,也没有现成的模式可以追寻,只有在探索和实践当中往前走。"有中国特色"的提出实际上是强调"把马克思主义的普遍真理同我国的具体实际结合起来,走自己的道路",目的是在表述我们通过改革开放建设一个具有中国特色的社会主义。这里的"有"和"具有"既包含肯定的含义,也带有一定的实验性和试探性,着重强调与中国具体实际相结合。一个"有"字的变化说明了什么?说明了中国特色社会主义道路随着改革开放的不断扩大日臻走向成熟,越来越自信和从容。我们之所以越来越自信和从容,主要是得益于改革开放不断取得的巨大成就。

我们还要注意到,在十八大前夕,胡锦涛同志在"7.23"讲话中强调,经过长期努力,我们坚持和发展中国特色社会主义取得了重大理论和实践成果,最重要的就是,开辟了中国特色社会主义道路,形成了中国特色社会主义理论体系,确立了中国特色社会主义制度。这是党和人民90多年奋斗、创造、积累的根本成就，必须倍加珍惜、始终坚持、不断发展。新的历史条件下，我们继续推进中国特色社会主义，必须不断丰富中国特色社会主义的实践特色、理论特色、民族特色、时代特色。在这里，胡锦涛对中国特色社会主义的"特色"进行了非常清晰的表述，中国特色社会主义有四个特色，分别是理论特色、实践特色、民族特色、时代特色。改革开放30多年，我们一直在建设中国特色社会主义。如果人家反问你一句，你要建设什么样的中国特色社会主义，你的特色到底是什么？胡锦涛在"7.23"讲话中明确回答了这个问题，中国特色社会主义有四个特色：理论特色、实践特色、民族特色、时代特色。一是理论特色，中国特色社会主义是在马克思列宁主义、毛泽东思想、邓小平理论、"三个代表"重要思想、科学发展观、习近平新时代中国特色社会主义思想指引下的中国特色社会主义。二是实践特色，中国特色社会主义不是仅仅只有理论的指引，而且还有实践检验。中国特色社会主义是经过30多年改革开放伟大实践不断探索而来的，理所当然具有其实践特色。三是民族特色，过去我们在这方面强调得比较少，这就是要更加注重继承和弘扬中华优秀传统文化。苏联解体、东欧剧变不是马克思主义本身的失败，而是他们没有把马克思主义的普遍真理与本国的文化结合起来。四是时代特色。马克思在一百多年前也不知道世界今日之变化，他更不会知道他所开创的科学社会主义，在苏联解体、东欧剧变之后，会在中国落地生根、开花结果，走出了一条中国特色社会主义道路。因此，我们赋予马克思主义具有与时俱进的理论品质，我们把马克思主义与时代相结合，使它不断地与时俱进，使这个理论不断地向前发展。这些科学总结，都是中国特色社会主义成熟的重要标志。

一条道路、一个理论体系、一种社会制度，使我们终于拥有了道路自信、理论自信、制度自信，这三个自信已经足以表明我们的中国特色社会主义已经走向成熟。

二是坚定不移继续解放思想。40年改革开放的一个重要的启示就是，必须坚定不移继续解放思想，弘扬改革精神。东北为什么穷而不变，为什么浙江会穷而思变。改革开放40年造就了中国最有名的企业家团队——中国浙商。为什么会是浙商？浙商在改革开放的实践探索中形成了著名的"四千精神"：千方百计、千辛万苦、千言万语、千山万水。正是因为他们有了这种改革精神才使浙江人穷则思变，变而致富，富而思进。浙商从"鸡毛换糖"开始，一点一滴积攒起来；从针头线脑开始，小狗抱团打天下，从"八山半水一分田"走向全国，走向世界。现在，走遍全世界到处都有浙商的影子。浙商队伍的形成，靠的就是"四千精神"，"四千精神"实际上就是中国改革创新精神的"浙江版"。

浙江有两个典型的改革样本城市：一个是义乌；另一个是温州。在中国的北方，也有一个典型的改革样本，这就是革命老区——山东临沂。南有义乌，北有临沂。"市场奇迹"是临沂人在改革创新中创造的最显著奇迹。以长江以北最大专业批发市场著称的临沂商城，是临沂的一张世界级名片。临沂已成为中国的"商贸物流之都"，现有专业批发市场131处、经营业户6.5万户、经营商品多达6万个品种。每座专业市场自成一城，连绵成势。每天有数十万人、数万车辆出入市场，使人们感受到来自沂蒙大地的无限活力。临沂已经从一个革命老区发展成为货通全国、物流世界的商贸之都，成为中国贸易量最大的批发市场。作为革命老区的临沂，曾以贫穷封闭与落后著称，有"四塞之固，舟车不通，内货不出，外货不入"的记载。由于改革开放前的长期计划经济，临沂人民虽然和全国人民一道为社会主义建设付出了艰辛努力，但是经济发展和人民生活水平一直不尽如人意。直到1984年，临沂市13个县有7个被列为国家级贫困县，临沂地区被列为全国18个连片的贫困地区，温饱问题都没有得到解决。

改革开放以来，在沂蒙精神的感召下，临沂人民不等不靠，不哭穷、不伸手，自力更生、艰苦创业，抢抓机遇、开拓进取，创造了令世人瞩目的"临沂奇迹"。1995年，临沂在全国18个连片贫困地区中率先整体脱贫，2000年与全国同步基本实现小康。我们回过头来看，全国有这么多革命老区，为什么只有临沂会发展成为中国最大的市场？为什么临沂会取得这样大的发展？扶贫先扶志，治穷先治愚。临沂的崛起首先是精神的崛起，临沂的发展靠的是沂蒙精神的引领。沂蒙精神是中国精神的优秀因子，也是解放思想、改革创新的实践样本。

没有思想解放，就没有改革开放。没有思想解放，就没有义乌模式、温州模式，也没有临沂奇迹。改革开放的实践证明，一个地方的发展与否的根本问题：第一是解放思想，第二是解放思想，第三还是解放思想！

杨万东：改革开放40年的成功之道，总结起来有这样几条：第一，以邓小平为代表的党中央历任领导坚持解放思想，实事求是，不断把准航向，从党的十一届三中全会以来，始终坚持中国共产党的坚强领导，始终坚持市场导向的改革方向，始终坚持尊重全国人民的首创精神，理论不断创新，改革不断深化；第二，中国的改革开放是一个三级推动的动力模型，中央高层定方向出思路，地方政府比政绩创特色，企业改革和发展出活力见实效；第三，全国上下各阶层劲往一处使，一心一意谋发展，聚精会神搞建设；第四，改革形成的制度红利、短缺形成的市场红利、新技术革命形成的技术红利、全球化形成的开放红利、工业化形成的现代化红利、城市化形成的人口红利等多利汇聚，形成合力，成就了中国40年改革开放的世界奇迹。

1.4 人类需要一个什么样的21世纪

张建君：过去40年，在中国发生巨变的同时，世界发生了什么？历史地看，第二次世界大战后形成的世界格局，在1978年前并没有发生深刻的变化；但是伴随中国改革开放的历史进程，现在的世界格局正在发生历史性的变革。长期以来，南北问题和东西问题是世界问题的核心所在，东西问题长期左右世界走向，曾经的东半球大多数国家走社会主义道路，西半球大多数国家走资本主义道路，所以世界存在两种制度、两种道路的对峙，形成了激烈的冷战。

现在，在世界范围内，东西问题的道路之争和制度之争已有了巨大的改变，不管是弗朗西斯·福山所宣扬的《历史的终结与最后的人类》，还是科学社会主义在中国的发展创新，世界正在发生深刻的革命性改变，就是曾经不可逾越的意识形态的鸿沟，即横亘在东西方之间的姓资姓社争论也日渐淡化，东西方问题现在最为重要的就是发展权、富裕权之争，即不管走什么样的社会道路，建什么样的社会制度，能不能解决民生问题，能不能给老百姓带来生活的富裕，成为一种道路、一种制度最为重要的一个终极较量，用发展赢得未来成为最新的世界潮流。中国特色社会主义道路和制度正是淡化了意识形态的传统特点，以务实的精神把人民的向往作为奋斗的方向，打造出了一个独特的、具有民生主义特点的中国特色社会主义道路和制度。

在这方面，冷战所形成的零和博弈时代已经结束，一个多赢、共赢的全新国际格局正在到来，中国在国际社会获得了更为广阔的话语权、发展空间，甚至赢得了美誉度。2001年，中国成功加入世界贸易组织（WTO），2016年人民币成为占有国际货币基金组织 SDR 的 10% 份额以上的一揽子货币，成功地举办了 G20 峰会，在 2017 年第一次组织了世界政党大会，使得中国跨越了东西方之争，开辟了一种与众不同的发展道路，这对世界就是最大的贡献。一个重要的启示就是世界要有更好的眼光来看待中国的发展，来看待中国制造带给世界的普遍福利。从这个角度来讲，21 世纪的世界政治经济秩序已经有了许多的中国声音。2017 年，习近平总书记在联合国提出，构建人类命运共同体的中国理念，为打造 21 世纪更好、更美、更融合的全球化发展注入了中国元素。这也是中国改革开放推动世界进步的一个显著表现。在此宏大愿景之下，美国有些学者所宣扬的"新冷战""冷和平"，无疑是"大智E云"时代的渔猎国家、祸害人民的原始丛林主义思想。对他们有必要当头棒喝，让他们警醒自己只是人类中的一分子，美国只是诸多国家中的一个，人类共同的命运与前途才是"大智E云"时代的永恒主题。一个国家、一个民族、一簇人群优越于整个人类的时代已经结束，人类需要超越20世纪的思想观念来探讨21世纪的人类未来。

同时，第二次世界大战之后所形成的南北问题，即"南半球穷、北半球富"，富裕和贫困的问题并没有得到有效解决，仍然深刻存在。南北问题给世界一个巨大的昭示，即地球不是发达国家的天堂，地球是人类命运的共同家园。所以，人类在贫困和富裕的矛盾解决方面，需要全球国家更加紧密地团结起来，协调行动、共同发展，按照联合国千年行动计划所要求的消灭贫困，实现全球性的富裕和发展，这是全世界共同的美好生活愿景。在过去五年时间里，中国脱贫的伟大事业已经成功地解决了六千万人的贫困问题。六千万人是一个什么概念？相当于英国总人口，相当于法国的总人口。虽然，世界的贫困问题因此有了显著改变，但很多国家的贫困问题仍然摆在全世界面前。

所以，在过去40年里，世界范围内的东西方问题、制度之争、道路之争已经有了历史性变化，必须用新的视野来看待世界，来看待自己；但是南北问题的存在昭示全球要更加紧密地合作，要将零和博弈的思维转变为多赢、共享、共建人类命运共同体的实践。如此，我们相信，21世纪的世界会因为全球化发展而变得更加美好，要从第二次世界大战所带给人们的沉痛教训出发，认识到冷战使得世界范围内人与人相与为仇，这是带给21世纪地球村的最大威胁，需要认真汲取经验教训。

程冠军：从过去40年中国与世界其他国家的对比来看，有的学者说，自第二次世界大战以后世界格局进入和平发展时期。我认为，真正的和平发展时期还是从新中国成立以后，新中国成立形成了资本主义国家和社会主义国家两大阵营的制衡与对垒，正是这种制衡与对垒才带来了70年的和平发展，虽然局部战争时有发生，但总体上看，世界格局一直是和平发展的大趋势。

从40年的改革开放历程来看，与别国比较，我们最大的特征就是坚持了和平发展道路，把发展作为第一要务。坚持发展马克思主义，坚持社会主义，在社会主义道路的基础上开创和建设了中国特色社会主义，这是中国与世界其他国家相比较而走出的一条成功的改革开放之路。

党的十八大以来，习近平总书记反复强调，我们既不能走封闭僵化的老路，也不能走改旗易帜的邪路。封闭僵化的老路就是否定改革开放，否定邓小平和邓小平理论，就是要走回头路。改旗易帜的邪路就是否定毛泽东和毛泽东思想，否定社会主义，就是走西方资本主义道路或其他道路。从国际上来看，这两种道路的选择都有现成的例子，我们都可以看到：一方面是"苏东剧变"之后，那些放弃了马克思主义，放弃社会主义道路的国家，在40年风云激荡的历史进程中，这些国家发生了什么？他们大多数都发展得不好，有的政党纷争、政权频繁更迭，有的恐怖事件频发、战乱频仍，有的国际地位下降、受制于他国，有的文化被殖民、民族自信心尽失，有的经济萧条、人民生活水平下降。我们再看看那些走老路的国家，朝鲜虽然坚持社会主义道路，但他们闭关锁国，拒绝开放，走的是封闭僵化的老路，结果导致发展严重滞后，并且成了东亚和东北亚地区的火药桶，核危机一触即发。从以上可以看出，邪路和老路都是死路。

与上述两个例子相比，中国选择了一条正确的发展道路，我们坚持中国共产党领导，坚持马列主义毛泽东思想，坚持改革开放，坚持发展社会主义，坚持发展中国特色社会主义，走出了一条中国特色社会主义道路，这条道路如今越走越宽广。中国道路的成功不仅让世界上的社会主义国家刮目相看，就连西方发达资本主义国家也不得不重新认识社会主义，重新看待马克思主义，重新反思资本主义。

马克思主义在当今世界不少坚持社会主义制度的国家都有新的丰富和发展。除了中国之外，以马克思主义为指导的社会主义国家还有越南、古巴、朝鲜和老挝。由于中国是社会主义大国，中国共产党是世界上最大的马克思主义政党，中国特色社会主义事业取得的成就举世瞩目，惊艳全球，因此在全球具有标杆意义。

杨万东：过去40年发生了什么？世界很大，历史很长，如果仅仅看40年是看不到什么的。刚才建君讲得很多，要看世界发生了什么，要看第二次世界大战之后的世界格局。

第二次世界大战之后发生的第一件大事，就是出现了两大阵营并出现冷战。"冷战"一词产生于1946年，1947年就成为公共政治术语。第二次世界大战实际上是反法西斯力量和法西斯力量之间进行了一次大对决，这次对决之后就形成了东西两大阵营，这两大阵营应该说从1945年到1950年还处于一个比较冷静的建设期。1950年以朝鲜战争爆发为标志，两大阵营进入了先热战、后冷战的较长时期，1953年朝鲜停战后就正式进入冷战状态。冷战强化了中国国内阶级斗争的意识，而在国际上西方社会形成了反共思潮，比如20世纪50年代麦卡锡主义就是在美国流行的极右思潮，中间引发了一些局部危机，如1962年的古巴导弹危机，使全世界处于危险之中。

第二次世界大战后发生的第二件大事，就是冷战的一方西方国家由于实行市场经济体制而体现出经济活力和经济高速增长，另一方则由于实行重工业优先发展的方针人民生活水平提高不大。第二次世界大战后两大阵营分别实行计划经济体制和市场经济体制，两大阵营之间由于经济机制的不同而展开竞争，这种竞争在后来逐渐表现出来不同的结果。德国分裂为东德和西德，建起了一道隔离墙——柏林墙，出现不少东德人拼了命都想翻越柏林墙进入西德，关键就是西德的市场经济体现出了更高的效率和更高生活水平，对东德人产生了巨大吸引力。在亚洲最典型的就是韩国和朝鲜，同一个民族分裂为两个国家，韩国尽管也经历了军政府和战乱，但是它的经济恢复非常迅速。

第二次世界大战后发生的第三件大事，就是中苏分裂、中美建交，世界上人口最多的计划体制国家转向发展市场经济并取得明显成效。

第二次世界大战后发生的第四件大事，就是苏联解体，东欧国家转向市场经济体制，市场经济体制成为全球主流经济体制。"苏东剧变"是20世纪末发生的最重要的历史性事件。这个事件导致世界政治版图发生了大改变，这种改变更深刻的含义就是市场经济对整个世界进行了最大规模的覆盖。尽管有个别计划经济国家，比如朝鲜，仍然保持了封闭体系和计划体制，但是大部分前计划经济国家，包括越南及东欧各国，都在不同时间和不同程度引入市场机制，走向市场化改革的路径。

第二次世界大战后发生的第五件大事,就是美国发生金融危机,中国成为世界第二大经济体。苏东剧变后经济全球化加速推进,美国成为全球最强经济金融大国,取得全球化红利,美元地位和军事强权保障下经济加速脱实向虚,引发其发生1929年以来最大规模的金融危机。在2008年美国发生金融危机时,对美国帮助最直接的是中国。中国在自己并没有发生危机的情况下就推出的4万亿元人民币的扩大投资计划,保持中国人民币与美元汇率的稳定,同时中国大量持有美国国债,成为美国的第一大债主。

第二次世界大战后发生的第六件大事,就是中美关系发生逆转,美国对中国采取战略性抑制中国发展的战略,全面打压中国崛起。中国在2001年加入WTO之后,中国人的创造力,中国企业的产品生产能力和竞争力让整个世界大吃一惊。中国产品迅速地占领世界的很多市场,以至于,如果离开了中国产品,很多西方国家人的生活都会受到很大的影响。但其对中国的影响,除了中国的外汇储备不断增加之外,就是中国的环境污染不断加剧、碳排放不断升高。所以,中国和世界的这种互动在一定意义上讲,是在中国财富总量增长、中国国际影响力增长的同时,产生了越来越严重的资源短缺、环境污染方面的问题。同时,由于中国劳动力价格极低,所以,中国的劳工对整个世界做出了很大的贡献,也就是说,中国受到了发达国家劳动力方面的剥削,而反过来还受到他们贸易保护主义的影响,他们认为中国产品在向全世界倾销。不仅如此,美国已将中国作为世界上最主要的战略对手,已从科技、产业、贸易等方面,公开打压中国发展,中国发展的外部环境空前严峻。

张建君:过去40年世界的发展证明,有些国家所秉持的老思维已经穷途末路,21世纪全球化急需新思想、新理念。过去闭关锁国,这是中国落后的经验教训,现在有些国家逆全球化的举措也令全球担心。21世纪全球化的增长之光虽然照耀了全球,但恐怖主义、贸易摩擦、极端贫困、党同伐异,甚至单边主义仍然时露端倪。所以,立足世界刚刚走过的这40年,我们有必要思考,中国的历史性成就究竟带给世界的是什么?是繁荣的福利溢出,中国制造的全球受益,还是给有些国家带来了现实的威胁和损害?我现在提出三个问题供大家探讨：第一，21世纪的世界理念是什么？中国道路给世界的启示是什么？人类需要一个什么样的21世纪？世界过去40年南北问题的平稳延续和东西方问题的历史性转化，验证了一个颠扑不破的真理，那就是：老思维已经风吹雨打去，新理念已经润物细无声，全球化已经呼唤新主张。

所以，在中国40年改革开放成就的基础上，目前世界发展的平庸化、单极化甚至向冷战思维的回归，要真正借鉴中国40年改革开放的崛起经验，把共赢、共建、共享的理念作为21世纪的世界理念，把和平与发展作为全球化发展，特别是中国道路给世界的最大启示，把人与人相亲相爱作为21世纪最重要的发展愿景，真正构建人类命运共同体。

中国人已经向全世界学习了近200年，现在是全世界正确看待中国发展新经验的历史性时刻，中国要给世界提供中国方案、中国声音和中国经验及启示，这样，21世纪的全球化才能沿着正确的轨道发展，世界才能够有更多的繁荣、增长、和平，世界各国才能更好地分享全球化带给人类的光荣与梦想。

1.5　中国历史巨变的成功秘诀

张建君：中国过去40年发生了历史性巨变，有五个原因值得重视。

第一，改革开放，这是关键一招、制胜法宝。改革开放，是推动中国过去40年巨变最根本的一个原因。1991年，邓小平同志就一针见血地指出：坚持改革开放是决定中国命运的一招；20年后，习近平总书记做出了总结性的概括：改革开放是决定当代中国命运的关键一招，实践证明，改革开放是当代中国最鲜明的特色，也是当代中国共产党人最鲜明的品格。

第二,庞大的劳动力,这是根本动力。中国有13.7亿人口,其中精壮劳动力就有两到三个亿,这一庞大的人力资源在全世界是绝无仅有的,中国人民既有很好的文化教育背景,又有勤劳奋斗的愿景和信心,这在全世界都是推动一个国家繁荣和富裕的最根本动力,只要有一个稳定的发展环境,有一个好的制度,这些劳动力就能够创造翻天覆地的伟业和经济成就。

第三,制度稳定,起了关键性作用。在转型经济学上我们把制度稳定的表现也称作"制度刚性",中国的改革开放遭遇过种种挑战,如"八九政治风波"、1998年东南亚金融危机、2008年全球金融危机的冲击,既有政治因素,也有经济因素,但是中国保持了社会制度的长期稳定,从而收获了巨大成就。所以,亚当·斯密曾经指出:一个国家在稳定的环境里面待的时间越长,一定是一个越繁荣的国家。中国的发展就验证了这个道理;所以,在未来的发展里要很好把握这个要素,让稳定繁荣中国。

第四,社会和谐,提供了良好的发展环境。一方面,因为改革福利呈现出了普遍溢出和全民受益的特点,所以人民拥护改革、社会比较和谐;另一方面,民族关系的融洽和和谐,特别是心往一处想、劲往一处使,形成了齐心协力改变中国贫穷落后状况的社会冲力。

第五,从全世界来看,和平与发展是世界潮流,给我们提供了一个形成社会和谐、持续发展的外部环境和发展机遇。

这些就是中国改革开放40年历史性巨变的成功秘诀。

程冠军: 关键问题还是制度和道路。在结束了十年"文化大革命"之后,邓小平正确地评价了毛泽东和毛泽东思想,既坚持毛泽东所开创的社会主义道路,又通过改革开放走出了一条有中国特色的道路,实现了社会主义制度的创新发展。中国的发展,不能全盘否定毛泽东和毛泽东思想,否则,中国就会犯颠覆性错误。

1981年6月,党的十一届六中全会通过了邓小平主持起草的《关于建国以来党的若干历史问题的决议》,石仲泉当年是历史决议起草小组成员,我曾经专门采访过他。石仲泉告诉我,对于历史决议,邓小平作了十几次谈话。邓小平指出，毛主席晚年犯了发动"文化大革命"的严重错误，但这是一个伟大的无产阶级革命家所犯的错误，与他所建立的丰功伟绩相比较，是第二位的。他功大于过。如果没有毛主席的领导，我们可能还会在黑暗中摸索。作决议，最重要的是肯定毛主席的历史地位和毛泽东思想的指导作用。在改革开放40年之际，我们还要坚持这个历史决议的基本精神，偏离了就会出问题。邓小平同志说得很清楚，基本路线一定不能改变，谁改变谁垮台。同样，历史决议也一定不能改变。我们国家之所以历经改革开放之后发生这么大变化，没有发生颠覆性错误，就是这个历史决议起了政治保证作用。苏联解体、苏联共产党垮台，就是因为没有这样一个决议，犯了全盘否定历史的错误。历史经验要好好研究，苏联的教训更要认真吸取。《决议》讲得很明确，毛泽东同志在"文化大革命"中所犯的严重错误，是一个伟大的无产阶级革命家、伟大的马克思主义者所犯的错误。我们既要认识到毛泽东所犯的错误，但绝不能借此否定毛泽东和毛泽东思想。正如习近平总书记所指出的，"不能用改革开放后的历史时期否定改革开放前的历史时期，也不能用改革开放前的历史时期否定改革开放后的历史时期。"

从40年改革开放的历史经验看，中国共产党不仅有能力、有智慧领导中国人民经过28年艰苦斗争，推翻了"三座大山"，建立新中国；中国共产党也有能力、有智慧领导中国人民进行社会主义革命和社会主义建设并获得成功；同时，中国共产党更有能力、有智慧领导中国人民进行改革开放并取得更加辉煌的成就。

杨万东：在十一届三中全会之后，中国共产党总结了中华人民共和国成立以来的历史经验，通过真理标准的讨论，鼓励创新、鼓励改革、鼓励试验，进行了一场思想上的自我革命。

一是思想自由成为发展前提。从20世纪80年代开始，中国学术界空前活跃，社会上有很多人开始兴办实业参与创业，这是一个主要的大的背景。但是，如果说仅仅是这些原因，仍很难设想就能达到目前这种结果，要知道新中国成立之后也一直是在中国共产党领导之下的，这种情况并没有什么变化。

二是稳定的发展环境至关重要。1979年初中美建交，其后中国和越南有一次边境战争。这次边境战争之后，虽然在中越之间还有局部的冲突，但是总体来讲是有一个较长时期的和平、稳定的外部环境。所以，这40年中国是聚精会神搞建设，这个过程可以说是"不折腾"。

三是坚持改革开放不动摇。实际上，在20世纪80年代还不断有一些社会运动，包括思想领域的"反对精神污染""反对资产阶级自由化"，社会治理领域则是1983年的"严打"运动等。这些运动把住了一些大的政治方向，改革开放的方向没有偏离，但同时，也有一些"文革"时期的思想在每一次社会运动中不断露头。

四是社会发展愿景高度吻合。实际上中国改革开放40年的过程中，始终存在着所谓"左右"之争，或者"保守派"和"改革派"之争，但不管这些人怎么争，总体都是希望国家富强，这是一个主流，只是看问题的角度不一样，特别是在小平同志健在的时候，虽时有偏离，但总能形成合力，1992年确立建立中国特色社会主义市场经济体制后方向就更明确了，所以，虽然40年取得的成就很显著，但如果仅讲是党的领导是不够的。

五是通过开放借鉴西方发展经验。开放是找到了一个很好的参照系，就是西方现代化的一些国家，它们的政治制度、经济制度、社会文化深深影响着中国，所以，我们的市场经济机制，或者说市场体制、现代企业制度都是向西方学习，才逐渐地形成了具有中国特色的经济体制。

六是充分释放了中国人力资源潜力。勤劳勇敢的中国人民在过去100多年饱受屈辱，那是制度的原因。这40年为什么创造了经济的奇迹，那就是中国的教育体制在20世纪70年代末、80年代初发挥了重要作用，一届一届的大学生进入社会，整个中国的人力资源素质得到了极大提升。我们现在在信息技术上，基本上和西方站到了同一个平台；其他的专业学科，新中国成立之后，特别是改革开放之后，中国本土培养的大批专业技术人才，使得中国的社会文化发展到更现代的层面。人力资源因素对于中国社会变迁的贡献，已经不是早期规模所能比的。比如"文革"前17年培养的大学生虽然在改革开放后也发挥了很重要的作用，但总体规模有限，而且经过多年的政治运动摧残后很多人已经身心俱疲。再就是城市上千万的知识青年上山下乡，很多人都是因为恢复高考后受到了高等教育才成为中国改革开放的主力和先锋。所以，对过去的教育我们应该给予充分的肯定。当然，教育在现代发展中还有很多问题。

1.6 改革开放 40 年的经验及启示

张建君：回望改革开放 40 年，我国经济、社会、文化、政治等各方面都发生了巨大变化，与国际社会相比，中国取得了日新月异的社会进步和伟大的经济成就。其中，一个很重要的任务就是要总结成功经验，该坚持的要坚定不移地坚持，需要修改的要坚定不移地修改，并寻找下一步改革的动力和启示。

40 年中国改革开放的成功经验，我认为有这么几条特别值得重视：

第一，解放生产力。牢牢把握住了发展才是硬道理的正确思想。邓小平把社会主义本质界定为解放和发展社会生产力，消灭剥削，消除贫困，最终实现共同富裕，这是对于社会主义最好的一个解读。不管是中国特色的社会主义，还是传统的社会主义，乃至我们面向未来的现代社会主义，都不能离开这个大的原则，从中国的发展实践来看，我们在这一条上是牢牢抓住了。所以，对于过去 40 年成绩的肯定，首先是中国经济的腾飞，人民生活水平的改善，综合国力的显著增强，乃至中国社会所发生的脱胎换骨般的成长，归根结底就是解放和发展了社会生产力，这是中国改革开放 40 年最大的成功经验。

第二，发展市场经济。如果从制度角度来思考，中国能取得经济社会发展的巨大成就，市场经济作为一种有效的制度安排功不可没。所以中国改革正是通过市场化的资源配置解放了社会生产力。在未来的发展上，仍然要把市场经济以放为主的改革理念作为社会制度建构的重要原则。甚至中国首富马云曾经讲，在21世纪借助现代科技很有可能实现计划比市场更有效率，这个观点还有待于社会实践的检验。但中国改革开放最基本的经验，就是让市场机制能够在它应该发挥作用的地方充分发挥作用，这是过去改革40年取得巨大成绩的一个非常重要的经验。所以，要坚持不懈地让中国的市场经济更加具有理性规范、选择自由、开放包容、公开透明的制度特点，而决不能走回头路。

第三，群众的首创精神，或者说充分释放群众的创造性。中国改革开放40年，既得益于领导人的正确路线选择，更得益于千千万万平凡中国老百姓坚持不懈的努力创造。什么是一个社会最为重要的价值？可以从物质上来看，也可以从技术创新的角度来看，但是任何一个社会最根本的价值就是千千万万普通劳动者的劳动时间，他们把自己的劳动时间凝结成了社会进步的源泉，他们在自己的劳动过程中通过不断的劳动创造，给社会提供更为多元的选择、更为丰富的物质产品，从而让中国呈现出蓬勃发展的生机，群众的有些创造性实践更是为改革开放注入了生机活力。未来，当中国人均GDP跨过高收入国家的门槛，向世界发达国家不断靠拢的过程中，中国人民还能不能保持这样一种群众的创造性，积极地劳动、勤奋地工作，不懈地推动社会的进步，值得警惕。在这一点上，中国过去40年的成就是千千万万中国老百姓把自己的时间固化为社会前进的物质动力，我们要向改革开放40年中普普通通的劳动者致以最崇高的敬意。这里面，既有科学家像陈景润、华罗庚甚至两弹元勋，他们不计功名进行废寝忘食的科技劳动；还有一代一代的农民工，让城市变得更美，让社会充满活力，让中国释放出了巨大的发展潜力和动力。同时，还有无数奋斗在各行各业的普通劳动者，为了追求一个幸福美好的生活而奋斗。所以，他们是推动中国社会进步的真正英雄，是推动改革开放社会进步真正动力。

第四，充分发挥地方的积极性。中国的改革过程事实上是一个由集权向分权不断演进的过程，地方政府扮演了主动的改革角色。所以，既涌现了改革开放的前沿省份，也涌现了沿海经济大省如山东的做法，甚至在重庆形成了沿"一带一路"走出去的内陆地区开放壮举，所有这些都是地方政府的一种积极主动的创造。在未来中国更加成熟、更加定型的中国特色社会主义制度的设计和改革过程中，我们要充分地思考，有没有给地方政府充足的发展空间。

梳理改革开放40年的成功经验，上述四条经验更为重要、更为宏观、更贴近中国的发展之道。所以，从改革开放的40年经验里面，给我们中国未来40年的改革有四条重要启示，值得重视：

第一，未来中国要坚定不移地走中国特色发展之路。这个中国特色，就是既要尊重世界各国所给予我们的经验教训，给予我们的理论启迪，给予我们的制度启示，也要注重中国的自主创造和创新，凸显中国自己的制度特点。当然还要坚定不移地走中国特色社会主义制度的发展之路，在这方面，中国特色社会主义制度就是中国人民最大的制度创造和创新，我们要尊重人民自我的创造和创新。

第二，未来中国要坚定不移地走改革开放之路。改革开放改变了中国，未来中国仍然要靠改革开放。所以，习近平总书记指出，改革开放永远在路上。可以说，中国的改革开放永无止境，这不仅仅是在物质上永无止境，在人的思想、观念以及制度的创造、创新方面，也是永无止境。中国的发展，永远要坚定不移地对外开放。

第三，未来中国要坚定不移地走全球化发展之路。中国是在人类社会第一轮全球化热潮里面被推下悬崖，甚至后来常用八个字来形容，叫"积贫积弱，水深火热"。这是第一轮全球化进程带给中国的深重苦难，在未来的全球化时代，中国一定要走在全球化的前列，时刻盯着全球化来实现中国的发展，绝对不能夜郎自大、封闭保守、自我满足，要看到中国的发展离所谓发达国家的标准还有相当大的差距，站在改革开放40年成就的基础上来看这些差距，激励我们以更加开放的心态，真正让中国成为一个全球化发展的国家，而不是在现有成绩的基础上自我陶醉、自我满足。中国未来的发展，绝对不会比改革开放初期更为轻松，很有可能在全球化发展的这个阶段，才能真正检验中国改革开放的发展成绩。对此，要坚定不移地走全球化发展之路，在全球化的发展中使得中国能够实现全方位提升。

第四，要坚持走"双主题阶段转换式"的转型道路。所谓"双主题"，就是我们既要追求经济增长与发展，也要推动制度的改革与创新，要把经济增长与发展作为检验制度改革与创新的一个基本标准。一项制度、一项改革是不是创新、是不是进步，我们要看它有没有推动中国的经济增长与发展，有没有在社会改善方面取得实质性的效果。也就是邓小平同志讲的三个"有利于"，一项制度如果它不能够带来经济的增长，不能够带来经济的发展，我们就应该对这样的制度持有审慎的态度。所以，经济增长与发展制度，体制改革与创新，这两个主题有一个阶段性推进的过程，我把中国过去40年的转型道路概括为"双主题阶段转换式"的经济转型模式。所以，中国改革开放不可能毕其功于一役，在追求经济增长与发展，体制改革与创新双轮促进的过程中，把中国的发展推向一个更高的阶段，解决我们所面对的阶段性挑战，这就像从1978年改革开放初期一直到20世纪90年代很长时间，事实上我们解决不了基本的温饱问题。进入21世纪以后，我们很好地解决了温饱问题，面临决胜全面建成小康社会的发展阶段。过去我们大量地引进资金、技术、人才、管理，现在我们开始向世界输出资金、技术、人才和管理，这一历史性巨变的巨大改革经验，就是要对中国改革进行阶段性的历史回顾，看有没有偏离正确的发展路径。工业化、现代化、民主化是中国发展的永恒主题，让人民生活在现代化经济环境里面，有现代化的工业体系支撑，有更好的社会政治各方面权利的享受，在丰富物质基础之上不断改进人民的精神世界，成为一个现代化的国家，我们才有可能摆脱中国社会仍然残存的封建糟粕、权力糟粕、人性糟粕，让中国人的精神真正适应21世纪的发展。

值得指出的是，民主化并不一定是西方化。中国发展的实践证明，西方社会的精英民主并不适合中国社会。中国成功地发展了大众民主、协商民主等这些全新的民主形式。在人民有了充足的物质保障、有了良好的精神风貌之后，人民的最大需要是什么？我想，一定是人民当家作主，改革就是要给人民行使当家作主开辟制度的渠道，让人民真正成为社会的主人。在此基础上，中国特色社会主义就有可能会去掉两个字，不再叫中国特色，而是叫中国社会主义。

在中国社会主义制度里，凝聚起中国人民共同的发展愿景和奋斗方向，把中国真正推向全面复兴的伟大阶段。这些方面应该是改革开放40年留给我们最宝贵的精神财富。

程冠军： 2016年3月4日，习近平总书记在参加民建、工商联界联组会上发表了关于建立"亲""清"型政商关系的重要讲话。许多民营企业家认为这个重要讲话是"强心剂""定心丸"，为新常态下民营经济的发展指明了方向。在中国改革开放的历史进程中，民营经济发展的标志性事件就是1992年邓小平"南方谈话"。当年媒体用李贺的诗句"东方风来满眼春"形容其意义。今天，可以用一句陆游的诗来形容习近平总书记在民建、工商联界联组会上的重要讲话——"又见东风浩荡时"。这"浩荡东风"，必将吹来中国民营经济的又一个发展春天。

"不会变""不能变"掷地有声。中国的改革开放每前进一步，几乎都是伴随着对民营经济的不断"松绑"开始的。改革开放30余年来，中国的民营经济从不允许到允许，从"有益补充"到"重要组成部分"，党的十八届三中全会又进一步提出"公有制经济和非公有制经济都是社会主义市场经济的重要组成部分"，从"也是"到"都是"，这说明非公有制经济与公有制经济地位日趋平等，成了"一母同胞的孪生兄弟"。但是，在中央各项政策的具体执行实践中，"玻璃门""弹簧门""旋转门"现象和"市场的冰山""融资的高山""转型的火山"这"三座大山"，依然阻碍着民营经济的健康发展。

"亲""清"是政商关系新规矩新秩序。政商关系自古是难题，封建王朝的"红顶商人"与官僚卿卿我我，互为利益盟友，亦官亦商，大多最终官败商毁。党的十八大以来，以习近平总书记为核心的党中央高压反腐、铁腕治吏，坚持"老虎""苍蝇"一起打，坚持无禁区、全覆盖、零容忍，查处了一大批违纪违法案件，其中有不少案件就是企业经营者和官员搞官商勾结、利益输送，这些官、商最终成为一根绳子上的蚂蚱——谁也没能逃脱。

历史教训应发人深省，现实悲剧当引以为戒。新型政商关系应该什么样？在这里，习近平总书记给出了答案，"概括起来说，我看就是'亲''清'两个字"。习近平总书记指出,"对领导干部而言,所谓'亲',就是要坦荡真诚同民营企业接触交往,特别是在民营企业遇到困难和问题情况下更要积极作为、靠前服务,对非公有制经济人士多关注、多谈心、多引导,帮助解决实际困难,真心实意支持民营经济发展。所谓'清',就是同民营企业家的关系要清白、纯洁,不能有贪心私心,不能以权谋私,不能搞权钱交易。"习近平总书记强调,"对民营企业家而言,所谓'亲',就是积极主动同各级党委和政府及部门多沟通多交流,讲真话,说实情,建诤言,满腔热情支持地方发展。所谓'清',就是要洁身自好、走正道,做到遵纪守法办企业、光明正大搞经营。"

自古"君子之交淡如水"。习近平总书记提倡的政商交往就是君子之交:不能搞成封建官僚和"红顶商人"之间的那种关系,也不能搞成西方国家大财团和政界之间的那种关系,更不能搞成吃吃喝喝、酒肉朋友的那种关系。政商之道贵在"亲""清"。"亲"与"清"将成为政商之间的新规矩和新秩序,遵守这个新规矩和新秩序则两利,破坏这个新规矩和新秩序则两害。从总书记的一句"我常在想,新型政商关系应该是什么样的",可以看出,他一直在思考新型政商关系。总书记关于"亲""清"政商关系的新论断,既着眼于党和国家的稳定发展大局,又出于对领导干部和民营企业家的关心爱护,可谓深思熟虑、语重心长。

进入 2018 年以来,习近平总书记对民营经济的发展发表了数次重要讲话。2018 年 9 月 27 日,习近平总书记在东北三省考察时强调,党中央历来支持和鼓励民营企业发展,党的十八大以来党中央出台一系列扶持民营经济发展的改革举措,民营企业要坚定信心。要坚持"两个毫不动摇",为民营企业发展营造良好的法治环境和营商环境,依法保护民营企业权益,鼓励、支持、引导非公有制经济继续发展壮大。10 月 20 日,习近平总书记专门就民营经济发展问题给"万企帮万村"行动中受表彰的民营企业家回信,强调改革开放 40 年来,民营企业蓬勃发展,民营经济从小到大、由弱变强,在稳定增长、促进创新、增加就业、改善民生等方面发挥了重要作用,成为推动经济社会发展的重要力量。支持民营企业发展,是党中央的一贯方针,这一点丝毫不会动摇。10 月

24 日，习近平总书记在广东考察时指出，民营企业对我国经济发展贡献很大，前途不可限量。党中央一直重视和支持非公有制经济发展，这一点没有改变、也不会改变。创新创造创业离不开中小企业，我们要为民营企业、中小企业发展创造更好条件。11 月 1 日，习近平总书记主持召开民营企业座谈会。在座谈会上，习近平总书记着重强调"非公有制经济在我国经济社会发展中的地位和作用没有变！我们毫不动摇鼓励、支持、引导非公有制经济发展的方针政策没有变！我们致力于为非公有制经济发展营造良好环境和提供更多机会的方针政策没有变！我国基本经济制度写入了宪法、党章，这是不会变的，也是不能变的。"

在改革开放 40 周年这一重要历史节点，习近平总书记接连给民营经济发展打气，为支撑起中国经济"半壁江山"的民营企业吃下了"定心丸"。众人拾柴火焰高。兄弟同心，其利断金。当前中国经济遇到了一些这样那样的困难和问题，但这些困难都是发展中的困难，问题都是前进中的问题，只要国有企业和民营企业风雨同舟、勠力前行，就能攻坚克难、稳中求进，中国经济就会实现创新发展、协调发展、绿色发展、开放发展、共享发展。

杨万东：讲经验和启示，我归纳了一下，大概十个关键词。第一，人本；第二，产权；第三，市场；第四，自由；第五，自主；第六，开放；第七，竞争；第八，务实；第九，法治；第十，创造。我对这十个关键词略作解读。

第一，人本。我觉得这是我们改革开放的起点，为什么这么讲？20 世纪 80 年代的平反冤假错案，包括 1981 年关于若干历史问题的决议，实际上就把中国现代史上的很多案件做了梳理，解放了一大批人，这个是改革开放最大的动力。同时，也是后来改革开放 40 年过程中，人们能够全心全意地、一心一意地去谋发展的一个主要的基础。所以，当初哲学界关于人性、人道主义的讨论，它的启蒙作用，我觉得是需要高度重视的。而且，在我们现在的发展过程中，我们对人权的尊重，对精准扶贫的重视、对特殊困难群众的帮扶，还有通过建立覆盖城乡的养老、医疗这种社会福利体系，都是对人的，包括对弱势群体的尊重，让整个社会的基本道德水准上升，同时让人们对这个社会的认同度上升。当然这个方面还有很多问题，还需要改进。

第二，产权。产权改革在过去40年有很大的成效。中国的现代化进程可以说起步还是很早的，如果要回顾的话，洋务运动就已经启动了中国向西方学习的进程，但是最终是失败了，不管是官商合办，还是官督商办，"官"的色彩太重，产权得不到尊重，企业家背靠官家，就像胡雪岩这样的红顶商人最后都不会有好的结果。

改革开放以后，虽然中间也有很多风风雨雨，年广九曾经也有过牢狱之灾，但是，总体而言，对产权的尊重是贯彻始终的。特别是《物权法》里面对产权做出了明确规定。城市的住房制度改革也把住房从原来的纯消费品变成了一个具有产权的产品，让人们有了居住权所转化的有期限的土地使用权和相对完备的房屋所有权。同时，由于有产权的规定，人们对自己的资产更关注，虽然是种世俗化的追求，但取得了一个社会化的效益，导致大量企业家群体的涌现。如果我们要用一个不那么高大上的语言概括，过去40年实际上是中国社会世俗化的40年，摒弃了以前英雄主义和理想主义的概念化追求，而落实到谋求家庭、个人和企业的发展，所谓一心一意谋发展，它的前提都是以一定产权保障和产权的激励作为基础，如果没有产权这么一个现代经济的基本保障，我认为40年的改革奇迹是根本不可能出现的。

第三，市场。和产权紧密相关的就是市场，由于有产权的主体，有产权自主的所有权、经营权，也就有相应的交易权、支配权，有了这个交易权、支配权，就会形成一个交易的市场。所以，市场经济的奇迹在中国出现，而市场经济的机制激活了微观个体。如果说从社会组织来讲是企业，从国家层面来讲就是中央和地方实现各种博弈，正是通过这种博弈和交易，实现了一种市场化的效果，以至于我们到十八届三中全会时明确，把市场作为资源配置的决定性要素。

第四，自由。阿玛蒂亚·森实际上是一个具有很浓厚的哲学情节的经济学家，他的学术著作大量篇幅都在谈自由和选择，这个自由是和市场、产权、人本直接相关的，比如迁徙、创业、决策的自由。因为在计划经济时代，一个国有企业连修一个厕所的决策都要层层报批，经济效益自然就无从谈起。

第五，自主。因为自由就得各负其责，所以就出现了自负盈亏，如果亏损并资不抵债，就该破产倒闭。所以20世纪80年代出现公司破产案件的时候，经济学界和新闻界都给予了高度的重视。就是说，市场经济、现代社会要自担其责，但同时也可以自主地做各种选择。

第六，开放。开放把中国和世界连接起来，把我们的眼光扩大到全球，这样个人和组织的学习就更有效果，更有目标，更有追求。

第七，竞争。因为开放，竞争就不仅是个人与个人之间、企业与企业之间、地方与地方之间，而是一个全球化的竞争，竞争的结果是优胜劣汰，所以效率就非常明显。

第八，务实。和竞争直接相关的就是务实。改革开放40年的成功经验是"实事求是"，如果用最形象的说法就是"猫论"，就是务实，就是关键看效果。

第九，法治，即依法治理。这40年也是中国的法律制度不断地完善的过程，用法律和制度解决社会中的个人、团队、企业之间的矛盾和冲突，法制化水平在这40年里不断提升。

第十，创造。由于有了前面这些因素，中国人的创造力在这40年高度激活，企业家等社会各界的创造力都有了明显提升。虽然还有一些体制制度的不完善之处，但是相比于最近的一百年，甚至最近上千年的历史中看，中国人的创造力发挥都是空前绝后的。

这十条虽然是一些基本的元素，最根本的是有一个持续稳定的发展环境，这样才会有这40年的高速增长和繁荣。但是，如果我们不重视这些因素，一定要记住，唐的盛世之后有五代十国的混乱，宋的盛世之后就是元明清的野蛮和倒退。

2

领悟中国新时代

2.1　新时代"新"在何处

张建君：新时代是在过去40年改革开放的基础上，对我国发展历史方位的全新判断，之所以能够做出新时代的判断，关键是40年改革开放为中国发展提供了最为坚实的基础，我们已经站在了中国共产党第一个百年奋斗目标即将完成的历史节点，即2020年全面建成小康社会，把中国推向了全新的发展阶段。

新时代"新"在哪里？结合中央的相关精神，我概括为"五个时代"。

第一，胜利时代。到2020年全面建成小康社会，从而实现中国共产党人的第一个百年梦。现在正处于倒计时的时间节点，在这个决胜的阶段，不但真正要让人民的生活保障发生质的飞跃，还要坚决打赢脱贫攻坚战，要让贫困的三千多万人口有一个生活质量和生活水平的全方位提升。所以，这需要中国人持之以恒以奋斗的精神来取得决战决胜的发展成就，从而为中国共产党人的第二个百年奋斗目标，也就是到21世纪中叶建成社会主义现代化强国奠定一个坚实的基础。从这个角度来看，新时代事实上充满着艰难、困苦和挑战。所以，不是轻轻松松敲锣打鼓，宣告进入新时代，中国社会就是一个新时代了，而是在这个历史的关键节点，中国共产党要以更加求真务实的奋斗精神，要以更加踏实肯干的改革意志，要以对历史和人民负责的使命担当，决胜全面建成小康社会、打赢脱贫攻坚战，真正把中国推向更为广阔、伟大的发展境地。

第二，强国时代。也就是把中国人所期盼的国富民强转化为中国特色社会主义改革开放的崭新成果，尤其是站在40年改革开放成就基础之上，能够推动中国从制造大国转向制造强国，从科技大国转向科技强国，从海洋大国转向海洋强国，从教育大国转向教育强国，等等。也就是说，在科技、教育、文化等一系列方面，真正把中国的发展推进到一个现代化强国的全新阶段，推动中国从一个现代科技的跟随者变成现代科技的引领者，从世界发展的一个追随者变成世界发展的引领者。以自我的转型升级，以自我的发展提升，塑造一个现代化的社会主义强国。

第三，共富时代。回顾改革开放40年巨大成绩的时候，我们丝毫不能否认，改革开放提升了全民的福利；但也要意识到，改革开放也引发了社会的贫富分化。甚至伴随国民财富的迅速增长，还形成了一些相对贫困的阶层和人口。在这方面，邓小平的社会主义本质论最终落实在一个共同富裕的目标理念上。法国学者皮凯蒂在2014年出版的《21世纪资本论》一书里，通过对英国、法国、德国、美国这四个世界上最为发达的国家过去300年收入分配统计数据进行研究，得出的结论是，$R>G$，R是资本的利得，而G是经济增长率。也就是说，资本的利得远远高于经济的增长，从而远远高于劳动所得。因此，第二次世界大战之后的世界发达国家正在变得越来越两极分化，用皮凯蒂的话来讲，在财富收入分配领域，完全呈现出了马太效应，即"富人越来越富，穷者越来越穷"。中国发展的目标是共同富裕，但事实上收入的两极分化仍然是我们不可避开的一个巨大挑战。21世纪的共同富裕不是杀富济贫，也不是贫穷光荣，21世纪需要更好的制度设计，增强富人财富创造的主动性，形成穷人稳定的社会保障体系，在收入分配方面尽可能地形成一个扁平式、橄榄状的社会结构，这就需要积极推进收入分配制度的改革，合理抑制高收入，提升低收入，拓展中等收入，实现共同富裕。所以，共富不仅是一种理念，更是一种制度的桥梁，用制度的桥梁来架通从先富到共富的社会理想，把改革开放总设计师邓小平的战略设想转化为中国的发展现实，最终打造一个共建共享的善治社会。

第四，复兴时代。自1840年以来，中华民族经历了一百多年的积贫积弱，经过建党近百年的艰苦奋斗，中国共产党正在把中华民族重新推向一个全面复兴的光荣时刻。这不仅是经济的复兴，还是社会、文化和生态的复兴。在所有这些复兴里面，最为重要的就是要塑造能引领 21 世纪的新中国人。中国对于世界的形象，不是一个暴发户的形象，也不是一个强权的形象，而应该是一个以更富有文化和教养的现象，为世界文明做出引领性的贡献，形成开放包容、开拓创新的全新民族形象，以更具有灿烂文化内涵的精神风貌和发展理念，把世界引领到一个更高的发展水平。

第五，全球化时代。中国历史最大的教训就是盲目地迷信"中国就是天下，天下就是中国"的狭隘理念。借助天眼卫星这样的现代科技成就，我们可以看到在浩瀚的宇宙里，人类所生活的不过是一个小小的蔚蓝星球。在这个蔚蓝色的星球上，有 200 多个国家和地区，有四种不同的人类，有若干种不同的文明，中国只是这颗蔚蓝星球上的一个国家，一个不断在成长中的文明类型。我们时刻不要忘了，中国只是这个地球村里面的一个成员，而且是遭受了历史屈辱的一个成员，要用警惕之心让中国沿着全球化的方向持续发展。用毛泽东同志的话来讲，就是我们要向外国学习，一万年都要学，这有什么不好。我最大的担心就是，在我们改革开放 40 年成就基础之上，中国社会会出现骄傲自满、封闭保守、盲目自信，甚至过于强调自我，而过少关注世界的错误倾向。如果说改革开放 40 年推动了中国历史性巨变，那么改革开放未来 40 年就是中国要以自己的发展推动世界发生历史性巨变的时代，这才叫中国进入了新时代。

程冠军：我们还要更全面地看习近平总书记在十九大报告中对新时代的重要论述。习近平总书记在十九大报告中用了五个时代来论述新时代的内涵。

第一，"这个时代是承前启后、继往开来，在新的历史条件下继续夺取中国特色社会主义伟大胜利的时代"。我觉得在这句话里面关键要看"承前启后、继往开来"。重点是理解三个"伟大飞跃"，也就是习近平总书记所指出的"久经磨难的中华民族终于迎来了从站起来、富起来到强起来的伟大飞跃"。

一看"站起来"。要从 1840 年开始，这个历史进程可以说是长夜漫漫。1840 年以后，中华民族遭受了世界上任何一个民族都没有遭受过的奇耻大辱。在清末和民国的这个历史舞台上，许多西方思潮粉墨登场，他们最后都以失败而告终。最终，历史选择了中国共产党。以毛泽东为代表的中国共产党人，把马克思主义普遍原理与中国革命实践相结合产生了毛泽东思想，在毛泽东思想的指引下，共产党人带领全党全国各族人民经过28年艰苦斗争，推翻了"三座大山"，建立了新中国，使中国人民站了起来。1949年10月1日，毛泽东在天安门城楼亲自升起第一面五星红旗。新中国成立前夕，毛泽东在人民政协成立大会上说：占世界四分之一的中国人从此站起来了！理解站起来，最形象的一个参照就是毛泽东为《人民日报》题写的报头，关于"人民"两个字的写法，我们翻开中国的书法史，看不到这样写的"人"字。毛泽东所写的这个"人"是站起来的，傲然挺立、昂首阔步的"人"。中国人民站起来，不仅影响中国人民，而且还影响世界人民。新中国的成立形成了社会主义和资本主义两大阵营的对垒和制衡，正是这种对垒和制衡才改变了整个国际格局，使世界格局从此真正进入了和平发展时期，从此为全世界迎来了近70年的和平发展。

　　二看"富起来"。如果说，毛泽东是中国历史上成功地把马克思主义中国化的历史巨人，邓小平就是成功地把马克思主义中国化的时代伟人。邓小平在继承马列主义、毛泽东思想的基础上，在粉碎"四人帮"、拨乱反正之后，把马克思主义普遍原理与改革开放理论相结合，使中国走向了改革开放之路，在改革开放的伟大实践当中，形成了邓小平理论，在邓小平理论的指引下，走出了一条中国特色社会主义道路。邓小平理论经过江泽民、胡锦涛两代中央领导集体的发展，先后形成了"三个代表"重要思想、科学发展观等重要战略思想。也正是在这个历史进程当中，中国人民富起来了。富起来之后的中国开始走向世界，不仅社会主义国家对中国的发展成就刮目相看，就连一些发达资本主义国家也不得不向中国借鉴经验。我们也要看到，中国富起来以后，虽然我们的经济建设取得了巨大成就，文化建设也取得了一定成就，但是与经济建设相比，文化出现了一些相对滞后的现象，正是这种滞后导致了我们在腰包鼓起来之后，有些人的脑袋却空了起来。社会上一度出现了理想信念缺失、道德滑坡现象，以至于导致我们在改革开放初期出现了"端起碗来吃肉，放下筷子骂娘"现象；在改革开放30年之后，社会上一度出现了仇官仇富现象。随着互联网时代的到来,许多社会丑恶现象粉墨登场,有的甚至在大庭广众之下招摇过市,很多人不是对他们嗤之以鼻,而是为他们鼓掌欢呼。出现这些现象的根源就是社会正能量的缺失。如有一家很有名的网游公司,竟然注册了一款名为"屌丝"的网络游戏,但是当该公司到美国去推广这款游戏的时候,在美国的时代广场做广告,很快就被美国当局叫停。因为按照美国的法律,有伤社会风化和道德的语言不允许在大众场合公开登广告。在一些年轻人的心目中,美国是一个多么自由的国家啊!像"屌丝"这样一个在中国大行其道的网络恶俗词汇,在美国就是行不通。由此可见,世界上没有绝对的自由。任何自由都是在一定的道德和法律范围内的自由。"屌丝"在中、美两国的不同际遇,足以引起我们的深刻反思。

三看"强起来"。如何改变上述现象,如何使富起来的中国,由富到贵?也正是在这个时候,党的十八大以来,习近平总书记以高度的文化自觉和文化自信,身体力行,率先垂范,高度重视文化建设。在十八大闭幕不到一个月的时间,就提出实现中华民族伟大复兴的中国梦,为13亿中国人乃至全球中华儿女找到了共同的奋斗目标。习近平总书记在2014年10月文艺工作座谈会上的讲话中指出,增强文化自觉和文化自信,是坚定道路自信、理论自信、制度自信的题中应有之义。对此,我的理解是,只有文艺工作者增强了文化自觉,创造出积极健康向上的优秀的文艺作品,才能带来大众的文化自信。2016年7月,在建党95周年的讲话中,习近平总书记又提出了"四个自信",他说,全党要坚定道路自信、理论自信、制度自信、文化自信。文化自信,是更基础、更广泛、更深厚的自信。

十八大以来,文化的可喜现象出现了,一些社会正能量回来了。例如,过去一个时期,人们变得很浮躁,读书越来越少。一个时期以来,诗歌也没了,诗歌甚至出现了一些低俗不堪的怪体诗、丑体诗。今天,读书会、诗歌朗诵会,如同雨后春笋般涌现了。前不久,台湾地区著名诗人余光中的去世,引发了网民持续一个多月的悼念。这些可喜的现象都是社会正能量回归的表现。当然,这种回归离文化的大发展、大繁荣,离中华民族的文化复兴还有一定的距离。没有文化的复兴，就不可能有中华民族的伟大复兴。总之，经过十八大以来五年的砥砺奋进，中华民族终于从富起来迎来了强起来。"迎来了"表明它是一个进行时，要实现真正的强起来，我们还有很长的路要走。

三个"伟大飞跃"给我们带来三点启示：落后就要挨打，贫穷就要挨饿，失语就要挨骂。落后就要挨打。毛泽东带领中国人民站起来了，解决了中国人民挨打的问题。贫穷就要挨饿。邓小平让中国人民富起来，解决了中国人民挨饿的问题。失语就要挨骂。自党的十八大以来，习近平总书记以一个政治家的高度文化自觉和自信，带头讲好中国故事，解决了我们挨骂的问题。我们在探索中国特色社会主义道路的历史进程当中，之所以社会上会出现一些不良的文化现象，在国际社会我们有时不被人理解，原因就是我们没有用中国老百姓听得懂的语言讲好中国故事，也没有用外国人听得懂的语言讲好中国故事。习近平总书记在浙江担任省委书记的时候，就曾批评有的领导干部不会"说话"，与新社会群体说话，说不上去；与青年学生说话，说不进去；与困难群众说话，说不下去；与老同志说话，给顶了回去。原因是他们不会用人民群众听得懂的语言去说话。所以，我们的文化建设出现了失语，说到底就是文化的大众化问题。一个走向复兴的发展中大国，既要用中国老百姓听得懂的语言讲好中国故事，也要用外国人听得懂的语言讲好中国故事。

我们要把马克思主义中国化、时代化、大众化，最重要的是大众化，没有大众化就没有时代化，更没有中国化。马克思主义的发展如此，文化的发展也是如此。习近平总书记提出实现中华民族伟大复兴的中国梦，就是为13亿中国人民和全球中华儿女提出一个共同目标。中华民族伟大复兴是13亿中国人民和全球中华儿女的最大公约数，中国梦则是这个最大公约数最通俗易懂的代名词。中国梦，不仅易记、易懂，而且还是一个全球通识的词汇，不仅在中国受欢迎，而且在外国也深受欢迎。2014年3月，习近平总书记在中法建交50周年纪念大会上说，实现中国梦，给世界带来的是机遇不是威胁，是和平不是动荡，是进步不是倒退。拿破仑说过，中国是一头沉睡的狮子，当这头睡狮醒来时，世界都会为之发抖。中国这头狮子已经醒了，但这是一只和平的、可亲的、文明的狮子。在美国，习近平总书记说，中国梦与美国梦和世界各国人民的梦是相通的。在俄罗斯，习近平总书记说，我们要实现的中国梦，不仅造福中国人民，而且造福各国人民。中国梦，不仅是向中国人讲好了中国故事，也向世界各国人民讲好了中国故事。

第二，这是一个决胜全面建成小康社会，进而全面建成社会主义现代化强国的时代。十九大对现代化建设进行新布局，在邓小平提出现代化三步走的基础上，对现代化提出了新两步走。一是对现代化进行了阶段性划分；二是对现代化标准进行了升级。把基本现代化的实现时间提前了15年，在2035年实现基本现代化的基础上，再奋斗15年，把中国建成富强、民主、文明、和谐、美丽的社会主义现代化强国。这是我们在总结改革开放40年经验，尤其是总结全面建成小康社会的基本经验的基础上，在邓小平对现代化提出三步走经验的基础上，对现代化做出的新部署。

第三，这是一个全国各族人民团结奋斗，不断创造美好生活，逐步实现全体人民共同富裕的时代。这里面强调全国各族人民团结奋斗，不断创造美好生活，刚才我们在总结改革开放的经验与启示的时候，改革开放伟大成就的取得是全国各族人民团结奋斗，农民是中国改革开放的先行者，最早的分田到户是他们。其实在改革开放不断深化的历史进程中，中国的城镇化进程当中，大批农民变成了农民工，他们为中国的改革开放，为中国的城市化进程作出了巨大贡献，而且作出了巨大的牺牲。国有企业职工也是这样，国有企业改革，国有企业的员工都做出了积极的贡献。我们过去社会主义的生产目的是不断满足人民群众日益增长的物质文化生活需要，现在变成了美好生活需要。这句话中最重要的是"逐步实现全民族共同富裕的时代"，邓小平说，社会主义的本质是共同富裕。他告诫我们，如果我们的政策导致两极分化，我们就失败了；如果产生了什么新的资产阶级，那我们就真是走上邪路了。1992年时还说如果富的愈来愈富，穷的愈来愈穷，两极分化就会产生，而社会主义制度就应该而且能够避免两极分化。1993年他与邓肯谈话时明确提出：分配不公，会导致两极分化。十八届五中全会适时提出了"创新、协调、绿色、开放、共享"的五大发展理念。关于共享，习近平总书记提出了"四个共享"：全民共享、全面共享、共建共享、渐进共享。我们改革开放就是做一个大的蛋糕，这个蛋糕做好以后，怎么去分蛋糕？这就是全面共享、全民共享、渐进共享、共建共享。**全民共享**：全国各族人民都要共享改革开放大好成果，可以说是地不分南北，人不分民族和男女老幼都有共享的权利。**全面共享**：改革开放的大好成果要实现全面共享，这个全面不是单项的，而是多项的，全面的。**共建共享**：幸福是奋斗来的，不是等来要来的。要想共享，就要共同创造美好生活。**渐进共享**：共享不可能一口吃个胖子，发展是渐进式的，共享也是渐进式的。

第四，这是一个"全体中华儿女勠力同心，奋力实现中华民族伟大复兴中国梦的时代"。没有全体中华儿女的勠力同心，就没有今天改革开放的大好成果。我们不能忘记海内外中华儿女对改革开放做出了巨大贡献。比如中国香港、中国澳门，在改革开放初期一大批香港企业家，像霍英东、李嘉诚、马万祺、何贤、包玉刚等等，他们都为中国的改革开放做出了巨大贡献。包括一些美籍华人和世界上其他国家的华人华侨，都为祖国的发展和繁荣付出了巨大的努力。前不久，我与靳羽西女士进行了交流，靳羽西女士对中国十八大以来的发展变化给予高度评价。这些年，她一直在宣传中国，向外国人讲好中国故事。靳羽西感慨地对我说，她当年创办羽西化妆品是"八九风波"之后，一些资本外逃，是田纪云同志鼓励她到中国来创业，她创办了羽西化妆品，在当时影响非常大。中华民族伟大复兴是全球中华儿女的一个最大公约数，这个最大公约数唤起了所有中华儿女为之共同奋起。

我们看到，在纪念孙中山先生诞辰150周年的讲话中，习近平总书记指出，中国共产党人是孙中山先生革命事业最坚定的支持者、最忠诚的合作者、最忠实的继承者。也许有人不理解，为什么我们共产党人成为孙中山革命事业的继承者了呢？这充分体现了习近平总书记高超的政治智慧。这个论断打通了国共两党，意思是说，孙中山所领导的旧民主主义革命，和共产党人所领导的新民主主义革命，包括社会主义革命和建设以及改革开放，我们干的都是一件共同的大事，都是为了实现中华民族伟大复兴，由此唤起国共两党和海峡两岸为实现中华民族伟大复兴勠力同心，共同奋起。

第五，这是一个"我国日益走近世界舞台中央，不断为人类做出更大贡献的时代"。不断为人类做出更大贡献，是中国这样一个负责任大国的使命与追求。孙中山先生这样表述他对中华民族的期盼：中国如果强盛起来，我们不但是要恢复民族的地位，还要对于世界负一个大责任。毛泽东同志在纪念孙中山先生诞辰90周年时指出：中国应当对于人类有较大的贡献。邓小平同志说：国家总的力量就大了，可以为人类做更多的事情，在解决南北问题方面可以尽更多的力量。我们就是有这么一个雄心壮志。习近平总书记说：我们要推动构建以合作共赢为核心的新型国际关系，推动形成人类命运共同体和利益共同体，始终做世界和平的建设者、全球发展的贡献者、国际秩序的维护者，同世界各国人民一道，共同创造人类和平与发展的美好未来。

杨万东：新时代的"新"，冠军主要是依据习总书记在十九大报告对新时代的解读，这个已经很全面。我再解读的话，我主要是想区分一下，前40年和以后，我们侧重点应该如何发展。

前40年，也就是改革开放以来，从1978年到现在，中国经济体制改革是一条主线，这种提法本身就表明，经济在整个改革过程中是统领性的。所以，在经济学中都有一种提法叫"经济学帝国主义"，也就是说，在人文社会科学的各个学科中，经济学有点霸气十足，而其他学科处于相对弱势，包括授予学位中，经济学、管理学的学生获得学位的比例都是非常高的。但是，40年的发展，特别是2010年中国的制造业产值已经超过美国，这个时候，中国的关注点就不能够单单地还是以经济学或者经济的发展作为它的一个目标。

所以，我理解新时代的"新"，其实就是从经济学的一马当先到各个学科的齐头并进、百花齐放，这是从学科来讲。从社会发展来讲，就是从经济发展本身拓展到社会、政治、生态、文化各个方面，全面、协调地发展。同时，经济发展本身也从原来的重数量、重规模，转向重质量、重内涵，这是从经济和其他学科的关系，或者从经济发展来讲，中国的经济从短缺到过剩，从高速增长转向中高速增长,甚至于转向一个相对平稳增长的,我们叫作"新常态增长"的这么一种速度上的变迁。

还有一个视角就是,中国的发展已经从主要向西方学习转向了总结发掘中国传统文化,充分地展示中国文化的魅力和特色,主导文化的发展,这也是"新"的一个方面。

还有一个"新"就是,在过去的 40 年,我们的基本规则,在公平和效率之间,效率地位是很高的。现在由于已经有足够大的经济体量,同时,已经高速发展了 40 年。但是,由于效率优先,让一部分人先富起来,结果贫富悬殊很大。在这种情况下,中国社会已经出现了人们阶层之间、地区之间、城乡之间的巨大差距。这个时候,公平的理念和政策就会是一个更加重要的目标。

所以,这个"新"如果要总结地讲,就是从一个功利化的发展,转向一个引领性的发展;从一个物质化的发展,转向一个精神化的发展;从部分人的发展,转向全体人民的共享和发展。这个转向可能是新的时代所赋予我们的职责,也是中国未来发展的一个方向。

2.2　新时代的新举措

张建君:什么是新时代?为什么要提出新时代?可以说,改革前 40 年最显著的特征就是经济体制的改革转型,目标是建立一个全新的社会主义市场经济体制,改革主要集中在经济领域,尽管在政治、社会等领域做过一些改革探索,但突破性改革进展不多。十八大之后,全面深化改革作为一个总体战略布局,标志着改革从前40年以经济体制为核心的改革转向了以中国特色社会主义制度的完善和确立为核心的全新改革,有四个方面的改革令人印象深刻,宣告中国从以经济体制为核心的改革走向了全面推动中国特色社会主义制度的全新改革。

第一,军事力量体系实现了革命性的重塑。中华人民共和国的军事力量由毛泽东、朱德、周恩来等人缔造以后,在邓小平时期进行过百万裁军和大规模整训,到了习近平时代,形成了多兵种、战区制的全新军事力量体系,这是新时代最具有代表性和创造性的改革成果,为中国的稳定繁荣发展提供了强大的军事力量保障。

第二,"一带一路"倡议表达了中国人的全球化理念与观念。在新时代的改革里体现出了强烈的中国全球化发展的战略愿景,习近平总书记2013年提出的"一带一路"倡议成为中国人全球化的路线图和新形象。"一带一路"倡议立足于全球的发展,最终要打造中国的开放型经济体制,实现中国与世界经济共建、共赢、共同发展的全球化愿望。所以,"一带一路"倡议,标志着改革开放的中国实现了从"引进来为主"向"走出去为主"的历史性变革。

第三,社会主义事业呈现出"五位一体"全方位的发展前景。党的十八大正式推出了社会主义生态文明体制建设的历史任务,实现了社会主义中国全面改革的战略布局,社会主义的经济体制、政治体制、文化体制、社会体制、生态文明体制呈现出了齐头并进、整体联动的改革新特点,标志着中国改革从以经济体制为主转向"五位一体"齐头并进的全新发展布局,使得中国特色社会主义进入了前所未有的全新发展阶段。

第四,党和国家机构迈出了前所未有的改革步伐。党的十九届三中全会做出了党和国家机构改革的相关决定,把改革从"五位一体"的改革探索推向了机构建设的具体领域,立足于打造一个服务于"五位一体"全新的行政管理体制和机构建设的改革阶段,这些改革力度都是前所未有的。正是所有这些改革,标志着中国进入了全面深化改革的新时代,推动着中国特色社会主义制度更加成熟、更加定型,实现了改革初期探索建立一个适应中国发展的经济体制,向确立一个推动中国发展、引领世界进步的全新社会制度的实践跨越。

程冠军： 2014年底，习近平总书记提出了"四个全面"战略布局，第一个全面是全面建成小康社会，然后是全面深化改革、全面推进依法治国、全面从严治党。第一个全面是目标，后面三个全面是三大举措，三大举措保证一个目标的实现。十八大之后，习近平总书记提出实现中华民族伟大复兴中国梦，中国梦是远景目标，梦想实现有相当长的路程。中国是一个13亿人的大国，这么一个大国，如果我们的人民没有共同的远景目标，就像一条巨轮没有航向。如果光有了共同的远景目标，却看不到近期目标，时间长了就会信心不足、动力不足。另外，如果没有近期目标，远景目标就无法落实，就会成为镜花水月。怎么办？"四个全面"战略布局恰恰很好地解决了这个问题。

十八大以来，习近平总书记的治国理政思想里面更注重马克思主义的哲学观、系统观、全面观。习近平总书记在担任国家副主席兼任中央党校校长期间，在中央党校的讲话中，谈到领导干部要学哲学的时候，专门讲到钱学森对于马克思主义哲学的学习和应用。钱学森在他的晚年曾经给中央写信，建议成立社会主义总体设计部。许多人也许看不明白，我们的社会主义还需要一个总体设计部吗？其实，钱学森是用自然科学的语言来表述了一个社会科学的问题，就是要加强对治国方略的顶层设计。习近平总书记为什么强调要加强对改革的顶层设计，"四个全面"里面，所有的都加上了"全面"，这充分体现了马克思主义的哲学观、系统观、全面观。

十八届三中全会提出了全面深化改革总目标"推进国家治理体系和治理能力现代化"，这是中国共产党执政方式的一个重大转变。中国共产党在完成了社会主义革命和社会主义建设，走向改革开放之后，中国共产党实现了从革命党到执政党的历史性转变。我们过去是革命党，执政以后就是要成为执政党，就要保持长期执政。一直以来，我们的这个执政党是一个管理型的执政党。十八届三中全会提出"发展和完善中国特色社会主义，推进国家治理体系和治理能力现代化"这个总目标之后，就意味着中国共产党要实现从管理型执政党向治理型执政党的转变。正是从这个意义上看，我认为习近平总书记的治国理政思想里面有一条红线，就是治理现代化思想。治理现代化思想包含了四大治理：国家治理、社会治理、执政党治理、全球治理。

十八届四中全会提出了全面依法治国，建设中国特色社会主义法治体系，建设社会主义法治国家。四中全会公报第一段就提出"法律是治国之重器，良法是善治之前提"，"善治"这个词汇首次进入中央文件，这说明以习近平同志为核心的党中央正带领当代中国走向善治。治理的结果和最终目标是什么？当然是善治。善治是治理的最高境界。封建社会是统治，工业革命以后，从统治时代进入管理时代。今天，我们正从管理时代进入治理时代。管理和治理的最大区别就是，管理是一元主导，自上而下，治理最大的特点是多元参与，协商共治，强调包容、沟通、互动，这也是现代化社会发展的必然趋势。为此，十八届三中全会提出了60多项重大改革举措，十八届四中全会提出了180多项改革措施。十八届五中全会提出了"创新、协调、绿色、开放、共享"五大发展理念。在十八大之后，我们在从严治党方面做出了一系列重大决定，打出一系列组合拳，十八届六中全会对全面从严治党进行了总体布局，使全面从严治党更加科学化、制度化。我们回头看，党的三中、四中、五中、六中四个全会正好对"四个全面"进行了具体的落实和细化。

2.3　新时代的新思想

张建君：习近平新时代中国特色社会主义思想是指导全面深化改革的马克思主义最新成果，是党和人民实践经验的理论结晶，是中国特色社会主义理论体系发展的集大成者。新时代呼唤新思想。新思想必须全面回答"什么是中国特色社会主义，如何建设和发展中国特色社会主义"的历史命题。对此，以习近平同志为核心的党中央以问题为导向，深入把握新时代的实践特征、改革指向，对中国未来发展做出了全面布局，体现出了鲜明的时代性。

习近平新时代社会主义思想最核心的内涵就是"八个明确、十四个坚持"。在"八个明确"里面，第一个明确了中国特色社会主义的总任务，总任务就是两句话，一是实现社会主义现代化；二是实现中华民族的伟大复兴。很多同志在解读这两句的时候经常和中国共产党的三大历史任务相混淆。其中，实现社会主义现代化是一个共同的任务；但是中国共产党的三大任务中的其他两大任务和习近平新时代中国特色社会主义思想的第二大任务既有联系，又有区别，特别是在祖国统一的任务方面，并不能够人为地制定一个时间表，是中华民族伟大复兴的必有之义，也同时包含了中国的发展是促进并维护世界和平，而不是把全球引入战争和动荡。在明确了总任务之后，探讨了我国社会的主要矛盾，中国特色社会主义的总体布局，重申了全面深化改革的总目标，全面依法治国的总目标，新时代的强军目标，在此基础上提出了中国特色大国外交，要构建新型国际关系，构建人类命运共同体，明确了中国特色社会主义最本质的特征就是中国共产党的领导，中国特色社会主义制度最大的优势就是中国共产党的领导，这"八个明确"结合"十四个坚持"，可以看出习近平新时代中国特色社会主义思想有其独特的理论品质。第一，系统性。从经济领域到政治、文化、社会、生态文明，一直到军队建设、国防建设、全球化发展，做出了系统全面的改革思考，呈现出系统性特点。第二，集成性。就是涵盖了五位一体、四个全面、内政国防外交等等，集中阐述了这些事关国计民生国家安全的社会问题和改革内容。第三，协同性。改革不是头痛医头，脚痛医脚，要做协同化的改革，这个思想立志于为中国提供一个更加成熟、更加定型的中国特色社会主义制度，回应了改革在40年之后所面临的协同推进的时代呼唤。

习近平新时代中国特色社会主义思想是全新的时代精神之体现。在改革开放40年之后，中国既取得了举世瞩目的成就，也面临着前所未有的挑战。比如，在经济领域面临新常态的挑战，在文化领域面临经济文化不均衡的发展，在生产领域面临人口资源环境趋紧的张力，大城市的雾霾、生态环境的严重破坏、水质的污染、土壤的变质等方面的挑战。

在这些时代问题与改革成绩面前，新时代需要做出全新的战略布局和改革布局，形成一个更加成熟、更加定型的制度，对过去40年改革形成一个系统性、集成性、协同性的思想指引，来对未来改革形成一个成熟、定型的观点，让四个全面落到实处，让人民所期望的全面深化改革沿着法治化、民主化、制度化的轨道有条不紊地推进，让改革转向有秩序、可持续、充分民主、法制健全的全新发展阶段。

杨万东：新时代的"新"思想，你们两位都讲得很权威。我觉得在这种基础上，我如果仅仅就习近平总书记的理念，或者他在十九大报告中所解读的八个明确、十四个坚持，已经很全面了。当然，中国进入一个新的时代，实际上是一个开放的新的概念，对过去改革中的不足、缺陷、局限要做出完善补充。从这个意义上讲，在未来岁月里面，这个新的思想是一个不断补充、不断完善的体系。包括我们改革的实践，也会不断总结出一些新的经验，也可能出现一些新的教训。

所以，对这个新思想，如果要更简略地概括习总书记所总结的，我认为最主要的是两条，一是党的绝对领导，二是人民是改革服务的目标，这两条就是其他所有的各项的基础。

程冠军：新时代"新"在何处？为什么说在这个时候中国特色社会主义进入新时代？习近平总书记指出，"经过长期努力，中国特色社会主义进入新时代。""长期努力"包含什么？当然包括新中国成立以来近70年的艰苦奋斗和励精图治，同时也包括40年波澜壮阔的改革开放的伟大实践，当然，最为关键的是得益于自党的十八大以来的五年的砥砺奋进。党的十八大以来，以习近平同志为核心的党中央，带领全党和全国各族人民经过五年的砥砺奋进，解决了许多长期想解决而没有解决的难题，办成了许多过去想办而没有办成的大事，使中国取得历史性成就，发生历史性变革。世界上终于有了中国道路、中国方案、中国智慧，中国越来越走近了世界舞台的中央。正是在这个意义上，中国共产党人才亮明观点，对社会主义的发展阶段做出重大政治判断：中国特色社会主义进入新时代。为什么党的十九大召开之前，中宣部专门举行了"砥砺奋进的五年"大型成就展，目的是通过这个展览，让我们每一个人可以清晰感受到五年来中国发生的巨大变化。自党的十八大以来，习近平总书记以巨大的政治勇气、大无畏的革命精神，壮士断腕、刮骨疗毒、铁腕治吏、重拳反腐，为实现全面建成小康社会之目标，全面深化改革，全面推进依法治国，全面从严治党。五年来，使我们的党风、政风、民风、社会风气空前好转，出现了一个风清气正、欣欣向荣的局面。五年来，中国的经济、政治、文化、社会、生态文明都取得了巨大成就。

十九大报告是新时代的政治宣言，这个宣言最重要的成果就是提出并确立了习近平新时代中国特色社会主义思想。习近平新时代中国特色社会主义思想是十九大报告的灵魂，也是十九大报告的定海神针。习近平新时代中国特色社会主义思想包含了什么？它不仅包含了十九大做出的重大理论创新即："一二三四"＋"八个明确"＋"十四个坚持"；同时还包含了自党的十八大以来习近平总书记的系列重要讲话和习近平总书记治国理政的新理念、新思想、新战略，同时也涵盖了习近平自在正定担任县委副书记以来从政实践的理论精华。

"一二三四"。一个灵魂，两大重大论断，三个"伟大飞跃"，"四个伟大"。一个灵魂：习近平新时代中国特色社会主义思想。两个重大判断：（1）中国特色社会主义进入新时代。（2）中国特色社会主义进入新时代我国社会主要矛盾已经转化为人民日益增长的美好生活需要和不平衡不充分的发展之间的矛盾。三个"伟大飞跃"：中国特色社会主义进入新时代，意味着近代以来久经磨难的中华民族迎来了从站起来、富起来到强起来的伟大飞跃，迎来了实现中华民族伟大复兴的光明前景。"四个伟大"：中华民族伟大复兴，绝不是轻轻松松、敲锣打鼓就能实现的。实现伟大梦想，必须进行伟大斗争，必须建设伟大工程，必须推进伟大事业。

八个明确。明确坚持和发展中国特色社会主义，总任务是实现社会主义现代化和中华民族伟大复兴，在全面建成小康社会的基础上，分两步走在21世纪中叶建成富强民主文明和谐美丽的社会主义现代化强国；明确新时代我国社会主要矛盾是人民日益增长的美好生活需要和不平衡不充分的发展之间的矛盾，必须坚持以人民为中心的发展思想，不断促进人的全面发展、全体人民共同富裕；明确中国特色社会主义事业总体布局是"五位一体"、战略布局是"四个全面"，强调坚定道路自信、理论自信、制度自信、文化自信；明确全面深化改革总目标是完善和发展中国特色社会主义制度、推进国家治理体系和治理能力现代化；明确全面推进依法治国总目标是建设中国特色社会主义法治体系、建设社会主义法治国家；明确党在新时代的强军目标是建设一支听党指挥、能打胜仗、作风优良的人民军队，把人民军队建设成为世界一流军队；明确中国特色大国外交要推动构建新型国际关系，推动构建人类命运共同体；明确中国特色社会主义最本质的特征是中国共产党领导，中国特色社会主义制度的最大优势是中国共产党领导，党是最高政治领导力量，提出新时代党的建设总要求，突出政治建设在党的建设中的重要地位。

十四个坚持。（1）坚持党对一切工作的领导；（2）坚持以人民为中心；（3）坚持全面深化改革；（4）坚持新发展理念；（5）坚持人民当家作主；（6）坚持全面依法治国；（7）坚持社会主义核心价值体系；（8）坚持在发展中保障和改善民生；（9）坚持人与自然和谐共生；（10）坚持总体国家安全观；（11）坚持党对人民军队的绝对领导；（12）坚持"一国两制"和推进祖国统一；（13）坚持推动构建人类命运共同体；（14）坚持全面从严治党。以上十四条，构成新时代坚持和发展中国特色社会主义的基本方略。全党同志必须全面贯彻党的基本理论、基本路线、基本方略，更好地引领党和人民事业发展。

由"一二三四"+"八个明确"+"十四个坚持"，我们可以看出，习近平新时代中国特色社会主义思想既包含了十九大的重大理论创新，也包含了十八大以来的习近平总书记的系列重要讲话，同时也包含了习近平总书记治国理政的新理念新思想新战略。追本溯源，我们还会发现，习近平新时代中国特色社会主义思想源自他从梁家河一路走来，然后从正定到厦门、宁德、福州，再到浙江、上海等地的从政实践和理论探索。

习近平是新时代中国特色社会主义思想的主要创立者，这个思想也是全党集体智慧的结晶。习近平新时代中国特色社会主义思想的理论逻辑是内涵丰富、思想深邃、博大精深，其内容既有十九大报告的重大理论创新，同时涵盖了自党的十八大以来习近平总书记的系列重要讲话和习近平总书记治国理政的新理念新思想新战略，同时也涵盖了习近平自在正定担任县委副书记以来从政实践的理论升华。这也是为什么在十九大闭幕后，由中央宣传部（国务院新闻办公室）会同中央文献研究室、中国外文局、外文出版社出版了《习近平谈治国理政》第二卷，然后又修订了《习近平谈治国理政》，作为第一卷再版的目的所在。因为一卷、二卷是十八大以来习近平总书记的系列重要讲话和习近平总书记治国理政的新理念、新思想、新战略的精华部分，学习两卷的目的是让我们更好地学深悟透习近平新时代中国特色社会主义思想。

新时代需要新思想，新思想引领新时代。党的十九大提出和确立了习近平新时代中国特色社会主义思想，习近平新时代中国特色社会主义思想写进党章、写进宪法。习近平新时代中国特色社会主义思想是我们党在继承马克思列宁主义、毛泽东思想、邓小平理论、"三个代表"重要思想、科学发展观的基础上所形成的最新指导思想，这个指导思想与马克思列宁主义、毛泽东思想、邓小平理论、"三个代表"重要思想、科学发展观一脉相承，也是我们党必须长期坚持和不断发展的指导思想。

2.4 新时代的新方略

张建君：新时代的新方略，从"五位一体"到"四个全面"，这些都是新时代实现新发展最为重要的战略布局。冠军刚才把"四个全面"讲得比较透彻。这里面还有一个"五位一体",改革开放之前讲"三位一体",即社会主义社会的政治、经济、文化,改革开放以后加进了"社会"。到了党的十八大,加进去了生态文明建设,这就把社会主义从"三位一体"推进到"五位一体"。

所谓"五位一体",是认识把握新时代最为重要的抓手,是总揽社会主义布局的总方略。全面深化改革就是要推动社会主义社会政治体制、经济体制、文化体制、社会体制、生态文明体制的持续优化,习近平同志从这"五位一体"出发回答中国发展所面临的四个关键性问题。

中国共产党人第一个百年奋斗目标已经进入倒计时,这是新时代最有核心、具有决胜要求的一个目标。从更为长远的角度看,在全面建成小康社会以后,中国社会将从"五位一体"走向现代化的中国特色社会主义,其中的短板,一是走向善治的中国必然是法治化的中国,要全面依法治国。二是走向现代化的中国要求全面深化改革,不仅仅是服务于全面建成小康社会,而是要着眼更为宏大的中国特色社会主义发展,着眼于打造更加成熟、更加定型的社会主义制度。三是要全面从严治党,党的治理事关全局。在"四个全面"里,不仅要服务于决胜全面建成小康社会的奋斗目标,还要着眼于不断推进中国特色社会主义制度的完善和定型这个更为宏大的奋斗目标,可以说,只有中国特色社会主义制度的成熟和定型,才有可能让中国走向一个良法善治的社会。

正是基于这样的战略考量,习近平新时代中国特色社会主义思想明确提出了全新的"两步走"战略。第一步,2020 年全面建成小康社会之后,奋斗 15 年,到 2035 年,基本建成社会主义现代化国家,用了"基本"两个字,基本是讲我们建设社会主义现代化在 2035 年所达到的一个阶段性目标。在 2020 年中国人均 GDP 有望跨过 1 万美元,虽然距离高收入国家还有 2000 多美元的差距,但这是在过去近一百年的人类奋斗史里,唯一一个人口超过 1 亿的大国直接从低收入国家实现向高收入国家跨越的成功案例。这为实现社会主义现代化提供了坚实基础。发达国家的标准是人均 GDP 达到 3 万美元,从高收入国家的 12700 美元到 3 万美元,我们与其还有巨大的差距,这是一个艰巨的发展考验。日本从 1982 年到 1995 年,用 13 年时间实现了从高收入国家向发达国家的历史性跨越，人均 GDP 达到了 4 万美元以上，这对中国是一个重要的战略启示，要求中国坚定不移地解决好"五位一体"的制度完善，把"四个全面"作为战略抓手，从而把我们两步走的第一步，实现向高收入国家跨越落到实处。

第二个 15 年，就是从 2035 年到 2050 年，把中国建设成一个富强、民主、文明、和谐、美丽的社会主义现代化强国。邓小平同志曾经说，到 21 世纪中叶，实现中等现代化国家的发展水平；习近平总书记提出到 2050 年实现社会主义现代化强国的奋斗目标，"强"字如何体现？这不仅意味着经济强大，而且意味着制度强大，实现全球化的发展。当然，更为重要的，还要有世界一流的军队，能够保证国家安全，并且为世界的稳定和繁荣做出贡献，40 年改革开放最大的一条经验，就是我们能不能把中国共产党的领导和现代化制度融为一体，这是 21 世纪中国特色社会主义国家发展最大的挑战。

杨万东：新时代的新方略是一个很庞大的思想体系和政治体系。但是，在党的十八届五中全会推出的五大发展理念，创新、协调、绿色、开放、共享，实际上就把这个大方略主要的方向已经明确了。以创新为引导，以协调为支撑，通过以绿色为保障，以开放为方向，实现共享发展成果。在这个大的框架下，中国新时代的发展，它的方向是很明确的，内容会在实践中不断地充实和完善。

2.5 新时代的主旋律

张建君：在未来中国的发展中，在政治、经济、文化、社会、生态文明等一系列方面都需要创新，要破解"五位一体"所面临的实践挑战和制度创新难题，创新是推动中国从技术生产国向技术创新国跨越所不可或缺的东西。当前，企业家身上所体现出的鲜活时代精神，使我们看到中国未来的改革开放仍然离不开解放思想，离不开实事求是，更离不开要把创新作为引领发展第一动力的新时代主旋律，把中国真正从传统的改革开放阶段推向一个全新的创新引领的改革开放阶段，这才能够实现新时代对中国发展的新要求。创新是新时代的主旋律。杨老师讲到的五大理念，无论是作为习近平经济思想的基本内涵，还是作为新一届党中央治国理政的核心理念，都是抓住了新时代的最大挑战，形成了明确的问题导向。

五大理念，创新是引领发展的第一动力，协调是解决不平衡发展最根本的战略举措，开放是中国制胜法宝，绿色是我们对未来中国的美好期许，共享就是打造一个共创共享、全面共享的美好社会。但是靠什么？在新时代的攻坚克难中，最重要一条，就是要让创新成为引领发展的第一动力，把中国打造成一个创新型的国家，要让中国13.7亿人口充满创新的斗志和愿望，传统的模仿式的生产，传统的低端化的制造，亦步亦趋的房地产开发，包括新区开发，这样的时代已经结束，未来中国要实现现代化的发展，不可能走西方的老路，也不可能照搬西方的模式，必须依靠中国人的独立创造，在经济发展方面要打造独立自主的国家创新体系，在政治领域要打造不同于西方经济民主的大众民主制度，在文化领域要形成不同于西方庸俗的资本主义的文化氛围，在社会方面要打造一个和谐社会，在生态方面要打造美丽中国。不管是美丽中国的打造，还是社会治理的优化、文化的提升，乃至于政治的创造，都离不开创新。一句话，要让创造成为中国最鲜明的时代特色。

我认为，新时代最重要的旋律就是要以创新的姿态，以创新的导向、创新的制度安排，以创新的社会氛围，以创新作为时代精神，把中国推进到一个高质量发展阶段。

程冠军：创新是一个民族进步的灵魂。没有创新，国家和民族都不能进步。我们国家40年的改革开放关键在于创新，改革开放本身就是一种创新。新时代的创新这里面应该注重几个方面：

一是理论创新。我们党在理论创新上可以说始终赋予马克思主义理论与时俱进的理论品质。从马克思主义中国化的第一个理论成果毛泽东思想，到在改革开放进程中形成的邓小平理论、"三个代表"重要思想、科学发展观等重大战略思想。党的十九大之后提出和确立了习近平新时代中国特色社会主义思想，这是马克思主义中国化的新飞跃。理论是指路的明灯，思想是行动的先导。正因为党的理论创新的引领，改革开放才能不断向前推进，使中国特色社会主义进入新时代。

二是制度创新。我们的社会主义经过了近70年的艰辛探索，终于走向了一条中国特色社会主义的道路，这条道路以党的十八大的胜利召开为标志日臻走向成熟，因此我们响亮地提出了中国特色社会主义制度，在2018年两会上，习近平总书记又提出了"新型政党制度"，并指出，中国共产党领导的多党合作和政治协商制度作为我国一项基本政治制度，是中国共产党、中国人民和各民主党派、无党派人士的伟大政治创造，是从中国土壤中生长出来的新型政党制度。说它是新型政党制度，新就新在它是马克思主义政党理论同中国实际相结合的产物。新时代多党合作舞台极为广阔，要用好政党协商这个民主形式和制度渠道，有事多商量、有事好商量、有事会商量，通过协商凝聚共识、凝聚智慧、凝聚力量。这都是理论创新和制度创新所产生的重大成果。"新型政党制度"是与中国特色社会主义制度相适配的制度，二者互为作用，相辅相成、相得益彰。

三是科技创新。关于创新，我曾经与海尔集团的董事局主席、首席执行官张瑞敏先生有过多次对话。据了解，近年来海尔通过不断创新，已经成为全球白色家电制造企业的引领者。海尔的创新到了什么程度？我们习惯认为，洗衣机是要用水的，而海尔已经通过颠覆式创新生产出基本不用水的洗衣机。冰箱是要有湿度的，有湿度就要产生细菌，目前海尔已经研发出基本不产生细菌的冰箱。我们知道红酒最难解决的储存问题有两个：一个是温度问题；另一个是震动问题。现在，海尔已经研发出不用压缩机的红酒柜，没有压缩机就实现了零震动。我们在经济欠发达的时代，老百姓基本上喝不起红酒，现在中国的红酒消费正逐年上升，海尔的零震动酒柜也领先全球。这些颠覆式创新给海尔乃至整个家电行业带来巨大变化。正因为如此，海尔才能发展成为世界头号白色家电制造企业。目前，海尔已经成功地兼并了日本的三洋白电，并成功收购了通用电器的家电板块。

即使海尔的创新取得了上述巨大成就，但谦虚低调的张瑞敏认为，中国的创新与国外相比差距很大，企业家是创新的主体，谈创新不能不谈企业家，谈企业家不能不谈企业家精神。在张瑞敏看来，日本的企业家精神一是团队精神，二是创新精神。如日本的企业98%都是中小企业，这些中小企业并不盲目追求做大，有的还是家庭企业，但是这些企业最显著的特征就是，几乎每一户企业都有自己的独门绝技，都有在其领域独一无二的专利。反观中国的企业，我们在这方面就比较弱，我们的企业做起来以后就想做大做强，然后不断地把企业做大，并不考虑企业拥有多少专利和独门绝技，在自主创新方面有哪些优势。真正具有创新精神的是美国的企业家，这是由于美国整个社会环境带来的自由空间方面释放了强大的创新能量。比如，在很多领域，日本人最早领先，但最终都是被美国打垮了。比如相机行业，日本的相机产业开始发展到了雄霸世界的程度，包括它的家电行业也曾雄霸世界，汽车行业也曾雄霸世界。但是，当美国创新一旦出来，就是横空出世、独孤求败，一个产品就打败了日本的以往所有。比如，日本曾经把相机做到极致，傻瓜都会用。乔布斯一个苹果手机的发明，几乎终结了日本整个相机行业。

我们都知道前几年中国有个著名数码企业爱国者，随着"苹果时代"的到来，爱国者不得不另选其他行业。我与爱国者董事长冯军有过交流，其数码产品MP3、MP4曾经风靡一时，在爱国者如日中天的时候，冯军开始进军数码相机行业，当时在中关村有一副巨幅广告牌：后羿射日。这个广告的内涵不言而喻。爱国者的雄心壮志是要打败日本的产品。结果怎么样呢？让爱国者万万没想到的是，当美国从创新的魔瓶里放出乔布斯之后，苹果手机一出现，数码相机的时代就终结了。爱国者"后羿射日"也就成了一个美丽的神话。乔布斯的创新其实是一种集成创新，但是这个集成创新打败了许多行业，手机、MP3、MP4、数码相机等等都成为明日黄花。这个故事说明：螳螂捕蝉，不知黄雀在后；黄雀捕螳螂，更不知老鹰就在头顶上！

当然，中国也有在集成创新方面成功的企业，如民营企业三一重工。中国房地产20多年的高速发展，给三一重工带来了机遇。三一重工研制的拳头产品是水泥泵车，三一重工主要研发泵车的长臂，长达86米，堪称世界第一长臂。然后他们采取乔布斯的集成创新，把世界上最先进的电子设备集中到泵车上，这样，三一重工的泵车就成了世界第一泵车。正是靠这款产品，三一重工纵横江湖20多年，产品行销全世界。当日本的福岛核电站发生了核泄漏的时候，投放灭火材料，为了防止辐射，需要一种长臂设备，寻遍了全世界，他们找到三一重工，要买三一重工的泵车。三一重工董事长梁稳根是一个有情怀的企业家，他当即表示，免费支援了救援需要的泵车。

科技创新是推动社会进步的重要力量，科技创新一方面需要国家层面高度重视和正确引导，另一方面要激发社会的创新活力。新时代，无论政策引领还是从体制机制的创新，我们都要进一步加大力度和强度，要进一步为科技创新提供更大的空间，让它释放出更大的活力。

杨万东：科研专利分三种，一种叫外观设计专利，另一种叫实用新型专利，还有一种叫发明专利，这三种专利形式就体现了不同的创新度。从中国的专利申请看，大量是外观设计专利，一部分是略有改进的实用新型专利，量比较小的是发明专利，实际上中国专利的结构性就体现了中国目前整个创新的状况。

回到主题，改革开放，根据《现代汉语词典》按字面意思解读，"改"就是对不完善东西的修改、更改、改变、改正；"革"的动词也是改变；"改革就是把事物中不合理的部分改成新的，能适应客观情况的。""开放"则是："解除封锁、禁令、限制等，允许进入或利用"。从这个意义上讲，改革开放本身就要寻求一种变，寻求一种新，一种自由地发展和创新。所以，我们说改革开放本身最后就会进入一个新的状态，新的创新。如果从人类社会发展来看，从原始社会进入到旧石器时代、新石器时代，再往后说就是金属时代，因为青铜的冶炼是最早出现的，叫青铜时代、铁器时代，再往后就是电器时代，进入到电子技术发明以后就叫比特时代，每一个时代其实体现的就是一种科技的发展，人类认识的深化和技术的创新。所以，从这个意义上讲，创新贯穿着整个人类历史发展的全过程。

刚才冠军讲过，创新有理论创新，有制度创新，还有技术创新，理论创新是对客观事物认识深化以后逐渐提炼出来的一种深刻的理性认识。比如马克思主义理论就是对人类社会发展规律的科学认识，同样的，经济学理论就是对人类经济社会生活生产的一种观察总结。制度创新就是把理论运用于对社会体系的改造，实现一种人类发展目标的改造工程。资本主义制度对封建制度就是一种创新，同样的，封建制度是对奴隶制度的一种创新，按照马克思主义的观点，奴隶制度是对原始共产主义制度的一种创新。而按照马克思主义理论，社会主义和共产主义制度又是在人类文明基础上的进一步的创新，这是比较高级性的创新。

除了这个创新之外，我们最常见的、运用最多的是技术创新，这在企业的产品开发过程中会体现得非常充分，因为技术创新，生产效率大幅度提升，各种工具得到开发，原生态的各种物质材料得到深度的开发利用。还有一种创新就是商业模式的创新，当然，商业模式创新和技术创新也有密切联系。比如超市模式就是一种典型的，比单家的商场就是一种新的创新。还有一种就是集成创新，有些创新不一定是全新的技术，但是，把各种技术恰当地组织起来，就形成一种集成的创新，最典型的就是中国的高铁，从无到有，吸收了德国、日本的技术，再加上自己的原创和商业模式的完善，最后成为中国的一个骄傲，这就是很典型的集成创新。

从中国这40年改革开放的成就来看，还可以归结为，除了我们所看到的企业创新、地方政府的创新之外，还有一个就是国家支持的创新体系的建设。所以，从这个意义上讲，创新可以从不同的角度，从不同的方面深刻地认识。但是，同时要看到，我们虽然提出中国要建立一个创新性的国家，但实际上，中国创新的能力到现在为止还是很不够的，大量的产品我们还是向西方学习的东西。另外，中国的科研经费投入，在全世界应该是名列前茅，大概是一万五千亿元到两万亿元人民币。但是，中国原始的创新，发明专利很少，中国每年生产的学术论文大概200多万篇。

张建君：统计数据显示，目前，中国每百万人口中研究人员数量只有1000人左右，远低于高收入国家4000人的水平，中国每百万人口中研究人员数量只有高收入国家研究人员的1/4。更为要命的是，严苛的报销管理和烦琐的审批体制，捆死了科研人员的手脚，要让马儿跑得好，还不给马儿吃好草，浪费了科研人员大量的时间和精力。

所谓的"放管服"改革，在科研领域基本上是不见踪迹，倒是各种繁文缛节、防贼般的经费管理办法越管越死，一张报销单请四五个人签字成为常态。中国要打造创新型国家，如果不给科研创造活动松绑，不让科研人员拥有更大的经费使用的自主性和自由度，不能充分体现科研人员创造性劳动的价值，不可能形成有利于创新的社会氛围，不可能跻身创新型国家。

程冠军：人才是成就事业的决定因素，更是立党、立国之根本。习近平总书记在2014年两院院士大会上的讲话中指出：我国要在科技创新方面走在世界前列，必须在创新实践中发现人才、在创新活动中培育人才、在创新事业中凝聚人才。人才是创新的先决条件，要想建设创新型国家，就必须重视人才，进一步讲就是要建立发现人才、培育人才、凝聚人才的科学机制，营造让优秀人才脱颖而出的良好氛围。

当前的人才体制弊端主要集中在职称评定机制、评先评优机制、人才选拔机制三个方面。职称评定机制的问题主要是学术论文的发表和评价。评职称以发表论文为准入，只要参评职称，就必须想方设法发表论文，而这种为评职称而发表的论文要么是找人代笔，要么是花钱买版面、买书号，这已是人所共知的"秘密"，而职称评审机构对论文的评审唯一根据就是以发表为原则，根本不审查论文作者的真假和实际质量。由此造成一种现象：高职称者不一定有能力，有能力者不一定高职称。学历、职称和工作能力、业务水平并不成正比。这种体系不但不利于学术研究，而且不利于创新型人才的培养。评先评优机制的主要问题是，我国党政机关和企事业单位的评先评优，一直没有严格的量化标准，主要是采取集体推举和表决，结果往往是能力强、业务棒、业绩多者被排挤，能力差、业绩平、人缘好者被评优。"评先进"成了"评人缘"，这种让能干事、干事多者吃亏的评先评优导向会使团队变得越来越平庸。人才选拔机制弊端主要在于体制壁垒和身份障碍，目前有很多创新型人才因为这种壁垒和障碍被排斥于公务员队伍之外，而不少机关部门却人浮于事，一些人捧着金饭碗不干事，无奈只好聘用编外人员干事，这样，不但干事的人得不到相应的报酬，不干事的人凭着原有的身份坐享其成，而且使机关队伍变得越来越臃肿。解决这个问题的关键就是要破除公务员终身制，打破各种人才使用的双轨、多轨制。习近平总书记强调："知识就是力量，人才就是未来。""实现中华民族伟大复兴，人才越多越好，本事越大越好。"实现中华民族伟大复兴，就必须培养造就一支有真才实学、有创新精神、有担当意识、有良好品德的人才队伍。

杨万东：中国目前的科研体制，大量的科研经费用于人们申请各种各样的课题，这种课题大部分用于编写专著和文章。除了这个之外，我们最优秀的学生都进入比如经济、管理、金融、法学等热门学科，这些所谓的可以有很高薪酬的行业。学科学技术的学生，也许他能拿到硕士或博士学位，但最后很多人都放弃他原来的技术性专业而从事一个根本就没有学过的管理性专业的工作。所以，这种人才的培养、使用和整个创新型国家的人才需求也是很不对应的。

中国还出现一种情况，中国在国外发表的论文含金量远远高于国内，特别是不少学术单位重金奖励海外发表，比如，有的单位发表一篇国外论文可以奖励到十几万元。国外发表论文很多需要交各种评审费，有的发表一篇文章几万元钱。所以，每年中国在物理学、化学、生物学、医学等方面都花了大量的科研经费用于在国外发表论文。这些国外的论文发表，研究人员花了中国大量的科研经费，最后他的技术的发现、发明被国外的机构，包括跨国公司所吸收，很快转为他们的商业产品，而国内由于语言的障碍，大量的同业人员反而不知道。所以，中国最后又到国外去买这些已经形成商业化产品的东西。这些都表明，中国的科研体制、人才培养、考核机制都存在大量的问题，完全不利于中国成为创新型国家，这也是中国在下一步改革中必须要解决的问题。

3

解决社会新矛盾

3.1　社会主要矛盾的新变化

张建君：进入21世纪以来，有关我国社会主要矛盾变化的研究成果很多，主张结合社会实践新变化对社会主要矛盾做相应修订，主要理由就是改革开放40年我国社会生产力有了根本性改变，不能继续讲是落后社会生产了。在2011年，我提出中国社会正在从工业化成熟阶段进入高额群众消费阶段，只不过这个阶段在我国来得"更加迅猛""更不均衡""更加复杂"。

所谓的"更加迅猛"，就是一方面我们仍然有大量的贫困人口，存在区域、城乡、行业发展的不平衡；但另一方面中国以黄金为代表的奢侈品消费、汽车消费开始进入世界前列，现在中国是全球最大的奢侈品消费市场。以汽车生产和消费为例，美国汽车产销量的历史最高纪录是1750万辆，在2010年我国就达到了1850万辆，现在我国一年的汽车产销量更是达到了2600万辆以上，远远把所谓汽车工业王国的美国甩在了后面。中国的发展呈现出非常迅猛的态势，确实不再是改革开放初期生产不能满足人民需求的状态。随意进入中国各地有代表性的商场，那些动辄以5位数起价的商品，正在模糊着一般商品与奢侈品的心理界限；如果5位数在您看来还算不上奢侈的话，那就不妨多看看那些以6位数、7位数，甚至更高单位计价的商品。由于中国人在海外消费的出手之阔绰，许多国外的顶级奢侈品已经纷纷抢滩中国市场，并将中国界定为"全球奢侈品消费的最大市场之一"，我国在奢侈品消费方面增长率、销售量已连续三年保持全球第一，以65亿美元的消费额成为仅次于日本的奢侈品消费大国。从温饱，到小康，再到电灯电话、楼上楼下、汽车代步、穿金戴银、裘皮上身……这一切都发生在短短的 40 年间，比起父辈们所梦想的吃饱饭、穿暖衣、有房住、病可医、能读书的社会主义社会，何止天壤之别。这一切，来得如此迅猛，以至于人们出现了价值迷失、道德迷失、自我膨胀，甚至有些人忘了富而思源、富而思进的谆谆教诲。

所谓的"更不均衡"，就是在我国经济社会这种翻天覆地的变化过程中，仍然存在着地区、城乡、行业发展的不均衡，经济社会发展的不均衡，社会群体发展的不均衡。在地区方面，西部有些省份的经济总量、财政收入不敌东部一个县级市的收入水平，人均收入更是相差悬殊；在城乡方面，尽管各种惠农、支农政策与新农村建设战略的实施，使得三农之困正在发生根本性的转变，但仍然要看到，有些农村，特别是边远山区、革命老区、部分西部地区与一些农牧地区的落后面貌仍然没有得到根本性改善，老百姓的衣食住行、生产生活都还处于较落后的状态，同样，落后的农村与发达的城市同样呈现出截然不同的发展态势；在行业方面，行业收入差距与行业暴利成为引发资本寻租、行业腐败、阻挠社会创新的重要因素。经济社会发展的不均衡中经济发展快、增长迅猛，社会问题多、各项社会事业落后，所形成的经济腿长、社会腿短的不平衡矛盾十分突出，使得我国的经济发展方式转变中，社会优化成为比增长方式转变更为棘手的问题。社会群体发展的不均衡，更是一个与改革年代完全相关的特殊现象，在激烈的改革转型中，在我国的各行各业、各个领域都产生了一些下岗、分流，甚至无法重新就业的社会群体，他们中许多人的生存状态与其他的社会群体，甚至昔日的同事同学拉开了相当大的生活差距，成为改革事业的受损者，虽然能够享受社会保障改革所带来的社会福利，但毕竟存在巨大的发展落差，迫切需要改变这种不均衡的生存状态。上述存在于我国经济社会快速发展中的不均衡现象，迫切要求通过改革、优化各项社会事业的发展来消除，从而推动城乡协调、经济与社会同步乃至各种社会群体的公平发展与自由竞争。

所谓的"更为复杂"，就是在中国改革开放 40 年的惊人进步中却出现了"住房难、看病难、上学难"等新的社会问题，甚至被群众称为"新的三座大山"；出现了"拼爹光荣、腐败有理、包二奶自豪"等丑恶的社会现象，而且有些丑态暴露在媒体上的社会公众人物仍能够毫发无损、蒙混过关，愈发助长了这股恶风邪气，打击了民众的社会心理；甚至出现了黄赌毒、卖淫嫖娼、黑恶势力横行霸道、与腐败官员相互勾结等丑恶现象的死灰复燃、愈演愈烈。这些问题与现象，是对我国党和政府在新情况下执政能力的一种重大挑战与考验。社会问题的凸显，问题并不在于我们社会管理的人员少了，文化水准差了，技术手段落伍了，问题的根本是我们社会管理的机制与体制还存在一些漏洞与缺陷，使得社会的正气好人不愿有所作为，而社会的邪气恶人却能够有恃无恐。一时间，社会矛盾出现了掩盖社会发展的错误倾向，忽略了改进中的发展，而放大了改进中的矛盾，甚至将没有社会改善的矛盾与社会明显进步的矛盾相提并论，其观点的荒谬之处也就不言而喻了。机会之窗，稍纵即逝，转型经济，刻不容缓。

因此，十九大有关社会主要矛盾的表述，是对社会主义初级阶段社会主义矛盾的完善和修订。要把握好的是，一是中国仍然是一个发展中大国，要用更有质量的发展来满足人民。二是面对不平衡、不充分的发展格局，必须坚持供给侧结构性改革来倒逼供给体系提质增效，充分发挥市场在资源配置中的决定性作用，让经济活动更有效率和活力。三是要把中国的发展推向高质量发展阶段，立足新时代进行政策谋划和政策设计，有效破解我国发展所面临的问题和挑战，把中国真正推向强国时代、胜利时代、共享时代、复兴时代，以及全球化发展的崭新时代。

程冠军： 党的十九大的一个重大判断，即中国特色社会主义进入新时代，中国社会的主要矛盾发生了重大转化，由不断满足人民群众日益增长的物质文化生活的需要，转化为人民对美好生活需要与发展不平衡不充分发展之间的矛盾。自党的十一届六中全会做出中国社会主要矛盾是人民群众日益增长的物质文化生活需要与落后的社会生产之间的矛盾以来，经过40年的改革开放，我们的社会主要矛盾不断发生着新的变化。

人民群众日益增长的物质文化生活需要与落后的生产力之间的矛盾。我们当时做出这个判断是在改革开放初期，主要是基于两个方面的考虑，一方面是社会生产力水平还比较低；另一方面是人民群众对物质文化生活的需要也不高。经过40年改革开放之后，我们已经不再满足于吃饱穿暖，而是要消费升级，不但要吃饱，还要吃好，吃得健康；不但要穿暖，还要穿得美丽，穿出个性。

过去社会主义的生产目的是不断满足人民群众日益增长的物质文化生活需要，今天我们的社会主义生产目的已经发生了变化，这个变化就是，我们要不断满足人民群众日益增长的个性化的、不断升级的、绿色环保的需要。中国人为什么要到日本买电饭煲，跑到香港抢购奶粉？这是因为中国经过40年的改革开放，产生了世界上最大的中等收入阶层，中国人的消费已经升级。消费者想买好的产品，企业生产不出好的产品，那消费者只好到国外去买，这就导致了消费外溢。党中央为什么判断十八大之后中国经济进入新常态，要坚定不移推进供给侧结构性改革？这是因为我们的需求侧的需求出现了升级，而供给侧却没有同步升级，不能满足供给需求。所以我们必须坚定不移地进行供给侧结构性改革。

从社会生产力的发展水平来看，今天我们的社会生产力水平已经大大提高，我们在很多领域，已经不再是落后生产力，而且是社会先进生产力。看到成就的同时，我们还要看到差距，这种差距表现在，我们虽然是世界上三大航天大国之一，但是我们却不是航天强国；我们虽然是世界上最大的互联网国家，但是我们却不是互联网强国，我们虽然是世界上最大发明专利国，但我们却不是专利强国……我们发展的不平衡、不充分问题非常明显。我们还存在着东西部之间、城乡之间的巨大差距等。

从人民生活水平的变化来看，中国老百姓今天的消费水平日益提高并且大大升级。首都北京的 CBD 的华贸中心，有一个 SKP 商场，2017 年的销售额是 126 亿多元，亚洲第一，全球第二，超过了美国的曼哈顿。整个商场似乎成了生活和艺术品的展示中心，消费者不但可以在这里购物，还可以休闲和展示自己。商场的营销人员发现这样一种现象，一些打扮得非常漂亮的年轻女子，来到商场逛一圈就走，并没有购物。这是为什么呢？原来她来商场的目的就是展示自己的美丽。这个故事说明，人们的消费观已经发生了巨大变化，已经从过去的单纯的物质追求转化为更注重精神享受。这个时候我们对社会主要矛盾做出新的判断，就是为了我们更好地制定国家下一步的发展战略。

张建君：分析社会主要矛盾是中国特色的马克思主义决策思想，是毛泽东思想的宇宙观和方法论。矛盾分析是马列主义剖析社会问题的主要方法，但"社会主要矛盾"的范畴是中国化马克思主义的社会分析方法，反映了中国共产党人的决策智慧。"主要矛盾"的提法，20世纪30年代出现在苏联的哲学教科书中，但未被作为一个规范的概念予以界定。毛泽东在1937年5月《中国共产党在抗日时期的任务》报告中最早使用了"主要的矛盾"一词。1937年8月在《矛盾论》中他指出：在复杂的事物的发展过程中，有许多的矛盾存在，其中必有一种是主要的矛盾，由于它的存在和发展，规定或影响着其他矛盾的存在和发展。他强调在一定条件下主要矛盾只有"一种"，是指在一定社会历史发展过程中的主要矛盾。他提倡理论学习要"以研究思想方法论为主"，主要矛盾的思想方法在其思维方式中占有重要位置，以解决社会主要矛盾为决策目标，是毛泽东决策智慧和哲学思想最突出的特色。他强调：抓住了这个主要矛盾，一切问题就迎刃而解了。1941年，毛泽东在《关于农村调查》中提出没有调查，就没有发言权，同时指出如果不抓主要矛盾仍是无发言权的。

党的十九大召开前，在全社会兴起了学习毛泽东《矛盾论》和《实践论》的热潮，很多同志搞不清楚，为什么要学毛泽东的《实践论》《矛盾论》？现在来看，我国40年改革开放，在经济社会等各个方面发生了翻天覆地的变化，需要对此做全新的理论概括。理论是实践的提升与概括，在中国伟大实践基础上，习近平新时代中国特色社会主义思想就应运而生。

社会矛盾是无处不在的，社会主要矛盾具有阶段性特点，在不同阶段社会主要矛盾有不同的内容与形式。在中国革命事业发展的整个过程中，毛泽东对中国社会不同发展阶段的社会主要矛盾都做出了科学判断，从而确保了中国革命从胜利走向胜利。关于近代中国社会的主要矛盾，毛泽东认为：帝国主义和中华民族的矛盾，封建主义和人民大众的矛盾，这些就是近代中国社会的主要的矛盾；他明确提出了新民主主义革命和社会主义革命的解决策略。特别是到了西安事变爆发后，毛泽东认为西安事变前主要矛盾是国共两党之间，而西安事变后，主要矛盾则在中日之间。因此，中国共产党做出了巨大的政策调整，不但促成张学良杨虎城释放蒋介石，而且做出了把中国工农红军整编到国民党军队共同抗日的伟大决策。这些都是基于我国社会主要矛盾变化，毛泽东所做出的科学决策。可以说，在1956年八大之前，毛泽东同志对社会主要矛盾的界定都是非常成功的。由于抓住了社会主要矛盾，进行了恰当的政策安排，中国的革命和建设取得了非常好的发展，超过了大多数对中国的发展预期。

因此，社会主要矛盾的认识，是中国共产党的决策体系的宝贵财富。1956年，党的八大《关于政治报告的决议》提出：我们国内的主要矛盾，已经是人民对于建立先进的工业国的要求同落后的农业国的现实之间的矛盾，已经是人民对于经济文化迅速发展的需要同当前经济文化不能满足人民需要的状况之间的矛盾。这一矛盾的实质，在我国社会主义制度已经建立的情况下，也就是先进的社会主义制度同落后的社会生产力之间的矛盾。这个判断的第二句话，事实上已经接近十一届六中全会对社会主要矛盾的界定，即人民群众日益增长的物质文化生活需要与落后的社会生产之间的矛盾；但第三句话，有关社会主要矛盾实质的概括，后来引起了很大的争论，并不准确。虽然，在此期间，毛泽东曾经发表了著名的《论十大关系》，做出了人民内部矛盾的重大判断，甚至多次组织相关同志认真阅读马列经典作家的相关政治经济学著作，但在我国社会主要矛盾的判断上，最终没有得出明确认识。在这方面表明我们走了很大弯路，付出了沉重代价。

直到1978年改革开放，我们才再次回到正确道路，重新认识我国所面临的社会主要矛盾是什么？1979年3月，邓小平在《坚持四项基本原则》的重要讲话中指出：我们的生产力发展水平很低，远远不能满足人民和国家的需要，这就是我们目前时期的主要矛盾，解决这个主要矛盾就是我们的中心任务。直到十一届六中全会历史决议里才形成了有关社会主要矛盾的准确表述，是"人民日益增长的物质文化需要同落后的社会生产之间的矛盾。"这里将"落后生产力"改为"落后生产",去掉了一个"力"字,就从理论上解决了八大决议有关社会主要矛盾实质表述上的逻辑冲突,从而形成了对社会实践的全新总结与概括。从马克思主义基本原理出发认识社会主要矛盾,即生产力决定生产关系,生产关系一定要适应生产力的基本原理,是我们界定和把握社会主要矛盾最为重要的理论依据。正是从这个理论依据出发,这一有关社会主要矛盾的界定,成为党的十三大确立社会主义初级阶段的重要理论依据。在党的十四大、十五大、十六大、十七大,一直到十八大,始终作为社会主义初级阶段的社会主要矛盾而坚持了下来。这个矛盾的界定,符合马克思主义基本原理,是党对社会发展内在动力的一个清晰准确的把握,明确了推进中国社会进步的正确战略举措。

3.2 1958 年 "小错积成大错"

杨万东:1956 年党在八大的时候提出当时对社会主要矛盾的认识,人民群众不断增长的物质文化需要同落后的社会生产力的矛盾是社会的主要矛盾,这是当时所做出的一个重要判断。这个判断为什么后来会出现反复?实际上是在特定历史条件下的一种必然的现象。1949 年 10 月,中华人民共和国成立,1956 年,也就是新中国成立刚刚 7 年,抗美援朝战争刚刚结束三年,这个时候,阶级斗争这种意识在全党全国还非常浓厚。

1957～1958 年,中国有一个规模很大的"反右运动",1959 年有"反右倾运动",在这种情况下,毛泽东就基于当时复杂的国内国际形势,国际的比如

1956年的波兰、匈牙利事件和1959年开始的中苏论战，他认为阶级斗争重新复杂化了。基于这种判断，他就认为，不能够继续沿用党的"八大"关于社会主要矛盾的判断。而且在毛泽东的意识中，革命还没有完成，阶级斗争有时还会很激烈。所以从1962年起他就经常强调阶级斗争，在1964年就有了"四清"运动，到1966年就有了"文化大革命"，而在"文化大革命"期间，还不断有细化的一些运动，如红卫兵运动、揪"走资派"运动、"一打三反"运动、"批林整风"运动、"批林批孔"运动等。

张建君：1956年，中华人民共和国建立刚刚7年的时间里，新生政权能不能稳固，仍然是毛泽东面临的最大挑战；当年甚至在国内个别地方发生了少数工人学生罢工罢课的事件。在国际国内各种复杂矛盾的冲击下，中国发展既受到赫鲁晓夫批判斯大林所引发的波兰、匈牙利事件影响，又因为国内大鸣大放引发了一些极端言论，毛泽东就非常警惕了，在1957年5月写了《事情正在起变化》和《中共中央关于对待当前党外人士批评的指示》，认为大鸣大放处理不好会出"匈牙利事件"，右派"企图摆脱共产党的领导"。当时的方针是，为建设一个伟大的社会主义中国而奋斗，毛泽东试图通过快速发展经济来化解挑战，快速工业化就是必由之路，这产生了一个历史事件，就是1958年的"大炼钢铁"。大炼钢铁的出发点，就是解决中国社会所面临的工业化挑战，尽快用工业化成果把新中国武装起来。

中华人民共和国成立初期，中国钢铁人均拥有量不足5斤，美国有1000多斤；中国人均发电量不足5度，美国有近3000度，我们说工业化在当时是世界这些国家发展最为显著的一个成就，钢铁、电力就是工业化核心要素，美国人为首的西方阵营还对中国制定了包括钢铁在内的对华禁运的所谓"中国货单"，2000种战略物资全面禁止对华出口。毛泽东希望能够以群众的革命热情推动中国实现工业化的跨越。1958年初，毛泽东提出为2000万吨钢而奋斗，看到群众热情很高，后来大胆提出为3000万吨钢而奋斗，甚至提出了"以钢为纲"的口号；到了年底，一算账完成了1300万吨左右的钢材，和陈云的预算一致。所以，毛泽东说经济建设还得靠陈云。在大炼钢铁的过程中，人民群众的热情是非常巨大的，男女老少齐上阵，把家里的铁器都拿出去搞小炼钢，不懂科学造成了巨大的经济损失和资源浪费。1958年是个粮食的丰收年，在有些地区粮食已经成熟了，但是青壮年都去大炼钢铁了，剩下的妇女老弱不能把粮食按时收回来，而且还要给大炼钢铁的人提供粮食，结果反而造成了饥荒。

程冠军：1958年"大跃进"的发生有四个不容忽视的因素：一是毛泽东对社会主义发展阶段的认识出现了偏差，这一点主要是受国际共产主义运动的影响，他想加速共产主义的实现过程。二是在此之前，从抗日战争到解放战争，以及抗美援朝战争，毛泽东的所有预算几乎都实现了。因此，毛泽东提出的目标，大家都认为是可能的。三是党的群众路线出现了问题。当时的毛泽东和党中央听不到群众的真实声音，"大跃进"虚报高产就是层层欺骗的结果。四是破坏了党的民主集中制。

张建君：因此，1958年就成了中国一个非常重要的年份，成了中国社会主义建设时代的一个转折点。在对1958年"大跃进"进行历史总结的时候，1959年7月召开了著名的庐山会议。毛泽东希望总结当前工作中的经验教训，开一个神仙会，白天开会讨论，晚上看戏跳舞，然后来统一全党的思想。但是没有想到在如何看待"大跃进"、公共食堂等问题上形成了两种对峙意见。彭德怀元帅的"万言书"以及与毛泽东的意见冲突，把一个总结经验教训的会议转变成了一个严肃的政治会议。毛泽东通知林彪、彭真、黄克诚等上山，林彪在庐山会议发表讲话，提出中国革命和建设的实践经验是把毛泽东思想学好、用好，革命建设无不胜利；认为这次出现这么大的挑战，问题不在于毛泽东思想出问题了，而在于把毛泽东思想没有学好，没有落实，更没有转化为行动，这才遭遇了巨大的挑战。最终，在庐山会议上，中共八届八中全会做出了关于以彭德怀同志为首的"反党集团"的错误的决定。伴随这个"反党集团"的出现和随后一系列党内派系的斗争，一些不同势力的较量，最终把中国的建设引向了"文化大革命"这样一条坎坷和崎岖的道路。

今天我们讲这个历史，包括讲对社会主要矛盾的新的界定，关键是要从中吸取经验教训。胡乔木在《胡乔木回忆毛泽东》一书中曾经深刻地指出：把

1957年以后的事情用这样一个线索、一个逻辑写下来，可以把"文化大革命"的到来作一个科学的历史的解释。错是错了，小错积成大错。这仍然提醒我们，对待马克思主义基本原理一定要求真务实，千万不要忘了马克思主义基本原理是党的重大方针政策调整的理论依据，我们绝不能在马克思主义的基本原理方面忽视小错、铸成大错。

现在，新时代思想和政策架构一定要反映生产力和生产关系的深度变革，坚持发展是硬道理，持续提升社会生产力，用创新来解决发展所面临的发展难题。新时代是一个全新的改革开放阶段，面对国内外的各种挑战，要以更为求真务实的思想和理念，解决制约生产力充分发展的体制机制的弊端，不要偏离以经济建设为中心的政策主线。

杨万东：我同意建君刚才对这个特殊历史阶段的回顾，正因为如此，社会主要矛盾的认识和概括实际上在新中国成立以后的较长一段时间内，一直是一个有争议的问题。在20世纪80年代，我们基本上又回到了1956年对社会主要矛盾的认识。但是，20世纪80年代是一个短缺的时代，这种短缺的时代同时也是经济生活日渐活跃的时期。所以，1956年的概括应该说，更加适应中国20世纪80年代改革开放初期对中国社会经济状况的描述。

但是，从20世纪70年代末到21世纪初已经20多年过去了，中国的社会已经发生了巨大的变化，刚才两位都讲了，中国的生产力水平、国际地位，包括中国的科技发展，都慢慢地走在了世界的前列。现在中国主要就是人均的国民收入还较低。由于中国人口众多，现在人均GDP只有8800美元，而发达国家现在一般都在3万~4万美元。所以，在这个方面，中国还有巨大的差距。但是就总体国力，就GDP而言，中国已经是世界第二。在这种情况下，很多人，包括很多学者讨论的问题就是，中国什么时候超过美国，按照目前的增长速度，中国超过美国应该说很快就可能实现。但是，如果回望中国自己国内的情况，我们就发现，有发达的东部，也有落后的西部；有城市富裕的阶层，还有几千万还未脱贫的贫困人群。我们同时有繁华的城市，还有萧条的乡村。这种情况下，怎么来认识中国社会主要矛盾，怎么为今后的发展找到突破口和方向，这就是我们党在新的历史时期必须深刻认识的一个重要问题。所以，党的十九大对这个问题做了一个概括，认为我们已经从短缺时期进入了大部分行业、特别是大部分消费品都相对过剩的时期。所以，我们现在很多行业是要降库存，在这种情况下就是过剩的时代。在不少产品生产过剩的同时，还要面对的就是为数众多的贫困的人群，发展薄弱的产业，比如中国大飞机现在在试飞，许多核心技术也无法自主研发。也就是说，我们在一些科技含量很高的行业还没有进到世界前列。这些方面，我们有大量的发展空白。甚至包括中国骄傲的高铁，虽然速度、规模都是世界第一，但是，中国的高铁现在如果按照商业财务核算来看，东部地区的高铁基本上能够实现盈亏平衡，而中西部地区、经济不发达地区的高铁和快速铁路，它的现金流还不足以偿还银行的贷款本息，这些问题都需要认真地去思考，中国不是说已经富到可以不考虑经济核算的程度。同时，我们现在的精准扶贫是要在 2020 年实现全面脱贫。但是，现在很多贫困人口，除了要让他经济上脱贫，还要让他思想上脱贫，这方面也有很多故事，等靠要也是目前在相当一部分贫困人群中出现的一个严重问题。

所以说，用这种新的概括来发现新的问题、新的矛盾，然后加以解决，才可能使中国对未来发展找到新的方向和突破口。

3.3　毛泽东的探索与"滕小国"的故事[①]

张建君：毛泽东在八大决议后的很长一段时间里，都在探索中国社会的主

---

① 部分内容参见李广星、李肇翔：《滕州史话》，北京：中华书局1992年版。

要矛盾究竟是什么。在《关于正确处理人民内部矛盾的问题》一文中,他提出要正确处理人民内部矛盾,明确指出:"在这个时候,我们提出划分敌我和人民内部两类矛盾的界限,提出正确处理人民内部矛盾的问题,以便团结全国各族人民进行一场新的战争——向自然界开战,发展我们的经济,发展我们的文化,使全体人民比较顺利地走过目前的过渡时期,巩固我们的新制度,建设我们的新国家。"除了对抗性质的敌我矛盾,甚至他有关人民内部矛盾的界定,全面覆盖了工农阶级、知识分子、民族资产阶级之间及内部,基本上呈现为全社会的矛盾。遗憾的是,在国内外错综复杂的形势变化中,他对社会主要矛盾的判断最终偏向了阶级斗争。

杨万东:1956 年毛泽东有两部重要的著作,一部是《论十大关系》,还有一部是《关于正确处理人民内部矛盾的问题》。但是,就是在这之后,毛泽东著作大部分的内容已经不再关注比如《论十大关系》当中讲到的这些问题,人民内部矛盾也淡化得很厉害,原因是,从 1957 年起中国进入一个新的政治运动频繁的时期,而且一直到 1976 年毛泽东去世都没有中断。在"文化大革命"后期甚至提出来,坚持无产阶级专政下的继续革命,以这个为标志,毛泽东还讲,"文化大革命"以后过七八年再搞一次。

毛泽东作为新的共和国的缔造者,长期革命战争的经历,让他对新政权的稳定和安全具有高度的警觉。中国人民站起来之后,能否持续维持共产党的领导,这是毛泽东考虑的最大问题。包括"大跃进"运动、大小"三线"建设,包括核武器的研发,都是为了保证新生的红色政权能够一直存在。

程冠军:毛泽东在他的晚年对社会主义道路进行了艰辛探索,只是他的探索遭遇了重大挫折而已。例如,1958 年 8 月,毛泽东到河南视察旱灾的时候,回北京的途中在山东兖州停车,要见滕县县委书记王吉德。毛泽东当年接见王吉德的目的到底是什么?这是新中国的缔造者毛泽东在思考这样一个问题:共产党在打天下之后,怎么治天下?

滕国为什么叫善国?在春秋战国时期,滕国立国长达 700 年之久。滕国方圆不足 50 里,它虽然疆域很小,但它却是西周建立之后,所分封的 53 个姬姓诸侯国之一。为什么毛泽东关注滕小国？滕文公与孟子同时代，在他做太子的时候就经常去请教孟子，他对孟子说，我周边都是大国，北边有鲁国、齐国，南有宋国、楚国。将来我做了国君，应该如何治国呢？孟子告诉他，不要看你的国家小，你只要实行仁政，就会天下无敌。孟子还认为，只要你实行善教和善政，就会民气来归、民殷国富。滕文公采纳了孟子的主张，最终把滕国治理成了善国。滕国是中国历史上乃至世界历史上第一个被称为"善国"的国家，它也是儒家仁政思想的试验田。毛泽东为什么关注滕小国？他所关注的是滕国的治理模式。这个故事一晃而过，因为在此以后"文化大革命"的发生，使毛泽东的这个美好的愿望化为泡影。从这个故事看，毛泽东对社会主义道路，对国家的治理模式进行了艰辛探索，只是他的这个美好愿望没有实现而已。

3.4 "不平衡"与"胡焕庸线"

张建君：在社会主要矛盾界定的基础上，明确了治国理政的政策体系，政策体系反过头来要推动社会主要矛盾的解决，二者不能发生偏差；如果实际的政策界定和社会主要矛盾的界定不能有效匹配，社会发展就要出问题、犯错误，"文化大革命"就是一个重要的经验教训。要认真汲取这个经验教训。

不平衡的突出表现，第一个是产业过剩的问题，表明经济结构存在不合理的现象。现在，传统产业面临向战略性新兴产业的转型，这是现实挑战。我国在产业结构方面，一方面是传统的、初级的、常规的产业大量过剩，钢铁、水泥、电解铝、平板玻璃、造船全线过剩，但需要核心技术和创新的有些产业仍然发展不足。如2017年统计数字显示，我国的煤炭、水泥行业产能利用率只有70%左右，机器人、临床创新的药物大量依靠进口，国内集成电路的市场自给率不足20%。因此，推动产业结构的转型升级，这是发展不平衡的一个突出表现，要把创新真正作为引领发展的第一动力，切实推动我国技术体系与产业结构的持续创新，尤其是把国家创新体系建设作为核心内容。

第二个是城乡发展不平衡。现在城镇居民人均可支配收入仍然是农村居民人均可支配收入的2.7倍，北上广在全世界是最好的城市，但有些落后的、偏远的农村跟非洲差不多，在这一点上，要持续推动城乡的平衡化发展，不仅仅在收入分配方面，还有基础设施的改善、公共服务的提升等一系列现实差距。有学者预测，按照目前城镇化的发展态势，我国城镇化率58.5%，还有5亿人是农民；城镇化率达到70%左右时，按照人口增长基数算下来，仍有5亿人是农民。因此，在我国下一步的发展里，城乡不平衡发展是个大问题。中国历史上大的社会动乱，甚至朝代更替，都与这些农民，特别是农民变成无产阶级、变成社会流民有着深刻的关系。

第三个是区域发展不平衡，东部发展快，中西部发展慢。改革开放之初，邓小平曾经提出"两个大局"的思想，提出东部率先发展是一个大局，中、西部要服从和服务于这个大局；在东部率先发展后，要转过头来支持中西部的发展，这也是一个大局，叫西部大局。甚至明确讲，可以通过转移技术、提供资金支持等各种方式支持中西部发展。改革开放进入20世纪90年代，1999年我国提出了西部大开发，2004年提出了中部崛起，此后又提出了东北振兴，都是立足于区域均衡发展。但是，在区域均衡发展方面，尤其是基础设施、公共服务的均等化发展存在巨大差距，特别是在中西部推进基础设施建设，如高铁、机场、高速公路等一些投资巨大的项目建设中，西部财力有限、困难很大，这就需要国家通过统筹来解决这种区域间的发展差距。比如高铁的建设，东部的高铁标准高很发达，西部的高铁标准低很有限，甚至还存在一定的负债现象。从市场经济的角度来看，东部人口稠密经贸发达需要修建更为密集的高铁网络，西部则要承受落后的代价。甚至有中国铁路总公司的专家认为，发达地区的人们对金钱看得更淡，而对时间看得更为宝贵，所以他们宁愿花更多的金钱来坐更高速度的高铁；而中西部地区的人们对金钱看得更重，时间看得更淡，所以，他们宁愿付较少的钱来坐速度不高的动车，因此，不主张在西部地区建设速度更快的高铁。这是典型的高铁"速度歧视"。所以，在经济社会发展落后的西部，在基础设施建设上，经常出现的不是后发赶超，最终就搞成了亦步亦趋的重复投资、重复建设，基础设施年年投，实际效果并不显著。未来高质量发展的中国，一个基本标志就是基本公共服务的均等化。如何实现中西部地区公共服务的均等化，尤其是基础设施的一体化布局、均等化建设仍然是一个严峻的挑战。一个基础设施高度发达的东部和一个基础设施相对落后的西部，不可能站在同样的发展基础上，甚至打破发达和落后的鸿沟，实现同一水平的发展。在基础设施建设上，实现全国同一标准、同一规格、同一水平，才有可能为填平不同地区所面临的发展鸿沟提供一个坚实基础。这就需要国家切实加大对中西部的投入力度，否则，中国就很难有效突破"胡焕庸线"，现在甚至已经有专家学者指出"胡焕庸线"就是中国经济社会发展的一种自然分界线，是不可能被打破的一条自然分界线。

1932 年，胡焕庸先生把东北的黑河和云南的腾冲连起来，形成了一条线，被后人称为"胡焕庸线"。这条线的东面，集中了中国 96% 的人口，而线的西面只有中国 4% 的人口。但是在线的西面，大约是中国国土面积的 73%，而在线的东面，国土面积约占 27%。这条线反映了中国经济社会一种不均衡的发展态势。这条线表明中国大部分的基础设施和城市都建在线的东面，而西面的城市和人口集聚严重不足，基础设施更是极其匮乏。这表明中国西部的开发开放是中国崛起的必由之路。

杨万东：这条线把中国划成两边，东边是中国以农耕地为主的地区，西边是以高原、戈壁、草原为主的地区。同时，东边是人口集聚的地区，而西边是人口稀少的地区，东边是降雨充分的地区，而西边是降雨较少的干旱和半干旱的地区，因为他这条线就把包括云南昆明、成都平原、汉中平原都划在东边，因为它是中国的一条对角线。而且从海拔来讲也是，东边的海拔明显属于相对低地地区，西边就是高原和山地，当时还不是基础设施的问题，主要还是以自然地貌和降水、农耕这些为特征描述出来。

所以,在几年前李克强总理曾经问,"胡焕庸线"是否还有效,就引起了经济学界和地理学界的关注,重新思考和研究"胡焕庸线"。后来发现,中国经过这么多年的发展,总体而言,"胡焕庸线"还是非常有效的。

张建君:"胡焕庸线"给我们最大的启示,就在于这条线的形成究竟是经济社会不均衡发展的原因,还是这条线就是中国受制于地理自然束缚而不可逾越的自然界限?当下中国的发展能不能有效突破"胡焕庸线"?可以说,中国历朝历代所面临的民族问题也是以这条线为界限,在这条线的西部形成了一些强大民族,对于东部发展经常形成巨大冲击,甚至经常发生改变国家发展历史格局的重大事件。

一是立足建设社会主义现代化强国的战略考量,打破"胡焕庸线"是促进民族融合、经济发展、国家强大的必由之路。为此,国家要加大对"胡焕庸线"西侧基础设施、城市建设、公共服务的投入力度,最终推动东中西部的一体化发展,形成全新的中国发展格局。

二是要很好地重视西部城市群建设,如兰西格城市群、河西走廊城市群、吐鲁番乌鲁木齐城市群等相关城市群建设,作为突破"胡焕庸线"的重要战略举措。在"三线"建设时期,"胡焕庸线"的西侧地区都有一些很好的优惠政策,吸引人口集聚、产业转移,形成全新的区域发展格局,现在尽管搞了市场经济,但仍然要考虑能不能给西部一些特殊的优惠政策,从而能够引导产业和人口向西部聚集,避免北上广的过度城市化压力。借助现代的科学技术,形成新型的点轴开发模式,促进各方面经济社会发展的要素向线西集聚。在中国解决社会主要矛盾的地区不平衡发展难题方面,检验标准就要看"胡焕庸线"有没有得到有效突破。

程冠军:谈到"胡焕庸线",不由得想起精准脱贫。十八大以来,习近平总书记提出了精准扶贫、精准脱贫战略,并反复强调要打赢这场攻坚战。东部帮扶西部的扶贫是精准脱贫攻坚战的重要一环。习近平总书记多次召开东西部扶贫座谈会,现在我们的精准脱贫已经取得了巨大的成绩和突破。2012年年底的时候，我们国家有 9899 万贫困人口，到 2017 年年底还剩 3046 万人，5 年的时间里减少了 6853 万人，年均减少 1370 万人。我国从 1986 年确定了贫困县，到 2012 年年底时有 832 个贫困县，2016 年退出摘帽了 28 个县，2017 年摘帽 120 多个贫困县，贫困县这几年减少了 150 个。五年来，贫困地区农民纯收入增幅比全国农村农民收入增幅高 2.5 个百分点，创造了历史上最好的成绩。

中国扶贫的重点依然在农村。改革开放 40 年，中国农村发生了翻天覆地的变化。改革从农村发端，并取得了巨大成功，但目前的状况是，农村的发展出现了新的瓶颈。由于大批的农民工进城，导致有些农村出现了土地荒芜现象。近些年来，我们推行的土地流转政策是一种在不改变家庭联产承包责任制的基础上的创新。这种创新总体上是好的，但在实际操作中也出现了一些问题。在有的地方，由于受土地财政利益驱使，一度出现了强迫农民上楼现象，具体做法是把农民居住的村庄复垦或作他用，把农民集中到所谓的新农村社区居住。农民上楼以后，并没有增加创造财富的能力，并且原有的农具无处存放，家禽、家畜都无法饲养。如此，农民表面住上了洋楼，实际上是坐吃山空。我们要建设社会主义新农村，首先要培育社会主义新农民，如果农民的精神面貌不改变，致富的能力没有增强，怎么能建设新农村？

杨万东：不平衡的这种现象应该看到，它是一种客观的存在，之所以把它作为一个问题提出，说明这种现象具有普遍性。中国社会的发展，包括新中国成立以后，重工业优先发展，其实也是一种不平衡发展。2011 年中国社会科学出版社出版的一本书《中国经济增长前沿Ⅱ——转向结构均衡增长的理论与政策研究》中就提出，最近这几十年的增长是扭曲发展，这种扭曲有国家的导向，包括让一部分人先富起来和让一部分产业优先发展，这是一种典型的激励机制，这就很容易形成一种不平衡。① 现在的不平衡实际上有产业的不平衡，最典型的就是虚拟经济和实体经济发展的不平衡，这几年已经得到关注了。虚

---

① 张平、刘霞辉、王宏淼主笔：《中国经济增长前沿Ⅱ——转向结构均衡增长的理论与政策研究》，中国社会科学出版社 2011 年版。

拟经济过度发展，实体经济发展不足。虚拟经济行业的，比如金融从业人员，证券、期货、保险、信托这些行业人员的高收入与制造业人员的低收入之间的收入差距非常明显。另外，由于有这种收入导向，千军万马杀向金融业，结果金融业是人才供给过剩，而实体经济中制造业就出现了技术工人不足、民工荒，这就是一种典型的人员配置的不平衡。当然，还有东西部发展的不平衡，就造成了西部本来就短缺的人才资源，孔雀东南飞。

这些不平衡按照市场的力量是只会更加强化的。比如人们的收入只会越来越产生金字塔尖。我们原来以为，人的收入到一定程度可以知足，实际上不是，当他的收入很高的时候，他的收入目标更高。所以，社会需要有一种调节机制。还有一种就是从经济学的角度讲，经济能够解决的问题，它要求成本的补偿，而公共服务的均衡化，就要求一种超越成本的安排。比如乡村邮政就是很典型的，就应由国家财政来支持，因为总体可能会是亏损的。同样，中国落后地区的发展，特别是它的公共事业也应有这种意识，即国家的整体观。一旦涉及公众的，对国家全体的发展，就应该用足够的转移支付来完成基本公共服务和基本设施的均等化，当然这种均等化不是说搞平均化，还要搞一些相对于资源禀赋特征较合适的发展。"胡焕庸线"是基于一种地理的生态特征来描述的。现实经济的发展，特别是技术的发展，可以考虑到不同地区不同的经济技术特征，因为"胡焕庸线"当初的设定是以传统的产业来考虑的，比如太阳能，它在日照充分的西部，有可能比东部降水充分的地方能更好地发挥作用。还有西部有丰富的矿产资源，还有生态保护，不同区域应该有不同的侧重点。所以，中国应该用不同主体功能区的发展来取代一个简单的均等化的产业布局。

我们所考虑的不平衡，它的基本立足点就是解决不平衡问题，是建立在一种科学的论证、设计、因地制宜的基础上，同时还应考虑到，这块土地上人的基本的生存保障和发展需要，这样平衡问题才能解决。

程冠军： 为什么实体经济振兴难，以下两个方面的问题不容忽视。一是受房地产政策的影响。近20年来，由于政策导致的房地产成为最赚钱的行业。

许多实体经济企业纷纷进入房地产行业。二是实体经济特别是制造业出现了技工断层问题。这主要是社会的价值取向和国家产业政策导向造成的。在我国，蓝领是不受社会尊重的。前几年，我曾经写了一篇稿子，文中提到"蓝领"这个词汇，一个地方党报的总编辑看到稿子后，竟然打电话问我"蓝领"是什么。在德国，大家并不认为做技术工人是让人看不起，而是备受尊重。而中国人，如果说自己的孩子在企业做技术工人，就会感觉低人一等。在街坊邻居街谈巷议中，最让人自豪的是谁的孩子考上公务员了，谁的孩子到某某银行工作了。为什么大家都争着去干白领，因为白领工作舒适、体面、挣钱多，蓝领工作不舒适、不体面、收入又低，说到根上还是政策导向的问题。

中联重科的董事长詹纯新告诉我，中联重科有一个规定，如果他发现一个技术工人白天在车间里上班，晚上去学会计，公司会与他解除合同。一个员工利用业余时间充电学习，不是好事吗？中联重科为什么做出这样一个规定？在詹纯新看来，我招你进来的时候就是做技术，你不愿意做技术工人，你去上夜校，学的是会计、出纳，你肯定不爱这份工作，学成之后你将来肯定要离开原来的岗位换工作，所以这样的员工我们不能要。当然，我认为，不想让员工有换行的想法，不想让他走，就要给他物有所值的待遇，给他应得的荣誉，给他一个受尊重的、有上升通道的良好环境。否则，无论什么样的规定，也不能留住人。

3.5 "不充分"与"我就是法"

张建君：社会主要矛盾不充分的现实挑战，主要体现在以下三个方面。

第一，公共服务的能力和水平差。统计资料显示，我国公共设施的存量仅为西欧国家的40%左右，不到北美国家的30%。也就是说，我国在公共服务满足人民群众需要方面存在着很大不足。公共服务的水平与质量不高，则受到社会舆论的广泛抨击，是这些年来全社会吐槽较多的领域，是对中国社会高质量发展的一个严峻挑战。

第二，面临生态环境的严重挑战。2017年，全国338个地级及以上城市空气质量达标的仅有1/4，有些地方生态环境遭到严重破坏。例如北京的雾霾、甘肃的祁连山生态破坏，给我印象最深刻的就是山东，由于大量向日本、韩国等国家出口蔬菜，过度使用化肥农药，使土地酸化板结，水都变成了臭水，这些都是沉痛的教训。改革开放40年的发展中，形成了一些罔顾资源、环境、生态的发展做法，盲目追求低成本的增长，现在就遭受了雾霾、土壤退化等大自然的报复，甚至有些地方出现了生态恶化、资源枯竭等一系列严重挑战，在未来的发展中，让蓝天绿水不再是人民的理想，而是生活中的现实场景，这是未来中国高质量发展的应有之义。

第三，民主法治水平亟待提高。在解决了温饱问题之后，全社会面临的最大问题就是对民主法治的渴望，要求有更为自由的政治权利，要求要有更好的社会法治环境，对公平正义的要求愈发强烈。这些年，在民主法治建设方面，仍然存在着很多让人民群众诟病的一些现象，甚至存在着一些司法腐败的事件，这些都给社会造成了很不好的影响，社会群体的公平正义感存在巨大的分歧。这是影响群众对美好生活判断最为核心的内容，也就是说，在解决了温饱问题之后，人们对是不是公平，是不是正义，有了更高的期许，更高的要求。

另外，改革开放40年的发展中，有些行业发展得好，有些行业发展得差，由于市场经济的体制机制弊端仍然未能有效消除，利润平均化规律的作用还发挥得很不充分。所以，有些行业仍然享有垄断利润，有些行业甚至享有暴利，而有些行业面临各种挑战。比如钢铁、煤炭企业的工人，下岗分流的国有企业职工，与电力、烟草、食盐等垄断行业的职工，存在很显著的收入差距。这种行业发展的不平衡性，造成了人群发展的不平衡，甚至引发社会心理失衡，是很值得关注的一个现象。

当然，我们毕竟还是一个中上等收入的发展中国家，人均 GDP 水平大约排在全球 90 多位。因此，要集中精力解决好不平衡、不充分的发展难题，必须实现一个稳定持续的经济发展；否则，一个低水平、低质量的发展很难开启高质量发展的大门，人们对美好生活的需求就很难被充分满足。

程冠军：改革开放 40 年中，我们的民主法治取得了巨大进步。党的十八届四中全会提出了全面推进依法治国的总目标是建设中国特色社会主义法治体系，建设社会主义法治国家，并为此推出了 180 多项改革措施。接下来我们惊喜地看到，一批久拖不决的冤假错案被纠正平反，如内蒙古自治区的呼格吉勒图案、河北省的聂树斌案等。回想我们社会主义国家的法治进程，从"法制"到"法治"，20 年来，我们的法治理念发生了巨大变化。回顾新中国的法治进程史，也许不少人还记得这样一幕：1995 年初的一天，山东省莒南县人民法院的院长面对中央电视台《东方时空》的记者和摄像机口出狂言，说自己可以"上管天，下管地，中间管空气"。我们不得不佩服这位院长的语言天才，用 11 个字就将自己的"得意"表达得淋漓尽致，同时也不得不被他的张狂所震惊！这句话不仅将这个法院院长"权大于法""官就是法""我就是法"的心态暴露无遗，同时也折射出一种官场心态。他这句话不仅代表了那个年代的一些执法者的心态，也代表了一部分领导干部的心态。在此后的十几年当中，这种官场心态不但没有多少改变，而是不断地扩散和异化。以至于一个时期以来，依然有形形色色的官员持有这种心态，并因此导致以权代政、以权代法、以权压法、以权乱法、以权废法、以权枉法的现象屡屡发生，同时也助长了腐败之风的蔓延。

十八届四中全会的召开，是中国法治进程的一个重要节点。在这之前，以权代法、以权压法、以权执法，甚至以权枉法的现象时有发生，不然不会导致这么多冤假错案。

张建君：这告诉我们，在新时代一定要把全面依法治国当作一条中国特色社会主义治国理政最为重要的经验牢牢坚持下来，无论是谁，在法律面前一律平等，要对法律有敬畏之心，要让法律成为人民的信仰。只有法律成为社会的权威，人民才能得到真正的自由和自尊，才能扫除权贵思想的封建残存，才能实现人的自由和全面的发展。

程冠军：习近平总书记在 2015 年的全国党校工作会议上曾严厉批评没有敬畏之心的官员：我们现在有许多领导干部在接受媒体的采访，讲起话来一套一套的，然而对法律毫无敬畏之心，要不然哪来这么多老虎，苍蝇更多！现实中，我们经常看到，有的官员犯罪之后接受采访，面对镜头痛哭流涕，他们几乎说的都是一样的台词：我不懂法，对不起党、对不起国家、对不起人民、对不起我家庭，因为我不懂法，所以我犯法了，走向了犯罪道路。但是，我们一看他们的简历，有的竟然还是学法律的。由此可见，这些领导干部不是不懂法，而是缺少对法律的敬畏之心。试想，即使不是法律专业毕业的领导干部，我们共产党是精英治国，一个领导干部所受教育程度，包括他懂法的程度，他都是优于一般人群，优于普通人群的，最大问题就是这些官员缺乏对法律的敬畏之心。

十八届四中全会将每年 12 月 4 日定为国家宪法日，更为重要的是提出"建立宪法宣誓制度，凡经人大及其常委会选举或者决定任命的国家工作人员正式就职时公开向宪法宣誓"。要建立一个依法治国的法治环境，首先要求领导干部要带头敬畏宪法，从敬畏宪法开始敬畏法律，也只有如此才能实现依法执政、依宪执政，从而运用法治思维和法治方式推进全面深化改革和全面从严治党。

党的十八大以来，以习近平同志为核心的党中央重拳反腐、铁腕治吏，通过"打虎""灭蝇""猎狐"等风暴行动，揪出了一批腐败分子。从近期查出的腐败案件来看，一方面可以看出中央"刮骨疗毒"的决心，另一方面也反映出近年来腐败已呈高发、多发、群发态势，而且贪腐的数额越来越大，越来越惊人，已经危及党的执政基础。例如，国家发改委煤炭司原副司长魏鹏远家中被查抄出上亿现金，当场烧坏 4 台点钞机；刘志军案、谷俊山案均涉数百套房产；"大老虎"徐才厚、周永康被查抄的资产更是令人瞠目结舌；河北"芝麻官"马超群家中被搜出上亿元现金、37 千克黄金、68 套房产手续。此外，很多官员腐败或是集体窝案,或是家庭成员悉数落马,一些有权有势的部门和岗位则屡反屡腐,前"腐"后继,有的甚至整体"塌方"。导致这些官员腐败有一个普遍的重要原因,就是他们都缺乏对法律的敬畏。一个官员如果缺乏对法律的敬畏之心,他就会视法律为摆设,既敢越过法律行使权力,也会为行使权力而破坏法律,甚至践踏法律。同时,一个官员如缺乏对法律的敬畏,他也就不能正确地对待手中的权力,就会出现公权私用、以权谋私,最终走向贪腐、以身试法,结果当然会受到法律的惩处。

党中央提出要建立一个不敢腐、不能腐、不想腐的科学化、法治化的反腐新机制。"不敢"要靠高压猛打,"不能"要靠法律法规,"不想"要靠思想教育,而要真正实现这三者的统一,还要靠培育官员对法律的敬畏之心。宪法是国家的根本大法,在依法治国、依宪治国的法治环境下,官员敬畏之心的培养,首先要从敬畏宪法开始。只有做到敬畏宪法、敬畏法律,才会明白法律红线不可逾越,法律底线不可突破,法律高压线不可触碰,也只有此才能实现依宪执政、依法执政、依法行政、依法治国。

敬畏法律的前提是敬畏宪法,要营造敬畏宪法和法律的社会环境,官员必须带头。设立国家宪法日,建立宪法宣誓制度,这是当今中国吏治和法治的一大进步,也是法治中国的良好开端。目前,世界上已有97个国家建立了向宪法宣誓制度。早在1919年《魏玛宪法》时,德国就规定公职人员就职时必须宣誓效忠宪法。俄罗斯总统普京就职时就是手按宪法进行宣誓,美国总统就职时一般手按《圣经》宣誓,但其誓词却是由宪法规定的。

要求官员向宪法宣誓,就是让官员带头敬畏宪法和法律,让官员明白自己手中的权力是国家和人民以法律的形式赋予的,掌握这个权力的人首先要在法律的范围内行使权力,做学法遵法守法用法的模范。只有官员带头敬畏宪法和法律才能在全社会营造一个良好的法治环境。法律是治国之重器,良法是善治之前提,良好的法治环境则是善治的必要准备。

3.6　高质量民生是高质量发展之魂

杨万东：习近平总书记指出：全党必须牢记，为什么人的问题是检验一个政党、一个政权性质的试金石。带领人民创造美好生活，是我们党始终不渝的奋斗目标。民生问题是人民利益的根本所在，只有发展高质量的民生，高质量的经济发展才落到实处。对人民大众来讲，衣食住行、教育医疗、方便安全、快乐自由，这些就构成了民生从物质生活条件到精神自由保障的一个大体系，努力解除民众的生存焦虑，努力提供民众的发展机会，努力保障民众的切身利益，努力拓展民众的发展空间和帮助其实现人生理想，都是高质量民生所包括的内容。中国人民对教育体系的多种不满意，对就业保障的焦虑和择业创业的诸多约束，特别是对收入分配不合理的心理失衡，对社会保障体系不完善的担心，对公共事件频发的担心，对因病因灾致贫的担心，尤其是中国还有数千万的贫困人口，都表明中国虽然从经济总量上已是世界第二大经济体，但民生欠账还很多，发展高质量的民生仍是一个非常急迫的任务。

程冠军："不充分"不仅仅体现在教育问题上，还体现在医疗、养老、住房等多个方面。网络上有一句调侃的话叫："生不起、读不起、住不起、养不起、病不起、活不起、死不起"。这虽然是调侃的话，但从中我们可以看出发展的不充分和不平衡所带来的诸多社会问题。

关于教育问题。改革开放以来，我们一再进行教育改革，但是到了今天，我们的教育改革到底改得怎么样了？可以说，虽然取得了一定的成绩，但是始终不能达到百姓满意。教育存在的问题多多，如上学难问题、教育资源的不平衡问题、学生课业负担过重问题、重分数轻素质问题、高分低能问题、扼杀学生的创造性问题，这些问题都是当前教育存在的弊端。我们的教改为什么见效甚微，根本问题在舍本逐末。40年来，有一个根本的问题没有解决，就是我们的教改到底以什么为标准？我认为，我们应该注重中国传统的教育观和现代教育理念的结合，现代教育家陶行知就是这种结合的典范。陶行知的教育理念是生活即教育，他学习杜威却又高于杜威，洋为中用；他研究孔子却能超越历史，古为今用。陶行知所主张知行合一的教育观，正是我们当今教育最需要的教育精神。因此，当今教改要取得成功，最好的办法就是以陶行知为教改领袖，而不是东一榔头，西一棒槌，最终邯郸学步、削足适履，使教育走进教改的"迷魂阵"。

关于医疗问题。中国当今的医疗问题，关键在看病难、看病贵，根子在社区医疗不发达。在国外，小病基本不要去医院的，但是在中国，你不去大医院行吗？在农村，我们在社会主义建设时期的赤脚医生所留下的乡村医疗体系，并没有得到很好的传承和发展。在城市，我们的社区医疗基本不好用、不能用、不顶用。怎么办？改进呀！建设呀！

关于养老问题。中国已经进入老龄化社会，解决养老问题刻不容缓。近几年，我们在解决养老问题上雷声大雨点小，甚至下雨下的不是地方，出现了一些怪现象。养老地产火了，现在大部分养老企业都是以养老名义圈地，带来一系列社会问题。我与许多养老企业交流过，他们都道出了自己的真实目的，做养老的就是为了圈地。还有人鼓励老人把房子卖掉养老，这种"砖家"根本就是不食人间烟火，他连中国的家庭结构都不了解，老人卖掉房子，儿子同意，儿媳妇还不愿意呢！大儿子同意，二儿子还不同意呢！盲目地鼓吹以房养老，其背后是小集团的利益在作祟。在中国，真正可行的养老是社区养老，也就是居家养老。在中华传统文化里，孝是最根本的基因。把老人送到养老院，在传统观念里，子女担心外界会认为这是不孝，并且许多老人并不是很愿意去养老院，他们最愿意的是在家里养老。这就是中国几千年累积的家的观念。这样，很多老人在家里就需要护工、护士，需要社区医生，这就需要真正愿意做养老事业的企业来做居家养老，当然这需要政府的大力倡导和扶持。

张建君：教育领域的问题，很典型就是小学生 3 点半、4 点半放学之后怎么办？这个问题简直是匪夷所思。家长都是 5 点半甚至 6 点才下班，为什么小学要在 3 点半、4 点半放学？教育改革的结果，名义上是给学生减负，事实上是给老师减负，给家长增负了，没有办法接小孩的家长只能请老人帮忙，或者花钱送小孩上各种兴趣班，甚至出现了课堂上老师该讲不讲，在课外补习课堂大讲特讲。中国能不能出一个简单政策，中小学教育时间与所有上班一族的时间同步。要求学校对学生主课授完以后，给他音体美智的教育，这样 3 点半的问题就迎刃而解，哪来这么多的麻烦和问题。有意思的是，3 点半问题居然困住了全中国，有点类似天方夜谭，但又现实存在，难道我们不觉得滑稽吗？这不是管控体系的缺陷，事实上是人为制造矛盾，为什么幼儿园家长接送就不存在问题，到了小学就出现了这个环节的短缺？小学这个环节补不全，对中国教育就是致命的一个短板，把中国的家长逼上了这样一个所谓的起跑线的竞争。

在这个方面，幼儿教育要从打造地区标准化的幼儿园开始，要给幼儿教育的老师事业单位的待遇，把幼儿教育真正作为中国人进入社会享受平等人生的第一关，而不要人为地制造门槛，甚至人为地制造差别，甚至最后人为地制造出你是贵族幼儿园，他是平民幼儿园，甚至头打烂了也挤不进公立幼儿园，私立幼儿园费用之高令人咋舌，社会的公平正义早被丢掉爪哇国去了，找关系走后门就成为人生必修课。有些私立的幼儿园，一年入托费用 20000～30000 元，高的甚至达到 60000～80000 元；而公立幼儿园，一年的费用连 5000 元都不到，这些造成的家长心理的焦虑和压力是很现实的，甚至还出现了三色幼儿园的虐童事件，难道不值得我们反思吗？

程冠军：虐童事件，有社会心理的问题，但是社会心理集中爆发还是教育本身的问题。问题积弊已久，大家的高度关注，已经非常敏感，敏感到神经质了，这些家长是被逼疯的，才会做出"疯子"的事情。中国的教育改革，这几年一直在讲教改，一直不尽如人意。症结在哪里？在目标，在标准！陶行知的理念是"生活即教育"。因此，我们要大声疾呼：我们应以陶行知为教改的领袖和灵魂。

张建君：冠军这个观点给我很大启示，新时代能不能打造具有中国特色的教育体系，不是仍然停留在产业化和市场化的方向上，而是致力于让所有中国儿童能够享有一个公平、公正、公开的教育环境，从而给中国所有的家长一个在教育领域里面的公平、公正、公开的思想认识，从而把社会的理念引向一种更加透明、更加理性、更加公允的发展方向，人民群众对美好生活的向往就实现了，中国社会的高质量发展就建立在坚实的社会基础上了。

因此，没有高质量的民生，不可能有高质量的发展，高质量民生是高质量发展之魂。在中国改革开放40年成就的基础上，给人民免费的教育、免费的医疗，更加完善健全的养老体系，是真正体现中国特色社会主义共享愿景的发展方向，是给市场经济的利益导向装上制度藩篱的改革举措，我们必须形成清晰明确的改革战略，再也不能任由利益导向损害民生福祉。这是体现我们社会品质的地方，绝对不能无所作为。

3.7 破解制约"强起来"的难题

杨万东：破解制约强起来的难题，内容很多。要解决这个难题，首先要解决人的问题。我们在前面总结改革开放的时候，我特别强调了人的作用，对人的尊重，我们现在讲要平等，一般关注的是结果的平等，实际上结果的平等是很难做到的。我们更应该关注的，首先是机会、程序的公平公正，然后才是结果的公正。所以，应把对人的尊重作为一个保障。

比如在金融企业，高管可以年薪几百万元、上千万元，而普通员工有的连底薪都没有，这个几千万元和这个连底薪都没有的差距有什么依据？这种情况如果不解决，人们的心理是很难平衡的。在高校也有这种情况，高校教师也是分成三六九等，很多成了知名教授以后就不上课，甚至也不带学生，但是他的薪酬非常吓人，但是真正那些讲师、副教授，也包括普通教授，他们就非常辛苦，闲的闲死，忙的忙死。实际上在中国，企业改革做了很多工作，但是国有企业内部效率低下，很多也有管理的问题。事业单位内部也应把公平的竞争机制和合理的考核放进来。很多人都忙着做课题、搞项目，但是忽视了自己的本职工作，这种情况就很难保证我们工作质量本身的提升，不充分、不平衡在这方面可能是一个特殊的表现。

教育的问题是一个应该引起高度重视的问题，一是要让我们的下一代都要受到好的、相对公平的教育，教育的任务主要是用国家公共的财政支出作为支撑，而不能够把大量负担转移给家长、转移给社会，因为合格的劳动者是经济建设、社会发展、社会文明的一个最根本的支撑。

再就是医疗体制，中国的医疗体制，虽然不能够让它市场化，但是面对高度短缺的医疗设施建设，应该有市场化的补充，这样才能应对中国人口众多且老龄化不断加重这么一个社会现实。

环境问题、生态问题，这个主要靠中国严格的市场准入，严格的规制，要保证我们的发展是环境友好型，是有利于社会长期的可持续发展，这方面有很多工作可做。中国社会是一个整体性很强的、一个两千多年中央集权的体制，很多问题，如果中央政府有决心，社会有共识，要解决应该说没有太大的困难。但是，不能搞形式主义。现在是会议很多，但是，有效的内容很少，形式的东西很多，实质性的东西很少。

在下一步的改革中，实事求是的态度应该是一个根本的要求。通过实事求是来观察、解决我们目前所面临的各种问题，以问题导向为突破口，很多社会问题应该很快就能找到解决方案。

张建君：解决制约"强起来"的难题，必须做到以下几条：

第一，切实解决民生问题。譬如，幼儿教育的入门难问题，小学教育的3点半问题，以及过度医疗、社会保障难等现实问题，要让这些领域的改革思想回归正常理性，不要唯西方教育产业化的马首是瞻，也不要唯市场经济利益为导向，要大道至简，回归到最简单、最正常地解决问题的思路。比如，小学教育与家长上下班时间同步，幼儿教育切实作为民生基础予以保障，确保公平化、均等化、普惠化，认真改进社区医疗、社区养老。在市场经济的利益驱动下，很多改革呈现出了道高一尺魔高一丈的特点，现在要以大道至简的改革措施，破除市场化改革所造成的一切繁文缛节，切实解决好民生问题。

第二，打造法治国家。要把权力关进笼子里，如果在未来的发展里不能有效地消除权力所形成的社会差异，就很难打造具有独立、自由精神的社会公众，社会上就仍然会流行对权力、金钱、关系的迷信，唯独不迷信法律。未来中国，要让人民把法律作为心中的信仰。打造一个真正的法治化社会，法律面前人人平等，让人民把法律真正地装进心中，成为真正的信仰。

第三，解决区域发展失衡问题。如果我们不能够有效填平横亘在区域中的基础设施、公共服务、经济发展的鸿沟，事实上，我们最终就是给中国强起来留下一道道深刻的裂痕，最终将引发严重的社会问题。

第四，彻底解决不要质量的发展难题。在过去粗放型的发展阶段，人民有巨大的需求不能被有效满足，什么东西生产出来都能够销售出去，形成了不是以质量为导向，但求有利可图的供给格局，甚至不同质量的产品鱼目混珠，有些产品的价格低到了高质量产品连成本都难以收回的程度，其目的就剩下简单的赚钱。这些年，出现了牛皮纸做的皮鞋、不保温的暖水瓶、不能喝的饮料、有毒的奶粉、用竹子代替钢筋的建筑、各种收钱后不能正常消费的消费卡……其中，除了不良商贩丢掉的责任和良心，更可怕的就是监管部门的不作为、甚至助纣为虐，这些都是高质量发展的天敌和公害，必须彻底铲除！

第五，解决分配不公和贫富分化的难题。朱门酒肉臭，路有冻死骨，这是历史的经验教训。但是当下中国富人一掷千金，穷人一年到头收入无几的现象仍然存在，现在一件高档衬衫可以卖到几千上万块钱，甚至中国富人跑到非洲去援助非洲的贫民，而中国还有 3000 万人处于人均收入不到 2300 元的贫困线中，这些现象发人深思。因此，只有切实解决了中国现存的发展差距，才有可能为解决社会主要矛盾奠定一个坚实的基础，才有人民的美好生活。让"美好"两个字，有实实在在的经济保障，有实实在在的生态保障，有实实在在的公共服务保障，有实实在在的法律保障，有实实在在的民生保障。

程冠军： 关于强起来，我重点谈谈文化方面。饱经磨难的中华民族迎来了站起来、富起来、强起来的伟大飞跃。目前来讲，物质基础还是不差的，阻碍强起来最大的制约在文化。中国是一个文化大国，却不是一个文化强国，一些西方国家的历史非常短，但是人家却能够把他们的那一点点文化发挥得淋漓尽致，我们为什么就不能把我们5000年的文化用好呢？包括我们周边的邻居像韩国、日本、新加坡，他们本来都是输出的中国文化，结果我们的文化在人家那里能够发扬光大，我们很多优秀传统文化，在我们国家成了遗产，在人家那里却焕发了生机。对此，我们都要深刻反思。一个最大的问题就是，如何发展中国特色社会主义文化，如何发展新时代中国特色社会主义文化，重要的问题是如何解决文化的大众化问题。这就像我们提出要把马克思主义中国化、时代化、大众化，在"三化"里面，最主要的是大众化。对文化传承、弘扬和发展来说，大众化同样是最为关键的。回顾新中国成立初期，我们对于文化的大众化和通俗化的问题解决得非常好，那时候虽然物质不丰富，但是人人精神饱满，这就是大众化的文化在起作用。如果中华民族要强起来，文化一定要强起来。

有一些领导干部主政一方之后，不去对当地文化进行深入了解，不听专家意见，不以人民为师，不向人民群众学习，不让专业的人干专业的事，对文化问题拍脑袋决策。屁股决定脑袋，自认为不得了。例如，山东原某个市的领导，是一个高学历的海归，主政一方之后自负得不行，听不得任何不同意见。在地方的旅游开发中按照自己的嗜好，把当地在史学界早有定论的历史文化重新命名，编造一些不靠谱的故事，最终竟然在景区里出现了关公与鲁班同庙的笑话。有个历史笑话叫"关公战秦琼"，我认为"关公配鲁班"比"关公战秦琼"更可笑。

例如，改革开放以来，随着城市化的加快，许多城市都在打造各自的城市名片,但这些城市名片,许多都是领导干部的个人嗜好。我曾经对中国城市的名片做过一个梳理,80%都是千城一面,大部分是重复的。目前还有一个很可怕的文化现象,许多国际知名的文化策划公司,像艾森哲、麦肯锡、日本电通等等,这些公司在中国几乎都有分部,他们的业务都已经渗透到中国的许多国企甚至央企。试想,如果我们掌握国家经济命脉的国企、央企大量业务都被外国公司掌控,我们的国有企业安全就会堪忧。为什么会这样呢?因为国内的文化策划公司发展缓慢。我们有丰厚的文化土壤,我们有五千年的文明,虽然这五千年文明没有割断,但是这些好东西我们不会用。我们只有把老祖宗的东西推陈出新,才能使我们的文化焕发新的时代光芒。就拿北京来讲,过去老北京的牛人是什么行头?"头顶马聚源,身穿瑞蚨祥,腰缠四大恒,脚踩内联升"。这个顺口溜说的是北京的四个老品牌。"马聚源"是帽子,寓意是一马当先,广聚财源。"瑞蚨祥"是绸缎,祥瑞,再加上"蚨","蚨"是传说中可以为人带来财富的虫子。"四大恒"是钱庄里的银票,腰里揣着"四大恒"的银票,体现了老北京人的"拽","内联升"是朝靴,布鞋,寓意是步步高升,走向朝廷。这四大品牌充分展现了中华优秀传统文化魅力。

再如,中国是陶瓷的故乡,陶瓷是中华文明史的一个重要组成部分,英文中的"china"既有中国的意思,又有陶瓷的意思。今天,我们的陶瓷文化发展如何?中国人发明陶瓷比欧洲早了一千多年,早在欧洲人还在使用笨重的金属餐具的时候,中国人就已经制造出精美绝伦的陶瓷。谈到陶瓷,就不能不想到中国人到日本买马桶盖这档事。中国人为什么要去日本买马桶盖,因为经过40年的改革开放,中国人已经富起来了,富起来之后,对美好生活的需求就越来越高了。中国的企业生产不出好的马桶盖,有消费需求的消费者当然就要去日本买好的马桶盖了。

沃尔玛的创始人,世界零售业的"精神大师"山姆·沃尔顿创立沃尔玛的灵感来自中国老字号瑞蚨祥。山姆·沃尔顿生前曾说:"我创立沃尔玛的最初灵感,来自中国的一家古老的商号。它的名字来源于传说中一种可以带来金钱的昆虫。我想,它大约是世界上最早的连锁经营企业。它做得很好,好极了!"

一百多年过去了，今天，我们回头看看我们对传统文化的继承与发展，真是自叹不如古人！也自叹不如外人！对此，我们要深刻反思。

文化强起来主要在于精神的强。我前不久到广州的花都去参加一个商会的成立大会。商会请来了明星助阵，当然也请来了专家讲座，我也是被邀请的专家之一。结果令人啼笑皆非的是，商会的会员企业竟然把主要的精力放在了用餐的档次和明星阵容上。在活动现场，他们竟然用照合影的时间挤占了专家讲座的时间，以明星演出的节目挤掉了一位民营经济大专家的主题演讲。广州的花都是世界上著名的"包都"，这些企业大部分是箱包企业。看到这里我们就会明白，为什么这么大的一个世界"包都"，却没能做出几个国际品牌，大部分企业是给人家做代工。我们的企业缺的不是钱，而是缺文化！新时代，中国的民营企业要强起来，首先要实现由富到贵的转变，如果富而不贵，没有文化，就永远不能强起来。

杨万东：解决社会矛盾，其他肯定有很多具体的措施，但是核心就是，中国这个社会是有几千年专制的传统，"以吏为师"，虽然孟子提出来"民贵君轻"，但实际上我们主导的还是权力压倒一切，只要权力压倒一切，对权力的制约就是核心。如果不把权力制约好，民众的权利就无法得到保证，民众的呼声就无法被这些有权者听见，民众的痛苦就无法得到解决。

所以，解决这个问题的根本就是要以民为本、以人为本，努力地去追求人的平等，这样很多问题就能找到它的解决方案。

4

打造改革新动力

4.1 "大智E云"的时代机遇

张建君："大智E云"（"大"就是大数据、"智"就是智能化、"E"就是移动互联网、"云"就是云计算），是21世纪的时代特征，是现代科技的最新成就，正在改变我们这个时代，让我们这个时代既充满机遇，也充满挑战。就机遇来看，我的观点是，21世纪全球化和20世纪全球化截然不同。一个显著的差别，就是21世纪的增长之光照耀了全世界，过去的18年时间里，全世界的经济都呈现出蓬勃增长的局面，尽管中间还经历了2008年的全球金融危机，但是全球经济总量从世纪初的30万亿美元左右增长到2017年的80万亿美元左右，足以表明21世纪的增长之光照耀了整个世界，使得21世纪的开局和20世纪完全不同，20世纪一开局就是战乱频仍、民不聊生、无问东西，1904年日俄战争，1914年开始的第一次世界大战，1929~1933年世界经济大萧条，1939~1945年第二次世界大战，一直到1950年新生的中国还与美国率领的联合国军打了一场抗美援朝的反击战。20世纪的上半叶是名副其实的黑铁时代；而21世纪过去的17年人类社会共享着经济增长所带来的普遍福利。

21世纪为什么能够让增长之光照耀全球？可以说，21世纪作为一个全新的信息化时代，给了人类一个全新看待世界的视角，人类已经能够上天入海、遨游太空，把人类赖以生存的星球研究得更加明白透彻，把人类所面临的问题和矛盾解决得更加冷静理性。在这方面，手机已经成为名副其实的"千里眼""顺风耳"，时速超过350千米的高速列车，以及把人类送向外太空的运载火箭，甚至"阿尔法狗"战胜了围棋大师李世石，从零开始的"阿尔法零"战胜了"阿尔法狗",在围棋领域人类已经完败于人类的创造物——人工智能,这些信息化和智能化的人类智慧成果不但带给人类巨大的发展福利,事实上,在局部已经形成对人类智慧的替代。这表明,21世纪的科技创新,特别是人工智能为代表的"大智E云"的时代科技将对人类产业实现重塑。借助时代科技的伟大创造,在最传统的商业贸易领域,阿里巴巴快速成为全球巨无霸企业,阿里巴巴什么都不生产,只是借助"大智E云"的科技平台实现了资源的现代化配置和产品的网络化营销,就创造了一天创造2000亿元财富的发展奇迹,这基本上是一个神话,但它真实地发生在21世纪的当下,甚至早期共产主义者所设想的计划配置资源的计算机共产主义社会正在这个"大智E云"的时代展现出光明前景。

当我们把这些智能化的载体,包括这些芯片安装在相应的工业化产品上,所有工业化的产品都具有了智能化的特点,极大地方便和解放了人类的生产生活。在这样的发展态势下,21世纪确实是一个全新的世纪,人类正在经历增长之光的普遍照耀。我们在感受到科技带给人类巨大福利的同时,也面临着生产、生活等各个方面前所未有的挑战。使国家分工愈发呈现出明显的差异,有的国家高居国际分工金字塔的塔尖,比如美国、日本,因为掌握核心技术,可以对世界贸易进行有自我愿景的调整与制裁,是真正的技术创新国;有的国家位居国际分工金字塔的塔底,什么样的技术产品都可以消费,但既没有核心技术,也缺乏现代化的生产能力,是典型的技术消费国。中国则处于典型的技术生产国状态,处于国际分工金字塔的塔中,什么样的技术产品都可以生产,但缺乏核心技术。所以,有了核心技术我们几乎可以生产所有的产品,没有了核心技术,就面临着严重的产业冲击,甚至有些工厂出现停产,有些行业遭遇灭顶之灾等等。现在,正是中国实现从技术生产国向技术创新国跨越的关键时期,乃至成为"大智E云"时代的引领者,为21世纪全球化发展奠定一个光明的前景。当然,在美国咄咄逼人的贸易制裁下,中国必须在核心技术上面实现根本性突破,特别是在能够体现"大智E云"时代的核心技术方面,要取得实实在在的成就与突破。这既是中国的机遇,也是中国的挑战。

我的看法是,"大智 E 云"已经改变了我们这个世界,使得 21 世纪能够拥有一个比 20 世纪更加光明的前途,但人类只有形成命运共同体的全新理念,才能共同面对"大智 E 云"时代的挑战,才有可能开创更加辉煌的未来。

程冠军:我们看到,人类社会发展经历了农业革命、工业革命、信息革命"三大革命"。农业革命解决了人类的生存问题,给人类带来的福祉一直延续了三千年,这三千年之间,全球的人类日出而作、日落而息,过着各自安好的田园诗般的生活。工业革命改变了以往所有,尤其是蒸汽机的发明使航海技术取得了巨大进步,这也为人类迎来了第一次全球化。在这个历史机遇期,中国正处于最后一个封建王朝清朝的统治之中,当时清政府采取闭关锁国政策,拒绝开放、拒绝学习,长时间停留在天朝帝国的千秋大梦之中,依然在炫耀自己的文治武功,操练自己的马上功夫,错失了工业革命的历史机遇,等到幡然醒悟的时候,才发现世界已经发生了巨大的变化,因此使中国遭遇三千年未有之变局。

在过去的三千年间,中国有喜马拉雅山作为天然屏障,西方列强通过陆路通道大批进入中国几乎不可能。工业革命之后,航海技术逐渐发达起来,使大批量、远距离的海运成为可能,海陆通道的打通为西方列强进入中国提供了条件,于是西方列强从海路进入中国,用坚船利炮攻破了中国的大门,腐败无能的清政府被打得落花流水,天朝帝国的美梦被打破了。八国联军攻占北京以后,首都北京遍插万国旗,清政府被迫割地赔款、开放口岸,当时的上海、天津、南京、青岛、武汉等城市到处都是租界,有的租界的门口竟然插着"华人与狗不得入内"的牌子,中华民族遭受到了世界上任何一个民族都没有遭受过的奇耻大辱。当时的一位香港漫画家画了一幅彩色的中国地图,上面布满了老鹰、狗熊、蛤蟆、太阳旗、肠子、牛头马面等怪物,这些怪物代表着瓜分中国的西方列强。漫画上有一副对联:"一目了然,不言而喻"。回首这段历史,习近平总书记说:"我经常看中国近代的一些史料,一看到落后挨打的悲惨场景就痛彻肺腑!"这句话代表了每一个中华儿女的心声!

回顾了这段历史以后,我们再回头看今天"大智 E 云"时代。"大智 E

云"的形成是信息革命带来的历史机遇,是以互联网为引擎的信息革命使我们走进了一个"大智 E 云"的时代。但值得欣慰的是,中国抓住了这个历史机遇。目前中国已经成为世界上最大的互联网国家,拥有世界上最多的网民,中国互联网在商业上的应用也走在世界前列。

中国的著名企业海尔对互联网的应用程度可以说走在了世界家电制造业的前列。海尔让我带着一个项目组去为他们做一个课题,海尔人告诉我们课题组,"你们这个课题要帮我们解决一个问题,人们只知道海尔是卖家电的,不了解今天的海尔是做工业互联网的,这个课题的目的就是改变人们对海尔的认识。"过去人们一说到海尔就认为海尔是做家电的,现在海尔要改变在人们心中的固有印象。当我们课题组来到海尔位于青岛胶州的互联网工厂的时候,我们发现他们的工厂已经整体实现了智能化,车间里几乎看不到人。在现场,我们一个模拟的人工智能家庭,一个冰箱可以控制整个厨房,打开冰箱往里放肉的时候它会告诉你主人你的肉放多了,建议你多增加蔬菜,还会提醒你离你小区不远的家乐福西蓝花每斤 5 块钱,建议你现在下单,下单就可以购买,然后就可以送货上门。早晨你起床到了洗手间,一个浴室镜就能控制整个洗手间,浴室镜会告诉你今天重了 0.5 千克,你应该减肥了。客厅靠电视机控制,开机、关机、换频道、扫地等这一切都是人工智能解决。人们已经充分享受到"大智 E 云"时代给人们的生活和工作带来了巨大便利。

海尔通过运用人工智能和互联网打造了一个工业互联网平台——COS-MOPlat,我喜欢把它命名为一个音译的中文名字叫"考斯摩"。"考斯摩"平台模式是可复制的,整个海尔的生产模式都可以复制。这个重大创新源于海尔首席执行官张瑞敏提出的"人单合一"模式,现在整个海尔是在没有"领导"的情况下进行生产的,人工智能代替了人的领导力。海尔通过在工业互联网方面的创新,已经坐上了世界白色家电企业的头把交椅。在海尔的文化展室里,我们在海尔看到了张瑞敏与日本三洋白电领导人的合影,原来海尔已经成功收购了日本最大的家电企业三洋白电。也看到了张瑞敏与 GE 家电领导人的合影,海尔也成功收购了 GE 电器的家电板块,通用电器的老祖宗是电灯的发明者爱迪生。由海尔创造的工业互联网平台,如今已成为"全球工业互联网"的代名词,海尔也因此被誉为全球制造的"中国模式"。这是海尔继 2011 年成功收购松下旗下三洋电机白色家电业务,2012 年收购新西兰家电品牌斐雪派克,2016 年收购 GE 家电业务资产之后,又一次引起全球制造业的高度关注。"考斯摩"的横空出世,使海尔成为当之无愧的全球工业互联网的引领者。

前不久我又去调研了中国著名的互联网企业福建网龙公司,网龙公司最早起步于一款名为"杨振华851"的口服液,网龙公司的董事长刘德建的母亲就是杨振华本人。在当年的保健品大战时代,杨振华851、太阳神、昂立1号、三株口服液等闻名遐迩。今天口服液时代早已辉煌不再。但今日的杨振华851已经成功转型为一家世界著名的互联网企业,这就是今天的网龙公司。杨振华的儿子刘德建缔造了世界上最大的互联网教育集团。刘德建对中国目前的发展非常叹服,他告诉我,他目前的工作状态是全世界满天飞,他遇到的许多西方政客都流着口水羡慕中国的发展。网龙公司不仅是世界上最大的互联网教育集团,是中国走在前列的互联网游戏生产商,同时还夺得了中国互联网党员教育的头把交椅。网龙公司打造了一个名为"中国好党员"的党员教育管理学习的平台,现在已经拥有 1700 万党员用户。

通过海尔和网龙的发展我们可以看到,"大智 E 云"时代的中国在互联网方面所取得的成就令世人瞩目。但是,我们还要看到这样一个事实:我们是互联网大国,还不是互联网强国。互联网的许多核心技术,我们至今还不掌握。习近平总书记多次就网信事业的发展做出重要讲话,而且成立了中央网络安全领导小组,他亲自担任组长,同时又把乌镇作为互联网大会的永久会址。已经举办了五次世界互联网大会。习近平总书记或亲临现场或者发表电视讲话或发表致贺信。习近平总书记就互联网网络安全发表重要讲话,有一个核心思想,就是我们的"命门"不能控制在别人手中。中国现在是一个互联网大国,今后要成为互联网强国,我们就必须掌握核心技术,再漂亮的房子也不能建在别人的墙基上,那样是经不起风吹雨打的。

4.2　77%与3%的悖论

张建君： 现在，全球半导体市场规模有 3200 亿美元，全球 54% 的芯片都出口到中国，国产芯片的市场份额只占了 10%，全球 77% 的手机都是中国制造的，但只有不到 3% 的手机芯片是中国制造。这就是中国的"芯片之痛"，中国没有"大智 E 云"时代的核心芯片技术支持，就不可能把中国制造推向中国创造，也不可能把中国推向全球化和现代化发展的新征程，体现在政府层面对信息化管理意识强、运用能力差、创新远远不够。

程冠军： 前不久发生的中兴芯片事件，就给了我们一个很大的警示。如果我们不掌握互联网核心技术，在将来的发展中会遭遇更大的"瓶颈"。很多年前就有人说要搞"中国芯"，也曾有企业宣称造出了"中国芯"，后来经过检验他们并没有造成，而是自欺欺人，真正意义上的中国芯至今也没有搞出来。没有"中国芯"，中国工业互联网就没有自信心。

信息革命给中国的发展带来机遇的同时也带来了挑战。清末，中国正因为丧失了工业革命的历史机遇才落得挨打的可怜境地。今天，如果中国再错失了这次以互联网为引擎的信息革命的历史机遇，中国将会付出比错失工业革命机遇更惨重的代价。这绝不是危言耸听！虽然以互联网发展为支撑的信息战争看不到硝烟，但它却能爆发比真实战争更巨大的威力，稍不注意它就能顷刻间颠覆一个国家的政权。有一天晚上，我在国际关系学院的校园里散步，无意间听到两个学生交流。一个学生说，现在互联网的世界，已经改变了过去国家的形态，国家已经不再是传统意义上拥有土地的统治，今天的国家似乎可以通过互联网来统治。一句话启发了我！按照这个学生的观点，我们就可以把互联网看作一个虚拟王国，马云、马化腾他们就是各自互联网帝国的国王，在他们各自的"王土"上，"国王"可以一呼百应。

当前，在互联网发展方面，中国的互联网游戏全球著名，商业互联网应用也走在世界前列，像阿里巴巴、腾讯、淘宝和微信支付等等，国外的企业都做不到。可是，去除这些具体商业应用，许多核心技术我们还不掌握，核心技术和商业应用对于互联网就像是骨骼和肉的关系，只生长肉而没有骨骼的话，互联网发展是站不起来的。我前不久主持了一个关于互联网商业应用的电子商务会议，从会议的整体内容来看，中国的电子商务已经有了很大的发展，但相对于电子商务的发展来说，中国的电子政务较为落后。在党的十八大之前的全球电子政务论坛上，联合国发布的一个信息"近五年来中国的电子政务呈后退趋势"。在信息革命的大潮中，这个信息简直不可思议！好在党十八大以后我国的电子政务有了很大的发展，这主要得益于习近平总书记对互联网发展的高度重视。

在电子政务应用方面，很多官方网站都是"黑灯瞎火"，常年不更新，这和民间网站的红红火火形成鲜明的对比。中国的互联网发展是两头热，中间冷。一是"上头热"，习近平总书记对互联网的发展十分重视，十八大以后总书记第一次出门视察到深圳就到了腾讯，这说明中央领导同志已经认识到了电子政务对国家发展、对执政兴国具有重要意义。"下头"是指县委书记，他们对互联网也高度重视起来。这个群体是在最初接触互联网的时候受到冲击，之后才逐渐认识到互联网的重要性。十年前，如果我跟一个县委书记说，我给你做一个互联网的采访。他会非常害怕，坚决不同意。如果现在再提出采访，他肯定会说："好！感谢！"

两头热，中间冷。中间这部分人主要是指什么人呢？主要是一些省部级领导。由于他们与互联网接触较少，并且忙于政务，再加之年龄因素，因此导致这部分人对互联网关心了解和支持程度远远低于"两头"。令人担忧的是，这部分领导干部恰恰是各自单位和领域的互联网的分管者。

我曾在《学习时报》写过一篇文章,给一些不懂和不关心互联网的官员"画像"鸵鸟型、放羊型、滥竽充数型、叶公好龙型。有的领导干部是面对互联网大势充耳不闻,像鸵鸟一样把头埋在沙子里面,这就是鸵鸟型。有的领导干部,上级要求他搞电子政务,他就指派人去做,至于建设得如何他并不理会,就像放羊,至于这个羊是去吃草还是去吃麦子,他并不管。还有的领导干部在电子政务面前是南郭先生,滥竽充数,不懂装懂,跟人一见面就说互联网怎么好,其实他根本不懂,他自己分管的网站好久没有更新了,面目可憎。还有一种领导干部,是叶公好龙型,对互联网表面上很重视,暗地里打压,导致了大量电子政务技术领域的专项资金不能用于专项而被挪作他用。这些问题要高度重视并亟须解决!

正是中间层面这些不重视电子政务的领导干部导致中国的互联网出现了"肠梗阻"。有的官员将互联网拒之千里之外,这些官员没有建设互联网的自觉性,就很难促进互联网在政务方面的发展。如何评价中国在电子政务方面发展的症结呢?可以用三个歇后语来比喻:有的官员,老虎的屁股摸不得;有的官员,猴子的屁股摸不着;有的官员,大象的屁股推不动。

习近平总书记强调文化自信。互联网时代,拥有文化自信的前提是我们要成为电子政务的强国。首先,管理和引领政府网络的领导干部要有高度的文化自觉才行。我采访过埃森哲的前大中华区的主席李纲,埃森哲是全球最大的电子政务推广策划公司。李纲认为,中国政府要解决执行力,最好的办法就是推行电子政务。因为中国传统的思维模式是模糊思维,对很多问题评价是差不多、也许、大概等。电子政务的量化和数字化恰恰可以很好地解决这个问题。十八大以来,党中央国务院高度重视电子政务建设,我国电子政务取得了积极进展。2018年9月21日,《2018联合国电子政务调查报告(中文版)》发布暨研讨会在中央党校(国家行政学院)召开。联合国经社部从2001年起对联合国各会员国的电子政务发展水平进行调查,每两年发布一次《联合国电子政务调查报告》。目前,《联合国电子政务调查报告》已成为全球电子政务领域最具权威性调查报告。这也是中央党校(国家行政学院)与联合国经社部第四次共同发布《联合国电子政务调查报告（中文版）》。该报告数据显示，我国电子政务发展指数为0.6811，位列第65位，处于全球中上水平，其中在线服务指数为0.8611，位列第34位，达到全球领先发展水平。

杨万东：看待"大智E云"要从人类历史发展大的角度来看，人类和自然的关系，最早是一种自然的奴仆，依存于自然。第二个时代是取之于自然，农业时代，通过采集、种植。在农业时代之后，就是对自然物进行加工，以这个为特征，就形成了工业时代。对自然物的加工和对自然采集物的加工，比如对矿产的加工和对农产品的加工，工业时代就开创了人类社会一个发展加速的时期。英国工业革命以来，也就是300多年的时间，人类已经把地表几千万年，甚至于几亿年里积攒下来的矿产资源挖掘得接近枯竭了。而自然有机物、生物产品，比如农产品，这些产品本身产量有限，对它的过度增产、种植，对自然本身也形成了一种威胁，甚至造成环境的灾难。其实也是因为有这么一个变化，才出现了信息时代，信息时代的出现是对工业时代的一次革命，是对工业时代的大规模生产、大规模消耗、高速发展这么一种方式的革命，通过精准化、减量化，通过提高信息的对称性来减少对物质材料的大规模消耗，实现相对精准的需求满足。这也更吻合于经济学的供求关系的均衡。从供求关系均衡的角度，信息时代找到它的生根点。所以，信息作为一种技术，作为一个时代的特征，在全球化这个大的背景下，迅速地覆盖了整个世界。像中国这样的发展中大国，由于工业基础相对脆弱，有一个巨大的消费人群，但是缺少基础技术的支撑。因为中国主要的产业技术还是农业和初级工业，但精细化生产、对材料的精细加工都存在严重不足，包括现在看到的"缺芯"问题，这个在国家竞争相对平缓的时候大家都是唱着全球化的牧歌，呈现出一片和谐的景象。但是，一旦国家之间发生了较明显的利益冲突，特别是中国现在已经以世界第二大经济体的姿态有可能挑战第一大国地位的时候，国家间的竞争就转化为第一大国对第二大国技术的遏制，中兴通信事件就是给我们一个特别大的警示。这些年我们一直追崇的就是以市场换技术，后来发现，市场放开了，技术并没有同步进来，或者进来的技术很多只是偏应用的技术，而不是基础与原创性技术，这就是中国产业发展的一个巨大软肋，而对这个软肋现在我们还没有找到一个好的解决办法。

除此之外，"大智 E 云"时代对中国传统经济体制、政治体制、社会治理体系、文化体系都有巨大挑战，比如自媒体，无数的自媒体就形成了信息的混沌，哪些信息是真实的？哪些信息是需要及时处理的？这些对于政府管理都形成了严峻的考验。所以，有些时候某些政府就把对信息的管理屏蔽当成自己的一个重要任务，这种情况反而使舆情难以得到有效的沟通与疏导，形成官民的情绪对立。对这个如何管理与协调，是需要从体制上、制度上进行认真梳理的。在这种体制下，一个社会所主导的价值体系，所倡导的生活方式、工作方式都是需要通过民间形成一种广泛的共识，形成一些基本的规则、规制，形成社会的有序化、编码化，才能使信息时代带来的虚拟空间的混沌、混乱、无序得到有效引导，这种引导绝不是管控、管制，甚至于把它变成一种单向的控制手段，而是更多的交互、分享、讨论，通过这些方式让社会主流的、被人们广泛认可、符合大家共同利益取向的要求得到满足。

这些年由于互联网的普及，民间对于环境、民权、民生的关注，对于社会敏感事件的及时处理，都发挥了非常重要的作用。但是也应该看到，由于这些新的信息渠道的出现，政府的管理方法、管理手段还很不稳定、很不成熟。这个问题的解决，是让中国真正进入现代社会。世界各国在目前来讲，都还没有真正地过好互联网、信息时代这一关。所以，各种纷扰、思潮，各种利益集团，甚至于各种极端势力，都在用互联网的方式展示自己。

除了国家之内需要一种梳理、治理和有序化，国际也需要形成一种信息时代的治理共同体和共同遵循的规则，这样才能保证地球在网络时代是安全、有序、和谐的。

张建君：杨老师和冠军对于信息化的特点描述，点出了 21 世纪一个最重要的挑战，21 世纪科技发展核心就是无限地接近人自身能力的扩大和倍增，甚至是对人的再造和提升。为此，有效回应 21 世纪的信息化挑战，就是要把 21 世纪的人作为一个信息人，利用信息技术改造我们的产业、社会、政府，从而把 21 世纪变成使人类获得无限拓展和福利普遍提升的全新时代。

中国经济既面临转型升级的压力，还要有效应对"大智 E 云"时代的挑战。这就要不断提升劳动者的人力资本，推动经济从粗放的、以人口众多为特征的生产特点，转向以内涵和集约为特点的高人力资本方向。中国人力资源面临着一个伴随经济结构调整、结构优化、转型升级的现实压力，要求劳动力素质全面提升、全面升级，劳动者要利用"大智 E 云"的时代科技来回答时代生产和生活的一系列挑战，要把劳动者按照信息化的现代科学技术条件进行武装，武装他的身体、头脑、心智，从而让他在信息时代能够成为一个拥有发达的个人生产力的人力资本载体，而不是仍然停留在依靠体力来服务社会，这就要破除落后、过时的社会观念，实现劳动者向 21 世纪的信息人、学习人、现代人的方向转变。

因此，在生产、生活的技术条件方面，不能满足于应用外国的核心技术来推动中国信息化的进程，打造中国信息人的进程，要瞄准"大智 E 云"信息化的特点，用信息化的技术创新回应时代挑战，把新一代的劳动力真正打造成用"大智 E 云"技术武装起来的信息人，实现中国信息化技术的全方位突破。

4.3 人口转变与人力资本的提升

张建君：人口转变存在着一定的规律性，也叫人口转变规律。从人口增长的规律来看，要经历以下三个阶段：第一阶段，高出生率、高死亡率，从而导致人口低的自然增长率，是典型的"两高一低"。这个阶段在中国，尤其是新中国建立前体现得非常充分，人口的生育率很高、死亡率同样很高，从而导致了人口是一种低增长态势。第二个阶段，高出生率、低死亡率，从而导致了人口高的自然增长率，具有"高低高"的典型特征。比如新中国成立之后，人口的自然发展呈现出高出生率，但是死亡率很低，从而形成了高的人口自然增长率，现在60后、70后基本上都是生长在高的人口自然增长率阶段，给中国带来巨大的人口红利。第三个阶段，低出生率、低死亡率，从而导致了人口低的自然增长率，人口增长进入了以"三低"为典型特征的发展阶段。随着人类社会经济的持续发展，社会生产条件的持续改善，现在的发达国家，除了美国以外，都出现了低的人口出生率、低的人口死亡率，从而导致低的人口自然增长率，作为发展中大国的中国也进入了老龄社会，在日本表现为"少子高龄化"现象十分严重，人口呈现出低增长的态势，老龄化问题非常突出。

在这样的态势下，中国面临着前所未有的挑战，在"三高"时代所形成的人口红利已经发生了急剧转变，中国最为宝贵的人力资源面临短缺状态。在过去几年，计划生育政策进行调整，从"只生一个好"到"全面放开二孩"，到现在党和国家机关设置里面没有带"计划生育"这样名称的机构，这表明中国人口政策正处于人口转变所带来的巨大压力之中。一是社会养老压力空前增大；二是青年劳动力出现不足；三是倒金字塔式的家庭结构存在整体压力。

杨万东：中国以前较长时间曾经认为人口是中国的一个主要负担，人口众多，压力很大，所以从20世纪80年代开始实行严格的计划生育政策。但这些年的经济学讨论又转化为人口红利，这是两种差别很大的经济思想。中国社会在转眼之间就从人口红利又变成了一个老龄化的压力，这个时候，我们来关注人口问题就必须要从人口本身，或者从人类生命特征的转化来考虑。

早期的生活条件、生产条件决定了人均寿命都是很短的，比如早期人均寿命是在不足40岁停留了很多年，后来因为医疗、生活和工作条件的改善缓慢上升，逐渐人均寿命变为50多岁、60多岁、70多岁，而发达国家和地区现在到了80多岁，像日本、中国香港等。也就是说，从现在的医疗条件、环境变化来看，人类的寿命随着现代医学的突破还会继续增长，平均从80岁到90岁甚至到100岁都是可能的。

在这种情况下，反观人口变迁发现，我们现在所观察到的老龄化是以人口进入60岁以后人群占总人口的比重来看待的。现在人口平均寿命的增长本身是经济社会发展繁荣的结果，这种结果应该得到充分的尊重和肯定。在尊重和肯定这种结果的前提下应该反观当前社会人力配置的状态。现在最活跃的是城镇广场舞的大妈们和城市公园中的职业休闲健身者，他们很多是40多岁、50多岁甚至更年轻就离开工作岗位，很多人子女又已经长大，他们在吃着社保的同时成为一个很悠闲、很享受的一个群体。从经济发展的角度讲，一方面存在人力资源的巨大浪费，另一方面则加重了在职工作者和企业的负担。

从工作效率来讲，人浮于事和形式主义在很多机关、事业单位，包括很多国有企业中都是很明显的。这种状况表明，中国现在还是一个赶超型发展中国家，但是人力资源并没有得到充分的开发和利用，很多无效的会议、活动都还继续存在着。所以，中国的改革要考虑的因素首先是对人的尊重，其次就是对人的作用的发挥，特别是对人的意愿的充分尊重，在这方面，如果我们不做进一步的改革，中国人口总量很大的优势就无法转化为人力资本的优势。同时，中国作为一个世界上最大的人群，也无法在世界上发挥出重要的竞争性作用。从这个角度讲，我们现在首先要考虑，对人的以信息技术为支撑的改造、学习、提升，对人的道德水准也会有改善，这种改善来自社会氛围的形成、教育水平的提升、教育质量的改善，还有健康的社会主流文化体系的形成。

现在我们可以看到，在现实生活中，"垃圾人"经常出现，很多职业很高雅的人，但是其行为方式非常粗陋，体现了我们这个时代的一个典型特征，官员失德、教授失德，就更难要求民间不失德。很多损害中华民族形象的事件屡屡发生，都表明人力资本两个任务都没有完成，一个是经济功能的人力资本，一个是社会道德功能的社会人。人的现代化建设没有完成，现代社会就很难真正形成。从这个意义上讲，人口转变的任务是整个社会要高度重视人的素质提升、有效激励、自强自立，并使人的发展符合人性善良的一面。

张建君：杨老师讲的内容，让我想起今年一个流行说法，即所谓"油腻的中年男人"。这些提法是荒唐、错误，甚至是有害的，是典型的"吃饱了撑的"的荒谬说法，有悖于社会正常的价值认识和道德判断。中年人事实上是家庭的顶梁柱，是社会的中坚和骨干，是人类社会持续发展的主要动力。在持续提升人力资本方面，孔子 2500 年前就讲过一句名言：既富之则教之。在生活福利提升的过程中，形成积极、乐观、健康向上的文明氛围、思想观念，社会朝气蓬勃的进步局面才能保持，甚至人力资本里面最为核心的就是人的思想、道德和观念，这些都是劳动者素质提升的关键。

所以，从这个角度来讲，我觉得杨老师点出了一个很重要的命题，即 21 世纪的中国在面对人口转变的背景下，人力资本的提升方向不仅仅是要给提升劳动经验和技能，还要使劳动者的道德、价值、观念同步提升，适应时代的要求，中华民族才能在"大智 E 云"的时代走在世界前列。

陕西人讲得很透彻，不管你多大年龄，只要成家了，男的都叫老汉，女的都叫婆姨。男人已经开始养儿育女，你要承担社会责任，这些观念既讲了人在社会中所扮演的生产角色，也讲了人在社会里面所扮演的道德角色。老汉就要有老汉的样子，后生要有后生的样子，社会要加强引导教育，形成健康积极向上的社会风气。

程冠军：老舍写过一部小说叫《四世同堂》，从"四世同堂"这个名字我们可以看出，当时的中国人对幸福美好生活的期许就是四世同堂，按照当时的社会发展水平，四世同堂已经是很少见的了。但是经过 40 年的改革开放，四世同堂在我国不再稀奇，现在出现了许多五世同堂现象。

16 年前《学习时报》发表过一篇文章，题目是"银色浪潮在涌动"，该文用"银色浪潮"来形容中国老年人口增多，很形象地说明中国进入了人口老龄化时代。我们回过头来看中国的人口出生问题，看计划生育的问题。从整体上看，一方面，计划生育政策在改革开放初期有效减少了新增人口数量，这对我国社会的发展确实有很大的贡献，但是也留下一些这样那样的问题。我童年时代生活在农村，对农村的社会状况较为了解。早些年在农村农民是越穷越生，越生越穷，而一些社会精英反而在计划生育政策的控制下想生不能生。在农村，为了控制生育，地方政府采取高罚款政策，导致"越生越罚，越罚越生，越罚越穷"。十八大以后，党中央做出决策，给"黑户"无条件上户口，这一改变有效解决了一部分计划生育时代留下的问题，同时也提高了人口统计的准确度。

当前，人口老龄化给社会带来了巨大压力，其中包括养老的压力、劳动力不足的压力等。随着社会的发展和经济水平的提高，中国逐渐进入一个人格和素质提升的时代，当务之急是建设学习型社会。学习型社会这个概念的提出已经很久了，我们应该加大对学习型社会建设的力度。习近平总书记提出中国要永远做一个学习型大国。我们要在建设学习型社会的过程中用中国传统文化和社会主义核心价值观导正人心，让社会主义核心价值观深入人心，把中国建设成为富强、民主、文明、和谐、美丽的社会主义现代化强国。只有这样才能让今日中国焕发出前所未有的生机和活力。

杨万东：关于人口问题，人口的转变是和社会生产发展相关的，比如妇女以前在整个人类社会中是没有什么地位的，原因是妇女在整个社会生产生活中是附属的，现在改变了，女权运动取得了明显成效。现代人类社会进入到一个新的阶段——老龄社会阶段，随着医学科技的发展和人类生存质量的提高，人类平均寿命还会继续延长，也就意味着，老龄社会以后会是一个常态。在欧洲、日本都能看到，很多商务活动的汽车司机是年龄很大的老人在担任。这些现象告诉我们，老龄社会本身并不可怕，可怕的是这个社会丧失了活力，丧失了学习的态度、精神，可怕的是社会的无序。

从另一个角度讲，人类社会的发展还有另外一个特点，经济的发展，生产力的提升，最主要体现在人的劳动剩余越来越多，闲暇时间越来越多，对闲暇时间的有效利用，增加人生的快乐、社会价值，成为未来人力资本投资的一种新方向。

我们以前按照人的生存、养老这种思维，最大的问题在于，我们只把人看成一种纯粹的消费者,先生产、后消费,先贡献、后享受,实际上随着社会的发展进步,因为闲暇时间越来越多,对创造力的要求会越来越高。特别是现在工业生产能力越来越强以后,一些发达国家就进入到后工业化时代,或者叫服务时代。服务时代,人们间的互动、互相服务、关爱就成为一种社会标配,特别是现在这个服务时代又出现了和智能时代之间的交汇,说明智能时代对服务时代将做一个全面的改造,这种改造的结果就会让很多原来的体力劳动和简单的智能劳动被智能化的机器所取代。我们现在已经看到,比如"阿尔法狗"可以把围棋大师战胜,现在电脑编辑或者协作的新闻稿可以在事件发生的瞬间就自然生成,这种现象就已经预示着我们现在所熟悉的、甚至于自己认为作为维生之本的很多技能在智能时代将会被迅速淘汰。因为智能时代一旦启动会是一个加速效应,对于预期的未来20年、30年,关键是智能时代现在正好迎来了一个节点,就是5G技术即将全面普及。5G技术比当年2.5G、3G、4G速度更快,更体现了技术升级后的特征。可以预期在5G技术之后,还会很快出现6G、7G这样新的技术升级,这是技术变迁的一个必然趋势。这个时候,人类是否要沦为机器的奴隶?人类是否要变成一种无用的动物?这些问题确实需要考虑,对人类命运的深刻思考必须从现在开始,而且需要从教育体系上做出全面布局,否则当技术变迁迅速达到一个临界点的时候,人类可能会极度惶恐,因为那时候绝大部分的人都可能变成多余的人。

张建君:改革开放解放了中国社会最为庞大的劳动力资源,他们一旦和当代的技术资本相结合,就创造了40年中国经济的快速崛起奇迹。现在面临人口红利的拐点,在老龄化社会背景下,如何实现劳动力的有效供给是未来发展的核心问题。一方面要持续提升人力资本,另一方面要持续提升社会资本,包括行为规范、信息网络、生育机制和社会的奖惩,社会资本能够为人力资本的充分提升,形成一个更为宽松的氛围和环境。在未来的改革中,要实现人力资本提升和社会资本培育的有效结合,从而让中国在"大智E云"的时代能够赢得持续进步的发展动力。

4.4 中国城市化道路的转型升级

张建君：中国在城市化发展方面一直有着悠久的历史，特别注重人与自然的和谐，创造了像古长安、泉州、杭州等在历史上有影响力的城市。现在，如何实现从传统城市向现代城市的转型，有效释放城市化这个最大的内需，为社会发展增添巨大的动力，让更多的人进入城市，享受城市文明呢？是个需要认真研究的问题。

当然，城市正在改变人类的生活。

第一，结合全新的时代科技发展，如打造智慧城市，用"大智E云"的时代科技来装备、改造、提升我们的城市，打造海绵城市，让城市在人与自然的和谐方面获得提升，创造亲近自然的现代城市。打造紧凑型的城市，避免西方在工业化过程中的大城市病，例如，交通拥堵、环境污染、城市摊大饼，实现城市的内涵式发展。

第二，发挥城市群在平衡区域发展方面的积极作用。通过城市群的协调发展，改变区域发展不均衡的现象，形成长三角、珠三角城市群协同发展的格局。如京津冀协同发展战略，北京、天津、河北是紧密相连的区域，但在社会生活的福利水平、物质条件、基础设施、公共服务等诸多方面存在巨大差别，在打破行政区划、形成共建共享区域均衡化发展方面，这是一个重大的社会实践。要把发展城市群作为一个积极对策，通过区域基础设施的共享、公共服务均等化的发展解决区域不平衡发展问题，实现福利共享型的城市发展。

第三，城市要让人民安居乐业。伴随中国的城市化进程，城镇化率要从现在的 58% 左右提升到 70% 以上的水平，也就是说，还有大量人口要进入城市。提升城市的兼容发展能力，让进城人口真正成为城市的主人，而不是城市的负担，成为社会发展的推动者，而不是被社会竞争排斥的低端群体，还要把包容性增长作为城市的价值取向，创造更和谐包容的社会氛围。在这方面，还要积极发展现代化的产业体系，有效地吸纳各种层次的劳动力，让人民在城市能够有业可就、安居乐业，充分享受城市带给人民的生活便利。2018 年以来，在天津市、西安市、成都市、广州市等多个城市上演了抢人大战，生动地表明了人是经济社会生活的第一位要素，有人才有城市的繁荣未来，中国城市也要从传统封闭格局向全新的现代开放模式转型升级。

杨万东：19 世纪末 20 世纪初德国有个哲学家叫斯宾格勒，他有一本书叫《西方的没落》，里面有一种说法，农业农村是植物化的生存，而城市是智性化的生存，这是这部书开始的时候讲到的城市和农村的差异。

中国社会的变迁也走过了从完全的农业繁荣、农业文明为基本特征的发展，转向工业文明、现代社会、现代文明，这种转变的过程，城市就成为一个文明的载体，经历了不断的变迁。早期的城市其实就是政治、军事的中心和商品集散中心。在现代社会，特别是工业革命之后，全世界都出现了一个特征，城市是以工业为主要载体，叫工业城市。现在我们已经看到，城市中的工业特征正在一点一点地消失，城市更多的是人的聚集之地。现在我们很多城市提出的目标实际上是要把城市打造成创新中心、服务业中心，这些变化就预示着城市的变迁是整个社会变迁的缩影。中国社会按照 2018 年公布的统计数据，城镇化率是 58.5%，包含常住人口中在城镇居住超过半年的非户籍人口，真实的城市化率还不到 40%。当然，中国的户籍制度正在改革，很多城市正在放宽户籍的管制。所以，现在这个 58.5% 甚至 60% 左右已经是中国城市化的一种稳态或者常态。从全世界的状况看，城市化达到 70% 基本上就是一个临界点。而中国从 60% 到 70% 还有 10% 的差距。

现在看中国的城市化，最快的速度就来自最近的这 40 年。在中国历史上，城市化第一个高峰是汉朝，当时在全国就出现了一些几十万人的大城市，据估计最高时的城市化率在30%左右，后来中国一直徘徊在百分之十几，甚至无法统计具体数字，这个时候的城市基本上是一个以军队与官方的人员聚集和部分市民聚集为特征的一个时期。在古代有一次城市化的小高潮是宋朝，也是因为外来武装力量的侵入而被打断。

中国最近40年的发展，城市群已经初具规模，很多县城都已经具备完备的城市基础设施，特别是交通便利，高铁、高速公路，以及像毛细血管一样的乡村公路系统、航运系统，把整个中国已经连为一体。所以，现在的城市化不是简单地"摊大饼"，不是简单地"造城"，过去40年中国城市化的高速推进，有人口的涌入，但更有"造城运动"的狂飙突进。造城的结果是，中国城市的人口虽然在高度聚集，但是单位土地面积所承载的人口反而出现了下降趋势。同时，在广大农村地区也出现同样的现象，农民在往城市迁徙，但是农村的占地反而在扩张，这使人和土地空间布局的矛盾更加尖锐。所以，中国在新时期，城市化面临的一个艰巨任务就是要把城市的集聚效应、经济密集的功能、社会治理更加高级化的功能，与人们社会交往的现代特征更好地结合起来。欧洲的城市化早就成型，但都不是搞成"摊大饼"式的大城市，而是通过交通干支线，通过打造短时间到达的快捷交通，把大、中、小城市连为一体，各自营造相应的经济文化空间、生存生活空间。西欧各国，甚至包括东欧国家，如捷克，他们城市的文化传承、文化韵味都非常鲜明。而中国的城市因为是"造城"运动的狂飙突进，就出现千城一面、"摊大饼"，甚至很多地方出现以房地产为基本特征的"鬼城"现象。

未来城市的特征怎么构造？我认为，城市应该是一个有效的治理体，同时，这个城市必须人和环境、人和自然是和谐相处的，城市和周边的农村有一个很好的资源交换、交流的通道。一个城市的发展不能以周边乡村的萧条为前提。现在中国城市化主要的问题是我们有一个繁荣的城市体系，但是大量的乡村"万户萧疏鬼唱歌"，很多村落所有房屋都在，却一个人都没有，或者只有极少数的老人和孩子，这种现象对中国整个国土治理、空间治理都是一种严重的资源浪费。

现在城市化如何转型升级？城市化本身是一种人的社会发展的结果，新的城市，如雄安新区，我们构想的是用一种工程学的方法来建立一个现代的超级城市。未来城市的治理，工程学的方法肯定还需要继续运用，同时，更要遵循社会经济演化的基本规律，特别是要观察人的意愿化的流动，一个没有人口净流入的城市的发展，注定未来不会有发展前途。在一个人们纷纷涌进的城市，表明人们用自己的意愿，用自己的感知在为这个城市投票，这样的城市应该允许它有一个发展的空间，而不要简单地用人为的、拍脑袋式的人口约束，这种约束虽然能够实现一种管理的相对有效、有序，但遏制了经济和社会发展的机会。

程冠军：随着改革开放步伐的不断加快，中国的城市化进程也逐渐加快。城市化进程本质上讲就是一个现代化的进程，没有现代化就没有城市化，没有城市化同样也无法实现现代化。中国要建成现代化强国就要将大批的农民变成市民，由农业国变成工业国。

城市化是经济发展的必然结果，而不是靠造城运动来实现的。比如珠三角，从广州到佛山，几乎看不到农村，即使是农村，农民也不再种地，这些农民都有各自的生意去做，这种农民的上楼是自然而然的，他们不仅要住高楼、好楼，还要住别墅。我在佛山看到一个碧桂园的别墅区，几乎都是农民买的，这是由于经济发展导致他们自然而然地上楼。有些地方官员为了政绩，为了拿GDP，甚至为了开发房地产，强迫农民上楼的做法是非常糟糕的。

中国的城市不要变成外国设计师的实验场。拿北京来说，北京城的布局本来是中轴对称的大四合院结构。这种庄重大气、君临天下的建筑格局近年来被打破了，一些千奇百怪的建筑，破坏了北京的城市结构。十八大以后北京的建筑有新的改变，最为明显的变化就是中国元素回来了。在北京市朝阳区CBD核心区，一幢名为"中国尊"的超高层建筑拔地而起。该项目西侧与北京目前最高的建筑国贸三期对望，建筑总高528米，"中国尊"也是北京市最高的地标建筑。"中国尊"构思源于中国传统礼器之重宝"尊"的意象。"中国尊"的崛起说明了中国中华文化的回归。中国尊体现了中国文化，"中国"这个词组的第一次出现，就来自陕西宝鸡出土的周朝的"何尊"上。

我们需要什么样的现代城市的城市综合体？北京东三环CBD的华贸中心就是世界上最现代的、超一流的城市综合体。华贸中心的建设集中了中西方文化的优秀元素，在一块不到300亩的土地上，这块城市土地的价值发挥到了极致，这块土地上建有世界上第二大商场SKP，SKP在2017年的销售额是126亿元，成为亚洲第一、全球第二；该综合体拥有两个超五星酒店——万豪和丽思卡尔顿；一个高档住宅小区，一个商用写字楼。从居住到办公，到吃喝休闲、购物娱乐，应有尽有。中国经过40年的改革开放，创造了世界上最大的中等收入阶层，今天的中国人已经从原来单纯的物质追求转向更加注重精神追求。商场不仅是购物的地方，更应该是休闲旅游的天堂。华贸的模式是值得探索研究的中国现代城市综合体模式。

4.5 建设现代化经济体系

张建君：建设现代化经济体，是中国面临的一个大问题、大挑战，转方式、调结构、培育发展新动能的最终效果，就是要打造一个能够与21世纪"大智E云"时代相适应的现代化经济体系。其特点按照习近平总书记的讲话精神，主要体现在三个层次。

第一层次，要切实实现经济质量的变革、效益的变革、动力的变革。提升全要素生产力，人力资本提升是关键，目前我国人力资本生产效率只有美国的7.5%，这是一个巨大的差距。实现三大变革，必须全面提升人力资本，用信息化的生产手段、生产装备，甚至信息化的理念来改造劳动者，提升整个经济活动的效果，打造21世纪信息时代的劳动者。

第二层次，是建设实体经济、科技创新、现代金融、人力资源协同发展的产业体系，四个方面内容构成了一个有机整体。首先，实体经济是第一位的，实体经济最能体现产业技术革命的时代创新。没有实体经济的强大，要想建成一个现代化的经济体系，是基本上不可能实现的产业空想，实体经济不仅仅是做大规模，更要激发技术创新的动力和能力。当前国内经济脱实向虚的现象，是现代化产业体系的巨大威胁，不能过分迷恋虚拟经济暴利，要以实体经济打天下。其次，科技创新，中国要跻身创新型国家，实现从技术生产国向技术创新国的跨越，把中国真正打造成一个创新型的国家。国家创新战略明确指出，到2035年要跻身创新型国家的行列，科技进步是第一位的，要在以芯片为代表的信息技术产业方面实现革命性突破；实现装备制造业的全面革新，促进信息技术核心革命和外在科技装备制造业的配套革命，把中国真正推进到以创新引领发展的全新方向上去。再次，现代金融，21世纪是金融全球化的时代，金融能不能稳定，事实上决定着一个国家的经济能不能获得持续发展。金融是经济安全的核心内容，是第一位的，要高度重视房地产潜在风险有可能给金融带来的巨大伤害。最后，人力资源的协同发展，要把人力资本的提升和社会资本培育有机结合，通过社会资本提升来打造富有竞争力的社会。实体经济、科技创新、现代金融、人力资源构成了支撑现代经济体系的四梁八柱，实现从中国制造向中国创造的转变，中国速度向中国质量的转变，把中国真正推向具有"大智E云"时代竞争力的信息化技术强国。

第三层次，是着力构建市场机制有效、微观主体有活力、宏观调控有度的经济体制。中国40年的改革开放，一个伟大的创造就是社会主义市场经济体制，这八个字黄金万两、前所未有，马恩列斯没有讲过，毛泽东没有讲过，这就叫中国创造、中国特色。回顾40年改革开放，市场经济发展很充分，但是社会主义特色不显著。在下一步的经济体制打造中，首先，要发挥市场在资源配置中的决定性作用，在资源配置领域市场说了算，政府要坚决退出，要给市场更大的自由配置度。其次，宏观调控有度，就是政府要搞好宏观调控，熨平经济周期，实现有效监管，促进市场优化。最后，政府加强民生保障，我国社会主要矛盾中的不充分难题，主要体现在社会保障的低水平，社会公共服务的不充分，也就是社会安全大网没有编好、没有编密，社会生活的压力仍然过大，社会保障仍然不到位，甚至存在社会分化等现象。

可以说，现代化经济体系是立足于未来中国发展动力的培育和打造，如果说中国前40年的发展动力来自体制松绑与制度创新，那么，在未来的40年里，在经济转型升级的基础上，要充分释放经济的活力和创造力，向建设现代产业体系支撑的强国转变，最需要的就是人民遵循爱好而推动创新、实现发展。为此，中国的现代化经济体系建设，既要尊重世界经验，更要体现中国创造；既是世界的，更是中国的，具有独特的中国要素。

杨万东：建设现代化经济体系是党的十九大报告提出的一个庄重任务，对此学者们有很多解读，每个解读都侧重于某个侧面。十九大报告特别是从微观、中观、宏观三个角度来讲。

从微观角度看，它的核心应该是创新，通过创新把微观主体的活力充分激活，让整个社会充满了创造力。我们反观改革开放40年的历程可以看出，微观改革是很有成效的，但是还有很多死角，比如民营企业的发展，市场经济的特征很明显，但国有企业效率不高的问题依然存在，事业单位内部传统体制的特征还非常明显，政府改革现在是刚刚布局，这些都是微观的问题，这个微观不仅是经济体系的问题，也有社会体系，包括上层建筑领域的问题。微观的改革就是要让效率充分提升。

从中观角度看，解决产业体系的构建、结构的完善、布局的合理。因为没有一个骨架式的中观层面，微观就会形成互相排挤的挤出效应。但是，如果把这个经济体系的骨架打好，以一个现代的基础设施体系，一个现代的产业体系，一个充分设计的、相互配套的工程化设计的整个经济框架来布局产业，就会使中观层面各个区域、各个产业都能实现一个有机的协调配合。

从宏观角度看，要解决的一个问题是经济的波动，因为经济运动的最大特点是具有一种自身运动的惯性，而经济波动从一个国家来讲，又受到世界经济各种变迁的影响。所以，宏观层面更需要解决的是经济波动的平稳性，使增长发展是一个平稳的、有序的和可持续的。当然，宏观层面还要解决两个问题，一是要解决市场的失灵，因为我们对市场虽然说让它发挥决定性作用，但是市场本身具有一种盲目的力量，所谓的创新也不是让它随意、无序地创新，这种创新要有利于整个资源的节约、环境的友好和生产效率的有效提升，如果这种创新不顾环境约束，不顾社会发展目标，特别是不顾人民的生命健康要求，就像当初出现的瘦肉精、毒奶粉，这些创新就是完全违背社会的伦理规范。这就需要政府利用严格的监管规则来加以限制。所以，宏观层面政府的主要任务就是要纠正市场的失灵。当然，宏观层面要考虑到另外一个因素就是纠正政府失灵，现在我们常常会忽略政府也可能失灵的现象，政府失灵发生的主要原因就是缺少一种有效的监控、制衡，同时，政府自己的权力在这个过程中无限膨胀。现在机构改革实际上就是要考虑这些问题，通过解决机构间互相扯皮、互相重叠，填补监管空白点，使得整个社会的管控有效化。宏观层面特别要解决政府和市场的关系，不光是改革开放以来，甚至新中国成立以来，一直存在忽冷忽热、忽紧忽松的问题，所以，必须要给市场划一个边界。同时，也要给政府划一个边界，能够被市场解决的问题，政府就不干预，政府只是有效引导。如果必须是政府履行的职责，特别是涉及社会民众的福利、社会整体的发展、社会可持续发展的各种需求，政府需要充分参与履职，充当好社会公众的代理人。

所以，现代化经济体系从前面三个层面，宏观、中观、微观来讲以外，更要考虑中国社会和国际社会之间的协调。在全球化时代，已经不是关起门来搞建设。现代社会最主要的特点是各个国家的产业支撑靠的是制造业，而对产业形成最主要冲击的反而是资本和金融。在金融领域的发展，中国现在还是一个小学生，我们对很多零和的游戏实际上是不会玩的，这是一种更高级形态的市场经济，中国需要在这方面做一些小的试验、小的放松和学习，而不能一下子全面地把自己还没有锻炼成长、成熟的经济系统放到全球金融资本的博弈浪潮之中，因为这相当于是风险的无限放大。

从这个角度讲，现在的经济体系如果从两大体系看，就是要正确处理实体经济和虚拟经济的关系，立足于实体经济，同时要尽可能克服虚拟经济中零和游戏所带来的负面作用。现在整个社会出现了一种倾向，比如在就业倾向中，高校毕业生大量愿意选择金融系统来作为自己就业的去向，而理工科毕业生尽管专业背景是以技术为支撑，但是在就业取向，特别是在收入导向上最后也会转向金融体系。现代化经济体系首先要形成一个坚强、稳定、庞大的人力资源的支撑，在这个前提下，对人力资源支撑要建立一个激励机制，不是说从事虚拟经济就可以谋取更高的收益，而是一种社会导向。同时，应引导社会的劳动者以实体经济的发展为基础，要以马克思所讲的生产劳动作为一个主要的载体，用这种引导和发展作为现代经济体系形成的一个根本的支撑。

现代西方国家因为进入了后工业社会，特别是以美国为代表的现代国家，他们的两大支撑，一个是金融，另一个是高技术。金融方面，中国不能盲目地攀比华尔街，如果出现这种情况，就会使1%的人口获取80%~90%的收益，这样只会造成社会贫富悬殊的急剧拉大，同时形成社会人群的两极对立。同时，美国的高科技我们也应该采取一种客观冷静和长期的思考，短期美国对中国的技术封锁，最近的中兴通讯事件已经体现，是否中国就要动员上百亿元、上千亿元的资金来做全面的芯片开发需要研究。中国主要是要寻找到自己有效的技术路径，而不要逼向把全球化的大门、技术合作的大门全面关闭，中国应该考虑在建立现代化经济体系的情况下，政府在国际合作领域要开拓一种新的合作路径，实现一种共同、共享的发展，而不是建立一种互相封锁的、一种民粹主义的封闭式发展，这种发展对于中国现代化经济体系应该是有害无益的。中国现代化经济体系的发展，首先靠自力更生，但是更多发展要跟踪国际前沿、开放、包容、合作，形成和国际最先进的技术、最先进的产业体系和经济体系的对接，形成一个良性的分工协作体系，最后它的落脚点还是要和人类命运共同体形成一个有效的融合。

程冠军：建设现代化经济体系，主要是解决好五个方面的问题。

第一，要按照十八届三中全会所提出的全面深化改革总目标，发挥市场在资源配置中的决定性作用和更好地发挥政府作用，发展和完善中国特色社会主义制度，推进国家治理体系和治理能力的现代化。习近平总书记在阐释现代化经济体系的时候谈到了发挥市场在资源配置中的决定性作用，他坚持要求把发挥市场在资源配置中的决定性作用写进三中全会的报告。只有发挥市场在资源配置中的决定性作用，才能更好地发挥政府作用。发挥市场在资源配置中的决定性作用提出以后，从根本上解决了过去那些政府不该管、不能管、管不好、管不了的问题。只有把这些问题交给市场、交给社会组织，这样政府才能更好地发挥自己的作用，才能减少在建立社会主义市场经济的过程中政府权力寻租的问题。

第二，要坚定不移地推进供给侧结构性改革。我们为什么要坚定不移地推进供给侧结构性改革？因为社会主义的生产目的发生了变化，已经由过去不断满足人民群众日益增长的物质文化生活需要，转变为要不断满足人民群众日益增长的、不断升级的、个性化的、绿色的、环保的生活需要。中国经过40年改革开放之后，消费升级带来了需求侧的需求升级，如果供给侧的供给不升级肯定不能满足需求侧的需要。在社会主义市场经济刚刚建立的时候，我们问一个企业的效益怎么样，企业负责人会说，我的企业很好，年产值1000万元。后来我们发现产值并不能判断企业好坏，关键问题在销售额、利润和税收上。从这个意义来讲，评判一家企业是强还是弱，关键要看你的利税有多少。这就又回到了供给侧结构性改革，你生产了多少产品并不重要，重要的是你的产品是不是市场所需要的？是不是高附加值的产品？是不是高端产品？

第三，在建设现代化经济体系当中要破解几大难题，要实现质量变革、效率变革、动力变革，要破解脱实向虚的问题。首先要破解房地产困局，中国的房地产困局到现在也没有完全破解，房价像断了线的风筝一路疯涨，虽然目前得到了一定遏制，但是还没有达到一个完全向好的局面。房地产现在是一个困局，既不能让它继续疯涨下去，也不能让它倒掉，否则会带来更大的风险。这个困局应该从顶层设计上解决。这就是如何把房价稳定在合理区间，如何让更多的人买得起房，如何让中国的社会不会因为房地产一直持续高速增长。

第四,要破解虚拟经济领域的难题。破解虚拟经济领域难题可以分成两块:一是要正确看待金融的虚拟经济;二是要正确看待互联网经济。前段时间曾经出现了娃哈哈和阿里巴巴的对掐,格力和小米的对掐,实际上就是实体经济与互联网经济之间的龃龉和碰撞。互联网当然是好东西,我们不能错失这个机遇,但是我们也不能一味地把所有的宝都押在互联网上。我们要看到,实体经济也有互联网经济不能取代的地方,互联网经济可以为实体经济插上腾飞的翅膀,但是没有实体经济,你搞再多淘宝,产品从哪里来?没有实体经济生产出好的产品,互联网经济也会成为无源之水、无本之木。一旦经济脱实向虚,互联网经济就成了断了线的风筝,不知飞向何方。

第五,要防范和化解金融风险。实体经济的不景气,房地产的暴涨,金融业就难以独善其身。金融是一个好东西,用不好也是一个坏东西。金融大鳄索罗斯造成的亚洲金融危机至今余波仍在。今天,破解和防范金融风险压力不断增大,这一点应该引起我们的高度警惕。

张建君:2018年2月22日,山东省委书记刘家义在"山东省全面开展新旧动能转换重大工程动员大会"上的讲话,在两个小时不到的时间里微信阅读量达到10+,在一天不到的时间里微信阅读量达到百万+,成为2018年中国政界网红第一文。这篇讲话里并没有故弄玄虚、哗众取宠的内容,完全是一篇中规中矩、求真务实的政府工作讲话,为何一篇政府工作讲话稿能够引起社会如此广泛的关注,最根本的原因就在于刘家义没有因为山东省经济位居全国第三就自我满足,甚至沾沾自喜,而是以共产党人实事求是、敢于挑刺的精神和勇气,直指制约山东省经济社会高质量发展的产业结构、基础设施、思想观念等问题,提出了打造现代化产业体系,发出了推动经济质量与效益提升、打造经济升级版的动员令。讲话指出:如果我们的发展方式涛声依旧,产业结构还是那张旧船票,就永远登不上高质量发展的巨轮,对全国经济增长、节能减排、区域协调发展等,都是一个大拖累。这些讲话精神,不仅仅适应于山东省,事实上,这是中国经济必须直面的挑战,如果没有现代化的经济结构,我们不可能赢得未来。在美国咄咄逼人的贸易霸凌主义姿态面前,在中国经济高喊"转方式调结构"近20年的背景下,全国必须有山东省这样的自觉与警醒,必须有山东省这样的坦诚与担当。习近平总书记强调指出,我国经济已由高速增长阶段转向高质量发展阶段,正处在转变发展方式、优化经济结构、转换增长动力的攻关期,建设现代化经济体系是跨越关口的迫切要求和我国发展的战略目标。

全面深化改革时期,自我陶醉的地方政府有之,自我满足的地方政府有之,自我敷衍的地方政府有之,敢于自我开刀、敢于走在打造现代化产业体系前列以自我革命精神推动全面深化改革并未成为风尚,这确实需要大声疾呼,需要一场思想与观念的革命,让人们看清楚中国现在的难题与未来的发展方向。改革开放40年解决的只是温饱与小康,而未来发展才是富强与现代化。

5

赢得竞争新优势

5.1 改革红利的历史流变

张建君：改革开放的40年里，中国经历了改革红利、人口红利、出口红利、投资红利、制度红利等，现在到了创新红利时期。

1978年，拨乱反正后的中国如何发展，事实上存在着不同的政策主张。邓小平提出了改革开放的正确方针，强调改革开放活路一条、封闭保守死路一条。他在改革开放初期就明确提出：贫穷不是社会主义。后来，什么是社会主义、如何建设和发展社会主义，成为邓小平理论的实质问题。回顾历史，邓小平改革开放的策略恰恰解放了中国最庞大的资源，也是最宝贵的资源——这就是中国所拥有的十多亿人口中的庞大劳动力资源。中国的发展缺资本、缺技术、缺管理、缺人才，唯独不缺劳动力。中国的劳动力不仅在数量上是世界第一，而且成本低廉、纪律性强、吃苦耐劳，所受教育水平并不低，这是中国弥足珍贵、举世无双的第一资源。有了改革开放的制度环境，中国在引进资金、技术、管理、人才后，就迅速地转化为了社会生产力，由此推动了中国经济40年年均保持9.5%经济增速的发展奇迹，创造了低成本高速度崛起的中国奇迹、中国模式。

第一，如果说改革开放创造了中国的政策红利，那么，中国改革开放40年的第一大红利就是人口红利，从未来发展来看，人口红利仍是中国最可宝贵的发展红利。在全世界拥有13.7亿人口的国家，就中国一个，其中拥有的精壮劳动力就有2亿左右。过去那些在我们头脑中非常强大的国家，比如英国，人口只有6000多万，法国总人口6000多万，德国总人口8400万不到，放到中国的四川省、河南省面前都是一个小弟弟。就是美国3.1亿的人口也只是中国人口的一个零头，日、俄也只有1亿多的人口。中国是名副其实的全球第一人口大国，人口就是我们的第一宝贵资源，是中国持续发展最为重要的动力源泉。在这方面，要持之以恒推动我国低成本劳动力资源向高素质劳动力资源转变，让人口红利持续扮演推动中国发展的第一动力。要从全局、宽广的视野来看中国的人口红利，而不仅仅局限于高出生率时期的劳动力，必须看到中国人口从新中国成立初期到现在已经实现了翻倍，一个巨大的人口基数意味着巨大的人口红利和消费市场，这是全球绝大多数国家无法企及的巨大优势和潜力。

第二，大规模产品输出所形成的出口红利。中国庞大的劳动力资源，一旦和先进技术、雄厚的资本、现代化的管理相结合，就创造了中国经济快速崛起的发展奇迹，即使在2008年全球金融危机的背景下，我国的进出口规模仍然要占到经济总规模的1/4左右，是全球第一大货物贸易国，世界出口市场占有率第一的商品数量达到220多种，制造业增加值连续七年位居世界第一。2014年我国进出口总值4.30万亿美元，是1978年206亿美元的208倍。其中，出口2.34万亿美元，进口1.96万亿美元，顺差3824.6亿美元。这些都是改变中国、震惊世界的发展成绩。当然，中国在获得发展的同时，也带给世界巨大的经济回报，价廉物美的中国制造带给了全球巨大的消费红利。在未来，中国对世界市场的贡献仍会持续，但中国出口红利正在削弱，特别是有些国家不正确的贸易制裁措施，正在伤害脆弱的世界经济。例如，2018年以来，美国政府所推出的一系列对华贸易制裁措施，罔顾国际贸易规则与惯例，使我国对外贸易有可能要面临一个比较困难的时期，但这正是降低对外经贸依赖，不断推动中国内源式发展、更好造福中国消费者的有利时机。

第三，大规模投资红利的普遍溢出时期。改革开放初期，中国最缺的就是资本，经常处于投资不足所带来的发展落后。伴随着改革开放，资本积累不足、规模不大的状况得到了根本性改善，自20世纪90年代以来由投资推动的经济增长成为中国经济的典型特征，在有些地区的经济社会发展中投资红利产生了巨大投资回报和发展助益。尤其是2003~2010年中国固定资产投资增速保持在25%左右的水平，推动中国经济保持在两位数增长，实现了又好又快的发展。这些大规模的固定资产投资成功解决了基础设施建设滞后、城市发展缓慢、农田水利建设投入不足等很多老大难问题，形成了推动中国经济快速崛起的投资红利。在过去的这些年中，有些地区和行业的固定资产投资出现了重复投资、无效投资、低效投资甚至盲目投资的现象，引发了一些行业产能过剩、效率低下等发展挑战，中国被迫进入了供给侧结构性改革的产能消纳期，投资红利趋于式微，中国经济进入了转动能、调结构的全新发展时期，投资红利开始向创新动能转换。

第四，社会主义市场经济的体制创新解放了中国社会的生产力，为中国发展提供了宝贵的制度红利。把高度集中、高度集权，甚至体制僵化、效益低下的计划经济体制，转向一个以松绑、放开为主的市场经济体制，充分激活了中国人的创造力，解放了中国社会所蕴藏的发展动力，使中国经济40年保持了年均9.5%以上的增长率。改革开放初期，中国人均GDP只有190美元，和非洲最贫困的国家埃塞俄比亚排在一起，2017年人均GDP达到了8860美元，是1978年的近47倍；1978年中国经济总量全球占比连5%都不到，但现在占比已经达到了约15%的比重，经济总量达到了82.7万亿元的规模，跃升为全球第二，这些都是制度改革带给我们的巨大福报。改革开放前的票证制管理、计划性配置捆死了中国人，而市场经济、自由选择实现了前所未有的发展，充分解放了社会生产力，解放了人们的思想，解放了社会的活力，这就是社会主义市场经济的制度红利。

从改革开放的发展经验来看，一方面，我们对既往的改革红利要继续有效释放；另一方面，要加快向依靠创新驱动内涵增长为主的方向转变。现在，单纯的技术模仿、资本引进、市场开放以及廉价劳动力所带来的红利越来越小，更多要依靠制度创新和创新驱动。因此，未来中国的发展要有效应对制度现代化的挑战，进一步释放制度红利和创新红利。在2035年基本建成社会主义现代化制度，跻身创新性国家行列；在2050年打造一个现代化的富强、民主、文明、和谐、美丽的社会主义现代化强国,把中国打造成为创新国家。

在2017年达沃斯论坛上,习近平总书记指出,中国的发展是世界的机遇。改革开放40年,中国实现了从站起来向富起来的历史性发展,正面临着从富起来向强起来的历史性跨越,中国的改革红利进入了由外向内的转变时期。在这个历史背景下,一是要不断开拓中国特色社会主义制度的红利,释放中国经济的内在活力;二是要让创新成为高质量发展阶段中国经济的真正红利,从而为世界更为稳定、更为和谐、更为美好的全球化发展做出我们中国的贡献。

杨万东:改革红利的认知可以归结为对中国改革开放40年这个成绩主要的支撑因素到底是什么的认识。我认为中国改革开放最大的红利是制度红利,首先来自新中国成立以后20多年的计划经济,如果按照常规的、以当时经济的货币化标准来衡量并没有展示出来,但是已经建起了一个基本的国民经济的框架,这是前期所奠定的基础设施、经济体系这个框架的一个社会化或者市场化的实现,有这么一个支撑因素。但是,由于长期的计划经济也造成了中国很多产业发展的失误,特别是民生和生活消费的短缺就留下了巨大的市场空间。

在改革开放之初,促成这个红利的应该是"文化大革命"的动乱年代带给我们民族的深刻反思。所以,在20世纪80年代早期主要是大量平反冤假错案,包括对历史上以政治划线的人群的歧视消除,整个社会的创造活力激活,精神风貌焕然一新。在这个前提下,在经济领域所推行的,按照现在看,其实是一个很原始的自由释放,比如农民的迁徙自由、承包制、包产到户,城市的租赁制、股份制、自主创业,这些因素就让整个中国社会充满了一种创业的氛围,有了经济领域大规模的试错,这种群体性试错就带来一个巨大的生产能力的提升。这是从内部因素看。

从外部因素看,中国在20世纪80年代初的时候就打开国门,放眼世界以后发现我们和西方社会存在巨大的技术和社会发展的差距。所以,我们也大量地引进包括模仿西方的技术和企业模式，使中国的发展在80年代就已经取得了很明显的成绩。但是，当时市场和计划的冲突摩擦始终不断，90年代进一步推动，就是社会主义市场经济体制的确认，这种确认就把全球化转化成一个制度红利，我们能看到的东西主要还是制度红利更明显。但是这个制度红利目前已经进入一个边际效应递减的状态，因为中国加入WTO现在看也接近20年的时间。中国开始改革开放，如果从1978年算是40年，简单的放权让利、简单地摸着石头过河，也就是用一种试错的方法进行经济改革、经济发展，它的设计性不够、前瞻性不够，这种发展、这种高速度，如果要仔细观察就会发现，它实际上还是一种趋势的发展，放弃一些保障的体系，包括环境的保障、人的权力的保障、社会福利的保障，而追求一种单纯的经济增长，这种做法的成效肯定很明显，但是它的质量很难太高。

从当年到现在，这种红利的流变就自然地发生。首先，我们的人力资源状况现在已经和20世纪80年代改革初期不可同日而语，中国的大学生数量，当年的招生规模每年在30万人左右，发展到现在每年800多万人，再加上后续的硕士生和博士生招生，这样大规模的人才培养就形成强大的人力资源支撑。

中国这40年的发展形成了一个庞大的企业家阶层，不光有大型的企业，还有很多中型、小型企业，以及巨量自主创业的人群，他们把商业的文化、规则彻底融入市场经济的体系中，形成了中国丰富多彩的商业模式，形成了从农业、工业、商业到各种服务业非常具有纵深的产业体系，这个企业家队伍还在继续成长，支撑了中国经济到现在为止的高速增长。

技术。技术的支撑，华为公司从一个名不见经传的民营小企业通过自主的技术研发，通过技术的集成，特别是对前沿技术的充分开放和利用，成为世界电信行业的巨头，这样的例子就体现了中国经济具有的一种类似核聚变的能力，这种能力来自这个接近14亿人口这么一个整体化的国内市场，这对于很多企业是一个非常好的市场环境。所以，不难理解为什么欧美那些企业不国际化，发展空间就非常狭小，而中国仅仅一个国内市场就足以孕育大量具有生产能力和服务能力的企业成长这一问题了。但是，中国技术的研发长期停留在模仿阶段，原创性严重不足，这就是下一步改革必须努力的方向。如果没有新的原创性技术支撑，主要是跟踪性、模仿性的技术，这种产业模式、经济增长模式就很难在原来的轨道上继续高速增长，很难在达到最大体量的经济总体中继续维持发展。现在中国的增长，已经从数量型、规模型或者是解决短缺性需求的模式过渡到质量型、精准型，要解决人们对美好生活的需要的状态，这种对于人力资源的素质，对教育体系、企业模式，包括国家管理经济的方式都提出了巨大挑战。中国经济最近40年的发展，它的基本特点，放出活力，闯出奇迹，未来主要应该放到人的创造力的进一步释放、经济自由度进一步提升上来。

另外，国家要引导。国家在过去的发展中发挥了重要的作用，特别是一些大型的基础设施建设，比如道路、高速公路、高速铁路、航天工程方面都取得了非常明显的成绩。但是，总体而言，国家宏观调控、宏观管理还有许多需要改善的地方，特别是在过去长期发展过程中，地方政府是以GDP竞争形成了开发区域的竞争、税收优惠的竞争和环境准入的竞争来带动过去的发展。现在环境的标准和民生的福利都是制约因素，需要寻找新的发展路径，需要加强技术的革新、革命，需要通过经济生活的革命性的转换找到一条减量化、高效化消费，供求在一个新的、更高水准上均衡的发展路径，这样形成中国新的红利。

5.2 红利消失、风险逼近

张建君：在改革开放40年里，每一个时期推动经济增长的主导性力量是存在差别的。改革的最初阶段，改革的最大红利就是充分释放了丰富的劳动力资源；随之就是打造了出口导向型经济，为中国产品提供了广阔的海外市场；同时，固定资产投资长期保持高位所形成的投资红利，助推中国经济高速增长。伴随上述进程，市场化改革的制度红利充分显现，中国经济的动力与活力进一步增强。我们可以把这些在不同时期为中国经济提供高速增长动力与活力的因素，分别称作人口红利、出口红利、投资红利、制度红利。事实上，这只是一个从主要动力把握中国经济成长过程的概要性提法，也给我国未来市场经济的发展提出了一个很有价值的命题，即未来40年中国经济持续增长中，还有哪些方面的红利？特别是哪些方面还有望成为持续推动中国经济增长的强劲动力。这既要梳理过去的成功经验，更要抓住未来推动中国经济的抓手。特别是在劳动力资源、出口市场、固定资产投资，甚至制度创新方面，中国经济将面临新的挑战与考验。

一是较为普遍的看法是中国的人口红利阶段正在结束，中国劳动力市场出现了"用工荒"，劳动力已经从无限供给转向了短缺不足的全新局面，即刘易斯的人口拐点已经出现。现在，人口红利的提法越来越少，劳动力短缺的人口峭壁正在到来，我国人口政策虽然已经调整，但新的劳动力供给需要20年或者一个更长的时间才能有效补充。据中国社科院预测，2020年前，我国劳动年龄人口年均减少155万，2020～2030年年均减少790万，2030～2050年年均减少835万；美国学者哈瑞·丹特认为，中国在2015～2025年经历劳动力增长峰值平台期后，将是2025年后首个跌落人口悬崖的新兴国家。

二是出口形势同样面临严峻挑战。据世界贸易组织秘书处数据，2013年中国已成为世界第一货物贸易大国。当年我国货物进出口总额为4.16万亿美元，其中出口2.21万亿美元，是全球最大货物出口国，进口1.95万亿美元。出口占全球的11.7%，进口占全球的10.3%，这个比例已经不低，保持出口高增长已经不现实，要做好进出口结构深度调整的思想准备。历史上，英国在1870年的出口占全球的18.9%，美国在1921年达到了22.4%，我国对外贸易出口提升的空间已经不大，更多地要转向对内消费市场的满足，减轻对国际市场的依赖。近年来，我国受到以美国为首的西方国家的各种贸易制裁，出口市场会不会进一步萎缩，最终造成对外贸易的急剧下滑，值得关注，必须未雨绸缪。

三是我国固定资产大规模投资已经趋于饱和过剩，投资推动的经济增长方式面临严峻挑战。在2008年全球金融危机之后，2009年我国启动4万亿元投资带动相关20万亿元的投资计划，大量投到了铁路、公路和基础设施的建设。当然，成效是显著的，我国基础设施的面貌为之焕然一新。但大量投资投在了钢铁、水泥、建材、平板玻璃等产能过剩的行业和领域，最终造成了更为严重的重复建设和产能过剩，投资产出效益严重下滑，面临结构优化与发展方式转变的双重挑战，使得投资推动型的经济增长方式已经走到了尽头，必须转型。

四是市场经济以放为主的制度改革带来了经济社会发展的活力。但是，在全新的发展阶段里，如何用更加成熟、更加定型的社会主义市场经济来推动中国经济的持续发展，仍然是一个严峻挑战。从这个角度来看，既往所形成的制度红利正在逐渐消失，有些甚至受到进一步改革的制度挑战。未来的发展，将有哪些新生动力来支撑中国经济的成长，从哪些方面来进行成功改革，来进行有效的制度完善与创新，这是改革开放40年以后中国模式所面临的最大挑战。因此，全面深化改革的总目标就是，到2020年，中国特色社会主义制度要更加成熟、更加定型，推进国家治理体系和治理能力的现代化，把中国特色社会主义制度的四梁八柱成功地确立起来，保持我们的制度竞争优势。

在未来的发展中，如何形成全新发展模式，从传统的低成本增长、粗放式的发展模式向创新引领、内涵式发展模式转型，中国经济必须打造全新的增长优势，全面释放中国社会的活力和经济增长的动力，以及成熟制度的内在优势，从而让中国真正能够完成从所谓的中上收入国家向高收入国家，乃至发达国家的历史性跨越，中国经济仍然任重道远，必须在21世纪发展中形成新的竞争优势。

杨万东：中国的社会变迁，我们的人群规模有一个庞大的中产阶级或者中等收入群体，虽然不能说是世界上最大的，但因为中国的人口基数很大，在这个规模上，就有巨大的消费能力。

张建君：按照世界银行的标准，依据人均GDP的收入水平把全球国家依次划分为低收入国家、下中等收入国家、上中等收入国家、高收入国家。当然，发达国家是在高收入国家水平上的一种分类。目前，从世界各国的发展经验来看，人均 GDP 在 3000 美元左右就进入上中等收入国家的发展水平，从 3000 美元向高收入国家的跨越过程，也被称为"跨越中等收入陷阱"。在第二次世界大战之后的世界发展中，大多数发展中国家都没有完成向高收入国家的顺利跨越，被卡在了中等收入区间，这一现象后来被称作"中等收入陷阱"。第二次世界大战后，特别是拉美的一些国家，如巴西、委内瑞拉、阿根廷在整个 20 世纪都没有完成从中等收入国家向高收入国家的历史性跨越。究其原因，一是迷信所谓的自由市场经济模式，大搞制度移植。二是制造业产品和技术创新严重滞后，缺乏核心技术和有竞争力的制造业。三是依靠初级产品为主的出口导向型发展模式。这给我们一个巨大的警示，中国经过 40 年的发展，成功跨越了低收入国家、下中等收入国家，现在正处于上中等收入向高收入国家跨越的关键时期。2017 年，人均 GDP 达到 8860 美元，距离世界银行高收入国家 12275 美元的水平还存在一定的差距。中国最为核心的利益就是要完成向高收入国家的跨越，拉美国家给了三个重要的经验教训：一是不能搞制度移植，要坚持中国特色社会主义的制度创新，让中国特色社会主义制度更加成熟、更加定型、更加具有竞争力，打造现代化的中国制度。二要转变粗放、外延、低成本的增长模式转向内涵、集约、创新驱动的全新发展模式。三要推动中国制造向中国创造转变，用技术创新来引领中国发展，实现从技术生产国向技术创新国全面转变，这些转变有望推动中国经济增长摆脱对传统要素的依赖，走出一条中国现代化发展的全新道路，这将是中国改革开放 40 年对全球最大的发展贡献。

"中等收入陷阱"探讨的是经济发展的动能问题，中等收入阶层是发展的结果问题。中等收入阶层，按照不同国家的标准有不同的划分，这是在收入分配制度领域需要探讨的问题，一个稳定的社会结构，就是所谓橄榄型的社会，从收入分配的角度来看，就是中间大、两头小，高收入和低收入都是小头，中等收入阶层是大头，这样的收入分配和社会结构比较稳定。这里，我们探讨的是培育经济新动能的问题，这和中等收入阶层是两个问题。

杨万东：经济增长改革红利的流变没有绝对的哪一种是非常确定的，它是一个混合的状态,但是这个混合状态中有一个主流、主体的,就像企业的利润一样,有一个主营利润,还有其他多种经营收益。所以,中国红利的启动,支撑经济的有"三驾马车":消费、投资、出口,现在投资因为中国的基础设施建设,我们以前叫"铁公基",现在总量上已足够大,质量上还有进一步提升的空间,还有一些区域还在继续建设,但是,从增量上讲它是一个递减的趋势,投资拉动红利肯定是势微的。出口导向,从美国发起的中美贸易战已经感受到了出口压力非常明显,而且美国所代表的压力在欧洲、澳洲等发达经济体也有体现。发展中国家对中国产品的消化能力本身是有限的,这就造成中国巨大的出口规模已经出现市场空间的"瓶颈",这个市场规模就算维持原状,全世界都需要一个庞大的消费能力。如果是萎缩,这个发动机就会熄火。

消费。现在我们的消费已经超过投资,成为国内经济增长主体的拉动因素,但是消费的问题现在也出现同样的问题,现在产品质量在提升,很多产品的使用寿命在延长,也就意味着传统的产品消费增量也在缩小。

在这种情况下,"三驾马车"如果减速,中国经济增长就会失速,如果失速用什么方法来完成新的转变?这些问题值得思考。

张建君: 这就是培育经济新动能的主要任务。"三驾马车"是经济需求侧的管理分析,投资、消费和出口是形成经济总产出的主要要素,这是凯恩斯需求管理的核心理论,他的国家干预也就是从这三个变量着手进行宏观调控,增强经济的动能,这是经济宏观调控的主要任务。

经过40年的持续发展,在中国经济的"三驾马车"里,投资的动能持续下降,出口面对世界市场挤压,消费对经济增长的贡献率已经上升到58.8%,在此背景下,中国经济亟待形成新的增长动能,现在需求侧政策调控很难产生预期效果,2015年底习近平总书记提出了"供给侧结构性改革"的政策举措,从供给的角度看中国经济存在的主要问题就是质量不高、效益不高,甚至初级产品、低附加值、低端产品的供给严重过剩,供给侧结构性改革问题就是要解决经济领域生产过剩、质量效益不高,甚至存在僵尸企业等难题,把中国经济推向一个全新的高质量发展阶段,让中国制造更具有品牌竞争力,增强中国标准对世界市场的牵引力，增强中国技术创新的动力。

所以，现在中国市场面临的问题就是，要从传统高速增长阶段转向高质量发展阶段，要为世界提供更多具有中国知识含量和创新内容的中国产品和服务，这是中国未来发展最大的挑战。从三次产业结构来讲，要从传统农业走向现代农业，要实现向工业强国的转变，要发展现代服务业，这形成了中国经济结构和发展方式的倒逼机制，在向现代化的经济结构和现代化经济体系的转变中，开启中国特色社会主义现代化强国建设阶段。

程冠军：党的十八大以来，我们还要看到这样一种趋势，党是领导改革的最强大力量。习近平总书记强调，在国家治理体系的大棋局中，党中央是坐镇中军帐的"帅"，车马炮各展其长，一盘棋大局分明。党的十八大以来，全面从严治党取得了可喜的成绩。"党政军民学，东西南北中，党是领导一切的。"关于"党领导一切"，1962年1月30日，毛泽东在扩大的中央工作会议上指出："工、农、商、学、兵、政、党这七个方面，党是领导一切的。党要领导工业、农业、商业、文化教育、军队和政府。"

中央党校（国家行政学院）祝灵君教授近期在中国领导科学研究会主办的《中国领导科学》杂志上发表了一篇文章——《党领导国家体制刍议》。在做微信推广时，我让编辑把这个题目改成了《党如何更好领导国家》。党领导国家我们要理直气壮地讲，不用遮掩。当然"党领导一切"，并不等于包揽一切，而是强化政治领导，领导一切是指大政方针，不是具体事务上的包揽一切。周恩来同志曾指出：必须肯定，党应该领导一切，党能够领导一切。现在的问题是如何领导一切？什么是一切？……我们所说的一切是说党要管大政方针、政策、计划，是说党对各部门都可以领导，不是说一切事情都要党去管。至于具体业务，党不要干涉。

当前，一些地方党委政府在贯彻落实中央精神时，出现了一些新情况和新问题。我与中央党史研究室原副主任石仲泉交流时，石仲泉主任认为，目前的集中表现是"上下一般粗"，党中央讲什么，就跟着讲什么，并没有具体的措施，导致中央政策无法落实。中央怎么说，包括县级单位乃至乡镇也照搬照抄，原封不动地讲，不能结合本地的实际情况去把它细化，更不必说创造性发展。我们对上级的指示、方针政策要不折不扣地贯彻执行，但不是让我们做"传达室"和"收发室"，一定要结合本地实际情况加以消化、具体化，使它符合本地实际，制定的政策、提出的措施使广大群众满意，这才符合中央要求。马克思主义要和中国具体实际相结合，同样，中央的路线、方针政策，也要跟本地区的实际情况相结合。光有马克思主义，没有中国实践不行；光有中央指示，没有符合本地实际情况的具体措施"一般粗"也不行。我们现在许多地方党政一把手缺乏这方面的经验。这就涉及担当和作为的问题、干部的选拔问题。现在为什么讲新担当、新作为？一个重要方面，就是要解决"一般粗"的问题。"四个意识"不能只讲在口头上，关键要落实到具体的事务和行动上。

张建君：你点的这个问题，是新一轮改革必须回答的一个问题。十八届三中全会提出的改革总目标：完善和发展中国特色社会主义制度，推进国家治理体系和治理能力的现代化。有些人以为是两句话，实际上表达了一个意思，就是实现中国特色社会主义制度的现代化。这也是习近平新时代中国特色社会主义思想的核心问题，即什么是中国特色社会主义制度，如何建设和发展中国特色社会主义制度。这个问题的回答，要对改革开放40年的成功经验进行科学的概括和总结。回头看，改革开放40年最大的经验是什么？很多人认为，中国存在这样的机制弊端、那样的体制弊端，在面对这么多体制机制弊端的改革过程中，中国经济竟然创下了年均9.5%以上的经济增速；如果没有弊端，中国经济的增速会达到多少？事实上，年均9.5%的增速已经是世界奇迹，即使美国、德国这些被认为是制度优越的国家也没有如此长时间、如此之高的增长奇迹，这说明在改革开放之外，中国有着不为外界所理解的秘密优势。

在党的十九大报告中，这个秘密优势得到了充分的揭示，这就是党的领导，在习近平新时代中国特色社会主义思想的"八个明确"中被概括为第八个明确，即中国特色社会主义制度的最大优势是中国共产党领导，中国特色社会主义制度最本质的特征是中国共产党的领导。因此，党政军民学，东西南北中，党是领导一切的，就成为保持这一秘密优势的明确表述。这些认识不但被写进了党章，而且写入了宪法。现在这个制度优势被揭示出来后，如何体现为更加成熟、更加定型的中国特色社会主义制度安排，是中国特色社会主义制度创新与发展的关键，也是党和国家机构改革的关键。

杨万东：关于红利，以前的已经不多了，现在尝试要开创新的红利，任何一个新的红利的开创都存在一个磨损成本，就是以前的行为惯性，在红利释放之前，有可能还存在一些沉寂期，就相当于汽车、火车没发动之前，还维持了原有的惯性。旧体制存在惯性，任何一种经济格局、经济模式都会形成惯性，比如地区 GDP 竞争、政绩追求、牺牲环境，这些都是容易出现的现象。比如招商引资中，争相给予各种优惠政策，只要把权力给地方，地方就要想办法把权力用足，这是现在很明显的推动经济增长的一个因素。但是，用这种方法来完成的改革或者社会发展，它的基础是很脆弱的。中国目前所取得的这些红利，如果用发展经济学的眼光看，就是因为基础很薄弱，原有条件很差，市场空间又很大，是一种集合型增长，成效很明显，但是问题很严重，特别是不协调、不平衡的矛盾会很尖锐。

下一步需要完成的改革，如果要实现红利的增长，就是长期一直没有完成的经济改革和政治体制改革的协同。现在政治体制改革没有一个明确的提法，但是，习近平总书记的主要著作都是以治国理政的名义出现，而且这次机构改革是党和国家机构体制改革，实际上党又是领导一切的，是中国政治体制改革和经济体制改革在这次机构调整过程中就已经开始共同启动了。

张建君：2012 年，习近平同志当选中共中央总书记之后，他强调现阶段的改革是全面深化改革，要更加注重改革的系统性、整体性、协同性，做到改革永不止步，改革永远在路上。这是十八大前后两个阶段改革的最大区别，十八大之前的改革是以经济体制改革为核心，目标是要建立一个全新的经济体制；十八大之后的全面深化改革，是要按照社会主义"五位一体"推进改革，是社会主义社会的政治、经济、文化、社会、生态文明五大体制协同推进的改革过程。因此，协调推进"五位一体"，统筹推进"四个全面"，成为现阶段改革发展的总体方向，成熟、定型的中国特色社会主义制度架构，是中国现在最大的改革内容,党的领导和党的建设被贯穿到党和国家机构改革的一切方面,甚至成为未来中国特色社会主义制度最大的优势、最本质的特征,这些都是全新的改革内容。

程冠军:党的十九届三中全会在 2018 年春天召开,目的是大力推进党和国家机构改革。我们看到这场改革势如破竹,所取得的成效立竿见影,向改革开放 40 周年献上了一份厚礼。十九届三中全会就像一声春雷,宣布了全面深化改革力度进一步加大。中国改革开放进行了 40 年之后,中国又迎来了一次巨大的改革飞跃。

5.3 乡村振兴与"中国农民丰收节"

张建君:乡村振兴是中国经济的必由之路。40 年前的中国改革是从农村起步的;40 年后,"三农"问题成为中国头号难题。这一问题如果不能得到有效解决,中国社会所谓的"决胜、打赢、建成"都失去了相应的基础,甚至开启中国特色社会主义现代化建设也有可能成为一句空话。今年中央的"一号文件"就是关于乡村振兴的重大决定,明确提出到 2050 年要实现农业强、农村美、农民富的全新发展格局,彻底扫除横亘在城乡之间的发展鸿沟。

第一,要切实打造现代农业,让农业真正成为农民的致富产业,成为能够支撑中国现代化强国建设的强大产业。确保中国人的饭碗掌握在中国人自己手里,否则,中国的现代化基础就是低水平、不全面的。

第二,要切实推进城乡融合发展。从世界发达国家的经验来看,城乡融合发展是一个共同趋向。在改革开放 40 年后,中国农村正面临城乡融合发展的关键时期，要对农村生产生活场景作全新改造，基本实现城乡公共服务的均等化、城乡基础设施的有效对接，让农业成为一个有吸引力的产业，让农村成为美丽乡村。没有一个先进的农村，没有一个发达的农业，中国就很难在未来赢得竞争的新优势。这次中美之间的贸易争执，美国瞄准的全是"中国制造2025"的高新产业，卡住了中国产业结构转型升级的脖子，中国则完全瞄准的是美国的农业产品，说明美国这个世界技术创新国最强大的力量不仅仅是它的工业，同样在于它的农业。这给我们一个重要启示，中国要成为世界强国，必须要有一个强大的农业。这方面，中国对农业回报、对农民的亏欠是巨大的，在改革开放40年成就的基础上，要回馈农业和农民，在城乡融合发展的基础上消除城乡差异，实现城乡一体化发展。

第三，要切实转化乡村振兴的政策红利。在"产业兴旺"方面，要质量兴农、绿色兴农，扎实推进农业供给侧结构性改革，推动农业高质量发展；在"生态宜居"方面，要用美丽乡村来吸引人，让农村的山水林田湖成为一个和谐状态，而不是罔顾资源、环境和生态；在"乡风文明"方面，真正能够体现"安居乐业，安身立命"的人文要求，既富了口袋，又富了脑袋，既有老百姓物质的充裕，又有老百姓精神生活的满足；在"治理有效"方面，真正做到自治、德治、法治的有机结合。统计资料显示，在我国城镇化率接近60%的情况下，仍有5亿人口生活在农村，他们能不能在治理有效的环境里面获得自己的现代化生活，是中国的挑战之一。在"生活富裕"方面，就是真正实现"生态美、百姓富"。城乡居民收入之比，仍然保持在2.7：1的水平，要形成农村居民收入稳定增长机制，让农民的种植业收入、资产性收入、劳务性收入、转移性收入的"四个轮子"一起转起来，让农业强、农村美、农民富成为现实。

第四，中国是一个人口大国，必须解决好农业问题。在中国现代化发展的历史进程里，要把乡村振兴作为中国现代化发展的第一战略，持续地加以推进，特别是要牢牢把握住农业、农村、农民高质量发展的整体方向和要求，要让具有中国特色的农村集体经济制度安排和合作经济发展方向能够成为引领农民发展的一个重要制度安排和发展渠道。

杨万东： 乡村振兴是 2018 年"一号文件"的一个新提法，解决"三农"问题这些年一直是党和国家非常关注的重要方面。农村、农民、农业谈了很多年，总体而言，在改革开放 40 年中，虽然起步于农村，但是成效最不明显的也在农村。农民的生活虽然在最近 40 年改善很明显，但主要来自农民的转移性收入，而来自农业的收入是比例不断下降的趋势。

现在考虑农业、农村和农民的问题，刚才建君说的我完全同意，如果中国的农业、农村、农民问题不解决，中国的现代化是一句空话。但是，农业本身的特点又注定了它是一个相对弱质的产业，在全世界，包括美国在内，对农业都是采取了一种保护和支持的特殊政策。中国应该采取一种什么样的政策来支持农业、农村的发展，支持农民致富，这个路径到现在为止还需要认真地认识和讨论。这些年在城镇化推进过程中，最擅长的一种方式就是把土地资本化，通过土地资本化来实现货币化收益。我们一方面提出来乡村振兴，同时，又对资本下乡保持了高度警惕，对土地兼并可能造成的严重社会后果也保持高度警惕。

现在全世界有很多尝试，包括以色列，在气候和地理环境极其恶劣的情况下，他们在农村也叫新农村建设，取得了很明显的成绩，这个应该是中国一个很好的借鉴。中国农村的问题主要是农民的问题，是完全属于自然增长，国家对他们的培训、支持都严重不足。当然，现在农村的金融体系、保险体系、保障体系都在建立，但是这种建立的社会成本也在明显增长。经济效益和社会效益如何在乡村振兴中实现一个有效的结合，也是在进一步的农村改革中需要仔细研究的问题。因为一个自然村人口不多，但是，如果政府体系中的人太多，就加重了整个社会的负担。同时，农业的发展本身，它的基础设施由于相对分散，它的设施的经济效益不会好。用什么样的方法来实现农民、农村基础设施的健全，同时又不至于引起全社会建设成本的大幅上升，这也是需要考虑的问题。也就是说，农村建设的公益性和经济成本的分摊，这是在乡村振兴中必须认真研究的问题。如果资本不下乡，乡村振兴的支持来源仅有政府财政的转移支付，力量是很单薄的。现在中国的发展，我们建立了一个思维模式叫共享经济,在农村实现农业要强、乡村要美的过程中,共享经济是能找到一个结合点的。这种结合点就是给要素一个合理的估值、一个合理的评价,给各种利益主体和经济主体,特别是给农村居民的权益一个充分的保障,以这个为前提来设计我们在乡村的经济、社会制度,可能是未来的一个方向。中国的乡村建设在20世纪30年代,以梁漱溟、晏阳初为代表的一批学者曾经做过很艰辛的探索,由于当时特殊的社会环境,成效不是太明显。中国社会在现阶段应该重新开展乡村建设的各种试验试点,通过这种试验试点取得经验,逐步推开。而且特别要注意,在中国农村建设中出现的,不能是用银行、政府的资金,用资金聚集来形成的树典型的模式,更多需要培养乡村经济自身的内生发展能力。同时,中国的乡村不是一个整体,比如在东部、中部和西部地区,其乡村完全是不同的资源禀赋和自然社会环境,应该有不同的发展路径和对经济要素汲取的能力和方式,而且这种中国乡村的构建不能够完全用经济范式来推动,而应该是政治、经济、社会、文化、生态整体化的安排和布局,这样才能让中国的乡村有特色、环境美,同时,农村的农民又能够安居乐业。

程冠军:乡村振兴与城乡发展相融合能够从根本上促进农村城镇化事业的发展,这对中国的发展至关重要。革命战争时期,毛泽东做出判断,中国的问题就是农民的问题,农民的问题就是土地问题。因此,提出"打土豪、分田地"的政治主张,开展土地革命、乡村运动等,开辟了"农村包围城市,武装夺取政权"的革命新路,最终领导中国取得了革命胜利。如前所述,中国的改革也是从农村开始发端的。

2018年9月21日,在中央政治局就实施乡村振兴战略进行的第八次集体学习时,习近平总书记强调,乡村振兴战略是党的十九大提出的一项重大战略,是关系全面建设社会主义现代化国家的全局性、历史性任务,是新时代"三农"工作的总抓手。他强调,没有农业农村现代化,就没有整个国家现代化。在现代化进程中,如何处理好工农关系、城乡关系,在一定程度上决定着现代化的成败。农业农村现代化是实施乡村振兴战略的总目标,坚持农业农村优先发展是总方针,产业兴旺、生态宜居、乡风文明、治理有效、生活富裕是总要求，建立健全城乡融合发展体制机制和政策体系是制度保障。实施乡村振兴战略，首先要按规律办事。在我们这样一个拥有 13 亿以上人口的大国，实现乡村振兴是前无古人、后无来者的伟大创举，没有现成的、可照抄照搬的经验。实施乡村振兴战略，各级党委和党组织必须加强领导，汇聚起全党上下、社会各方的强大力量。

如何实施乡村振兴战略？在实施乡村振兴战略应注意哪些问题？习近平总书记给出了答案：在实施乡村振兴战略中要注意处理好四种关系：一是长期目标和短期目标的关系；二是顶层设计和基层探索的关系；三是充分发挥市场决定性作用和更好发挥政府作用的关系；四是增强群众获得感和适应发展阶段的关系。

杨万东：实际上农村的发展和城市的发展本身是一个整体，农村现在出现老弱病残居住于农村，城市又出现了"大城市病"，实际上是一个问题的两个方面。城市消化不了太多的农民，而农民离开了农村以后，让农村显得空旷，甚至进入到相对原始的状态。目前来讲，是中国发展到一个阶段所必然出现的现象，因为城市所具有的现代生活的特色对农民具有高度吸引力，特别是对年轻农民。中国现在的发展，初级劳动力外出打工，特别是包括厨师、建筑业，以这种发展带动过去的发展，这种农民的就业是一种不稳定就业，预示着他们当这种行业或者产业出现发展拐点的时候，就必须寻找新的归属，比如回到农村。现在中国城市化的大规模进展，特别是需要大量劳动力来进行基础设施建设的变迁已经基本结束，未来就会出现一个新的潮流，就是大量面临老年的这些农民工返乡的潮流，对于这个潮流，这是我国实现乡村振兴中必须考虑的因素。现在我们提倡的大众创业、万众创新，也包括农民的创业和创新，他们在大城市或者发达地区见过世面，也学了一些创业技能，但是农村的市场相对狭小，农村环境的优美是因为人口相对稀疏，这种情况下，怎么来治理它，目前来讲，我们还是在探索。特别是城市和乡村之间形成一个什么样的共同发展的模式也需要探索，这种探索绝对不是把乡村变得人口又突然增长，因为乡村地区的生态是很脆弱的，人口一旦增长以后，优美的景色就不会再现，而环境破坏就会极其明显。在这种情况下，城乡融合主要是产业方面要形成一种产业链，比如生态化农业对城市产品的保障，同时，城市居民在农村寻找一种短期的休闲，或者对农村环境的一种利用，这种互补机制、交流机制、共享机制，包括城市的资金通过和农民共建一些房屋或者其他的景点来实现一种资本或者投入的分享，这都是未来可以考虑的因素。只是在这个过程中，我们到现在为止没有一个成熟的模式，这种情况下，我们不能够仅仅以强调乡村振兴就认为是解决我们所有问题的方案，乡村振兴所提出的目标其实是难度很大的，特别是在城乡之间收入差距很大的情况下。我们说要农民富是因为现在农民太穷；说乡村美，是因为现在已经出现萧条的景象；说农业要强是因为现在农业非常弱。在这种情况下所强调的东西就是我们应该支持的东西，但是这种支持的路径应该是一种经济化的融入，而不是一种简单的外部输血机制。现在我们所主张的很多政策短期肯定成效明显，但是长期的问题如何解决，需要深入探讨。

张建君： 特别需要指出的是，2018年9月23日，一个属于中国农民的伟大节日横空出世，在农历秋风时节，第一届"中国农民丰收节"在全国同步举办，此时的中华大地菊黄蟹肥、瓜果飘香，呈现出一派秋收秋种、春华秋实的繁荣景象，真可谓：应时序之变，展丰收之美，亮物华天宝，成人间乐事。这一伟大的节日，标志着千百年来以解决温饱为奋斗目标的传统农业时代结束了，中国农业开始从弱势产业向欢乐农业、现代农业、高质量农业迈出了坚定的步伐。表达了中国人民在40年改革开放成就基础上，实现"五谷丰登，牛羊肥美，风调雨顺，国泰民安"的坚强决心与伟大愿景。"中国农民丰收节"通过推动中国农业高质量发展，展现中国农民的现代风采，开创中国农村之全面振兴，最终要让农业有趣，让农民欢乐，让农村祥和，让欢乐农民唱响中国、点亮世界，让"农业强、农村美、农民富"成为中华民族伟大复兴的坚实底色。

这标志着一个传统农业时代的结束，这标志着一个现代农业时代的到来，我们有幸见证历史。

5.4 中国高铁与"马拉火车"

张建君：近年来，西方国家把"中国高铁、支付宝、网购、共享单车"称作中国 21 世纪新的四大发明创造，引起广泛关注。其中，中国的摩拜单车成为全球成长性最快的公司，支付宝、网购、共享单车在我国社会生产生活方面尽管影响很大，但是从技术含量来看所依靠的仍然是"大智 E 云"时代西方人创造的信息化技术，只不过借助信息化技术实现了市场模式和支付手段的创新。相比之下，中国高铁是名副其实的中国制造，是中国自主知识产权和自主科技创新最具有代表性的名片，从中国传统春运的"一票难求"到现代高铁的即来即走，可以毫不夸张地讲，高铁改变了中国。截至 2017 年，中国高铁的运营历程达到 2.5 万公里，占了整个世界高铁的 2/3，"复兴号"时速已经达到了 350 公里/小时，中国高铁成为中国 40 年改革开放一个重大的技术创新成功典型。中国高铁的成长历程，对于中国工业赢得竞争性优势具有重大的战略启示。

启示一，要敢于自主创新，把自主创新当作打造竞争新优势的第一动力。中国高铁的快速崛起，关键一条就是尊重中国自主的知识创新，充分运用中国自主技术，实现了中国高铁的突破性进展。在这方面，中国生产了全球 77% 的手机，但在芯片方面连 10% 的世界市场占有率都没有，当美国卡住中国的芯片进口，中国的有些手机生产厂家就完全陷入了生产停顿状态，这就说明，如果不掌握核心技术，中国许多所谓的全球百强企业的竞争力是打引号的竞争力。中国作为全球第二大经济体，要在新的发展起点上赢得新的竞争力，必须把中国高铁当作一个经典的样本，让中国创造夯实中国制造的竞争力与影响力。

启示二，不要过度迷信市场化、私有化的改革。过度迷信市场化、私有化的改革，曾在很多国家和地区引发了灾难性后果，甚至在美国、英国也未能幸免。当英国铁路、美国铁路在私有化改革中出现严重亏损，甚至拆掉铁路的时候，中国以高铁为代表的铁路系统实现全新的发展，事实上为世界市场上了生动的一课，这就是有些私有化的改革并不能够带来充分的竞争效应，甚至有可能形成市场的局部性破坏。从这个角度讲，中国在未来高铁、电力、自来水、食盐等产业的发展方面，也不要过度迷信市场化、私有化改革，应该保持中国自己的特点和特色。

启示三，中国未来的改革要更多确立中国标准，形成中国品牌。这也是中国过去改革所遭遇的一个非常严峻的挑战，中国向外卖出产品和服务的时候都是低价的，而中国向内购进原材料、购进产品的时候都是高价的，形成了一度为世界市场所瞩目的"中国价格"现象。问题产生的背景，就是在相关行业和领域没有形成中国标准、中国品牌，缺乏有效的竞争力、影响力，最终只能以巨无霸的市场接轨西方国家的小市场，这给中国经济发展形成了很被动的局面。所以，中国应该利用巨无霸的市场，积极推动在相关行业确立中国标准，形成中国品牌，从而增强中国制造的影响力和控制力。

中国高铁之所以能够从曾经相对于西方很落后的产业一跃而成为世界上具有领先性的产业，就是掌握技术和不掌握技术、掌握核心技术和不掌握核心技术所形成的最大发展差别。中国产业未来要走在世界前列，就必须在工业领域培育一批具有中国高铁这样自主知识产权的自主创新全面崛起，这样中国的工业才能走向现代化的全新发展阶段。

杨万东：中国高铁如果从技术层面上讲，很多不是自主技术，是集成技术，包括德国西门子、日本川崎公司的技术，我们都充分地吸收。因为高铁是一个系统工程，包括轨道技术、机车技术、信号技术，还有整个环境的管控，这些相关的材料技术，形成了一个集成。高铁在中国的成功体现了中国人整合能力的竞争力。我们现在拿中国高铁作为一个榜样，相当于启发我们，我们在一个行业做到世界顶级的程度并不是说什么都是自己的，但是，你可以学习，可以借鉴，可以集成。当集成之后形成的结果就是自己的。

现在中国是一个广阔的市场，中国的人流、物流又是非常充沛的，高铁给我们的启发是，我们立足于本国，把自己的事情做好，只要认真地学习、钻研、探索就能做得很好。高铁首先是在北京和天津之间，在很短距离内的试验、运行，在成功运行之后又不断地先是在一些比较短的距离，如广深铁路运行，然后是京沪高铁、京广高铁，最后在全国建立四通八达的高铁网，现在高铁技术已经展示出它的技术特色。我曾经在一次国有企业改革研讨会上讲，国有企业的发展，我们现在的很多解读常常从所有制的角度，从意识形态的角度来解读，实际上高铁行业的发展告诉我们，当一个产业的发展，一种技术范式的发展是一个广阔空间和巨大规模资产的配置的时候，私人资本本身就很难驾驭，而以国有企业、宏观管理来进行调控、协调就具有天然优势。包括投资方面，这种巨大的投资，私人资本的投资必须通过一种投融资的转换形成资本的集中集聚，把私人资本转换为社会资本以后成为像高铁这种产业的有效资本，从产业本身的技术属性来讲也可以看出一种启发，国有企业到底在哪些行业、哪些领域应该是一个主导的不可动摇的地位。

高铁行业现在的发展其实也存在一些问题，这些问题需要从机制管理方面来进行协调和研究。中国高铁的规模已经足够大，但是高铁行业的经济效益并不明显。除了东部发达地区线路比较繁忙，乘客比较多，中西部地区的高铁现在运行是亏损的，这种亏损的现象由于具有准公共产品的属性，对于整个中国产业的发展具有一定引领的作用，所以，国家通过一定的财力支持，才能够维持它的再生产。从这个角度讲，高铁建设过程中的经济性，如何通过其他途径来进行保障也是需要研究的。高铁线路的建成就预示着高铁沿线的土地升值、区位优势凸显、经济联系的不断扩大，这种情况下，如何把投资产生的地租收益也转化为投资者的权益，也是经济激励机制中需要认真设计和考虑的。因为重要的基础设施建设现在正在从发达地区向不发达地区，从地质条件比较容易建设的地区到地质条件复杂、建设成本高企的地区转换，这个经济的补偿机制如何通过价格机制，通过其他的财务支持来进行转换应当研究。经济学的基本核心理念就是，最起码要实现它自身的再生产，实现成本的补偿，这样就可以可持续地发展。如果不是这种状况，这种支出就必须有一个外部性的估值和一个外部性的付费者，这样才能保证这种建设是可持续、可保障的。

高铁在中国的发展，现在也锤炼了一支队伍，比如严格的管理、连续的高标准的技术，而且在高铁沿线，在发展过程中，现在还在发展相关的航测、监测、信号传递、地质监控，因为中国高铁建设到现在为止时间很短，建设到一定周期之后会出现运行中的各种问题也需要预判。所以，这种大规模的建设绝对不是说短期显成效就能够一劳永逸，因为轨道建设运营的稳定性、地质沉降都有一个周期，在这种情况下，如何应对高铁大发展之后的可持续经营也是我们以后要研究的课题。

所以，把高铁的发展作为中国高新技术产业发展的一个示范，会给我们带来很多启示、很多挑战。同时，也对我们的人员管理、服务提升提出更高的要求。在这个意义上讲，更主要的就是，也给我们中国人一种自豪感，中国人只要认真想做事，特别是我们这种大一统的体制本身所带来的举国体制的优势就会充分彰显。

程冠军：我不同意将中国高铁、支付宝、网购、共享单车称作中国在21世纪的"四大发明"。这四个事物里面真正是发明创造的东西只有中国高铁和支付宝，而网购、摩拜单车只是一种商业模式的创新。

谈到中国的高铁，不由得想起发生在清末的一个笑话。最初洋务大臣李鸿章向慈禧建议在东北修建铁路的时候，慈禧坚决不同意，认为东北乃大清龙脉所在，修建铁路不利于大清国运。李鸿章联合多位大臣三番五次提议，慈禧最终答应。铁路通车后，慈禧被请来观看通车仪式，当慈禧第一次见到火车的时候，直说这火车头声音太大还冒烟，危险得很，于是命人丢掉火车头，改用马车拉。1881年，慈禧第一次坐火车，在上火车之前，慈禧太后提出三个奇葩要求：第一，自己必须第一个上火车，以此来显示自己高贵的身份。第二，火车上其他人必须站着。这是为了显示自己独一无二的尊威和皇权至上。第三，开火车的必须是太监。最后没办法才勉强让火车司机穿上太监的衣服开火车。这个笑话到底有多少夸张的成分，我们已无从考据。但从这个笑话我们就可以看到大清帝国正是因为闭关锁国、妄自尊大最终才被时代无情地淘汰。

今天，中国高铁已经走向世界。不仅向全世界证明了中国道路，也展示了中国速度。高铁发展取得了举世瞩目的成就，我们也感受到了中国高铁给我们带来的巨大便利。我第一次乘坐高铁的时候，感觉"风驰电掣"这个成语就是为中国的高铁而生的。前不久，我刚从上海回来，乘坐的就是复兴号，速度在以前根本无法想象。高铁大大缩短了城市间的距离。高铁在中国成功发展的启示有三点：第一，它得益于国家主导的体制，即举国体制。这种看得见的手的巨大作用，直接决定了高铁发展的成功，没有这个体制高铁成功不了。第二，中国还有一个特定优势就是地域辽阔。这为高铁发展提供了巨大的空间。这两点也是我国经济发展的优势所在。第三，我们在看到成绩的同时，也要看到不足。不足之处就是我们的高铁主要是集成创新，不少技术依然是引进之后的集成组装。这一点，我们还要不断加大技术创新，使中国高铁实现完全意义上的中国造。

张建君：我们之所以把中国高铁作为一个典型的例子，就是在世界范围内，时速280公里以下是西方制造，时速在280公里以上是中国制造，中国人解决了高铁时速在280公里以上的技术装备，使得高铁成为一个具有中国元素、中国创造的全新产品，这首先要肯定。中国高铁在交通运输方面不仅仅是一个产品的创新，而是引发了中国铁路运输相关服务业的业态重塑，把依靠人力进行管理的落后铁路管理技术，推进到了依靠信息化技术管理的全新时代，中国铁路曾经的火车站又脏又臭、垃圾遍布铁路沿线、火车卫生状况堪忧、火车票退改签难上加难等现象，都得到了革命性改善。这种技术创新所引发的集成性效果，使得中国社会的文明程度在高铁方面至少提速了二十年不止。

这有效解决了中国人的出门难，成功解决了中国以亿计算的人口出门旅行的问题，这是改革开放40年来中国因为技术突破所取得的全行业翻天覆地变革的显著例子，加快了中国区域间信息流、物流、人流以及更为紧密的合作交流，甚至出现了所谓的"同城效应、朝夕往返"，这些前所未有的历史性变革，让中国高铁成为中国制造的真正名片；让中国各行各业在这个高质量发展时代看到，技术创新所带来的巨大进步和历史巨变。在中国的高质量发展阶段，在转方式、调结构、培育新动能的压力下，我们现在欠缺的就是像中国高铁这样的发明创造，需要有更多类似中国高铁这样的技术创新，才能真正把中国推进到现代化经济体系所支撑的高质量发展阶段。

5.5 "一带一路"：中国人的两只眼睛

张建君："一带一路"的建设，是中国全球化发展的伟大倡议，是中国人参与全球化建设的全新方式。经过5年的实践，中国取得了显著成效。2017年，我国完成对"一带一路"沿线国家进出口总额73000亿元的规模，占到我国全年货物进出口总额的26.5%。对"一带一路"沿线国家的直接投资额达到144亿美元，占到全年对外直接投资的12%；对"一带一路"沿线国家完成工程业务的营业额855亿美元，占全年对外承包工程业务完成营业额的50.7%。这些数据表明，"一带一路"所取得的成绩是非常显著的。为此，我们一定要有效加以推进，从而让"一带一路"能够造福全世界。

"一带一路"倡议首先体现了一种全新的中国理念、发展观、价值观及中国新形象，表达了21世纪的中国人如何看待世界。1840年以前，中国人的世界观，基本可以表述为："中国就是天下，天下就是中国"，这是传统的、狭隘的观念。后来，被西方列强的坚船利炮打开国门后，中国人才睁眼看世界，认识到中国不是天下，中国只是众国中的一国，在很多方面落后于世界，如工业化、民主化和现代化进程全面落后于世界，更谈不上实现全球化发展的问题。因此，"一带一路"倡议，是在中国改革开放30多年成就的基础上，初步回答了中国人的世界观点——这就是重新振兴中国人开创的丝绸之路，通过经济的合作共赢、共建共享，带给世界一个共享、繁荣、和平的发展格局。"一带一路"尽管着眼于拓展中国对外经贸合作，但是充分体现了中国人看待世界的观点、思想和方法，是中国人21世纪的全球观。

我提出过看待"一带一路"的四个观点。第一，"一带一路"表达了中国人的全球观，中国人就是通过"一带一路"来看待全球，"一带一路"所传扬的发展理念就是要全球共享发展，而不是搞零和博弈，更不是搞殖民侵略，这和中国人在古丝绸之路所传达的全球理念高度吻合。所以，中国人的全球观是一种全球合作共享的全新观念。第二，"一带一路"是一种全新的发展观，要让增长之光照耀全世界，实现全球普遍的包容性的增长。第三，"一带一路"是一种全新的价值观，就是要发达国家和发展中国家共享共建的价值观。第四，"一带一路"也反映了中国人的全新形象，中国人走向世界，带给世界的是经济的福报，是世界普遍的繁荣和发展，中国人通过"一带一路"把经济文明的种子传播给全世界。最终要打造的是一个人类命运的共同体，而不是像西方列强走向世界的时候，带给世界的是殖民、侵略，是相互的欺诈、尔虞我诈，最终让世界陷于战火之中。所以，中国"一带一路"的倡议，是21世纪有关全球化发展最好的一个愿景和表述，有利于让21世纪增长之光持续地照耀全世界，让中国的发展造福全球。

程冠军："一带一路"倡议是一个可以管百年的伟大构想。它把中国几千年的文明，尤其是中华民族道不远人、协和万邦的思想贯通起来，可以说是思接千载、联通古今、情牵中外。回想中华民族的第一个辉煌盛世的汉代，西汉汉武帝时期的张骞从长安带队出使西域，首次开拓了丝绸之路；180年之后，东汉的班超再次出使西域，打通了一度中断的丝绸之路。从此，丝绸之路成为中国走向世界和世界了解中国的最亮丽的文化符号。除了这条陆上丝绸之路之外，中国还有另一条丝绸之路，这就是发端于广东沿海和福建沿海的以航海通商和文化交流的海上丝绸之路，这条海上丝绸之路一经形成就成为中国与外国贸易往来和文化交流的海上大通道。张骞两度出使西域，郑和七下西洋，我们没有攫取别国的一块土地，而是以和平的方式，以中华文化的包容、开放心态与他国进行交流沟通。因此，习近平总书记提出"一带一路"倡议之后，很快就得到了"一带一路"沿线国家的积极响应。

"一带一路"的倡议和建设，包括我们之后成立的亚投行，还有丝路基金都非常成功。谈"一带一路"还要从"中国梦"的提出开始说起。十八大之后不久，习近平总书记首先提出实现中华民族伟大复兴的中国梦，中国梦不仅要实现国家富强，更要推动中国走出去，因此中国梦又具有世界意义。我们不但要向中国人讲好中国故事，还要向外国人讲好中国故事。2013年3月，习近平主席在莫斯科国际关系学院发表演讲时说，中国发展壮大，带给世界的是更多机遇而不是什么威胁。我们要实现的中国梦，不仅造福中国人民，而且造福各国人民。2013年6月，习近平主席在中美元首第一场会晤会见记者时表示，中国梦要实现国家富强、民族复兴、人民幸福，是和平、发展、合作、共赢的梦，与包括美国梦在内的世界各国人民的美好梦想相通。2014年3月，习近平主席在中法建交50周年纪念大会上说，实现中国梦，给世界带来的是机遇不是威胁，是和平不是动荡，是进步不是倒退。拿破仑说过，中国是一头沉睡的狮子，当这头睡狮醒来时，世界都会为之发抖。中国这头狮子已经醒了，但这是一只和平的、可亲的、文明的狮子。这就把中国的发展与其他国家发展之间的关系打通了。打通以后，要用什么去连接它呢？这就是"一带一路"构想。最高目标就是打造人类命运共同体。理解"一带一路"就得把"一带一路"和中国梦、人类命运共同体结合起来，这样才能把对"一带一路"构想的理解放在更高的高度，这一构想的提出更加开放、更加包容、更加融入全球化大潮。

杨万东："一带一路"是习近平主席提出来的伟大倡议，得到了沿线国家的积极响应，但是也有不同之音和不同的质疑，主要原因是，"一带一路"的倡议能够展示出来的，现在只是一些框架性的构想，而且中国政府确实已经开始积极地倡导成立了亚投行和丝路基金，因为"一带一路"沿线国家，特别是中亚各国政治、文化、社会都极其复杂，在国内也有不同的声音，认为风险很明显。现在中国的发展肯定不是一个国内自己的发展，而是要打通欧亚非，实现全球化、整体化的发展，或者打造人类命运共同体，从这个角度讲，"一带一路"是全球化实施的一个路径，而这个路径既有历史的传承，也有地缘经济发展的内在需求，更有中国自身一些特殊的产业依托，比如中国已经形成了一个很有生产建设能力的庞大的建设队伍，"一带一路"沿线国家基础设施建设是一个巨大的需求，甚至包括欧洲国家，很多现在都出现设施老化，或者设施不足的问题，他们对中国的基础设施建设应该有强烈的需求。同时，从资源状况看，他们很多又和中国形成了资源互补的关系，存在经济上的互补、共生和共同的利益诉求，就把这些国家或地区和中国连为整体。但是，为什么这两年又听到不同的声音，因为整个世界从20世纪90年代不断扩张的全球化出现了现在的一种"逆全球化"的趋势，相当于全球化之后贸易保护主义的重新抬头，使各地一些民粹主义或者民族主义的倾向或者情绪有所露头，但是，整个人类社会的发展，由于互联网技术、现代交通技术和国际交往的频繁化，使"地球村"这个概念只会越来越强化，国家完全关起门来搞建设，关起门来自成一体的可能性已经不存在了。

因此，在基于这种大背景下，"一带一路"倡议在共同建设、共同分享这么一个前提下会逐渐被很多国家所认可，中国应该坚持这种开放的思维，坚持开放的路线，坚持和沿线国家，包括其他一些国家形成一种合作、交流、协商的机制，"一带一路"在未来会逐渐展示出它特殊的魅力。

张建君：杨老师讲的我非常同意，"一带一路"不可能是坦途一条，必然面临千难万险。在"一带一路"建设中，一定有支持声音，还有反对声音。中国经济的全球化进程，也必然要经历这样的艰难困苦才能修成正果。所以，在"一带一路"的建设过程中，已经有很多国家明确表示支持和赞成，比如哈萨克斯坦提出了光明之路，俄罗斯提出了欧亚经济联盟，欧盟提出了容克计划，越南提出了两廊一圈，波兰提出了琥珀之路，这都是对"一带一路"的积极回应和对接。从中可以看出，人类相亲相爱、共同推进经济建设仍然是大多数发展中国家的共同愿景。

在整个20世纪世界被划分成了强弱贫弱对峙的发展格局，特别是以制度对峙为核心的东西方问题,事关人类发展前景,而以贫富对峙为特征的南北发展鸿沟并未有效填平。"一带一路"正是立足于填平人类社会所面临的发展鸿沟及发展道路的探索。中国明确提出了构建中蒙俄国际经济合作走廊、中国—中亚—西亚、中国—中南半岛、中巴经济走廊、孟中印缅经济走廊等六大走廊建设的未来愿景,标志着中国 40 年改革开放从"引进来"为主转向未来以"走出去"为主的历史性转变,这不但要切实加强中国和周边国家的深度合作,而且形成稳定发展的周边经济圈。为此,要切实做好经贸产业的打造,人文交流的相互交流,基础设施的有效对接,金融领域的有效融通,要推动政策的相互沟通,让世界各国人民看到,中国"一带一路"宣扬的是一种中国全新的全球观,中国的发展不是搞零和博弈,更不是搞殖民掠夺,希望通过中国的经济来解决全球发展不平衡的问题;用共享、共建、合作共赢来形成 21 世纪全新的全球化观念,充分展现中国 40 年改革开放所形成的全新精神风貌,让全世界看到 21 世纪的中国人充满了自信、充满了创新、充满了开放、充满了包容、充满了和谐共赢的全新理念。中国是 21 世纪推进全球化发展的造福者,而不是面对国际秩序的破坏者。所以,美国总统特朗普在 2017 年的国家安全形势评估报告中,把中俄列为国际秩序的修正主义是一个荒诞的提法,反映了美国政治领导人的理论匮乏和发展短视。为此,要通过"一带一路"倡议,让全世界能够形成一种合作共赢的全新局面。中国的发展为人类福利普遍的增长做出了重要贡献。中国是国际秩序的捍卫者,美国悍然退出巴黎气候大会谈判对人类生态环境放弃道义责任,悍然退出联合国教科文组织是对人类文明进程的公然漠视,特朗普只顾自己、罔顾世界的霸权主义做法是对既有国际秩序的公然践踏和破坏。所以,中国未来的发展,不仅是一种经济合作,更为重要的是弘扬了中国人的全球化新理念,就是人类只有一个地球,地球是我们共同的家园,合作共赢是未来 21 世纪最为重要的人类共同理念和价值观。

所以,中国过去的发展得益于人民勤劳勤奋,现在已经转化为推动全世界持续稳定和平发展的动力。在未来中国人要将"一带一路"发展的理念向全世界进行宣扬,让全世界认识到人类只有切实地推进经济合作才能开创更加美好的 21 世纪。

程冠军："一带一路"既有当年张骞出使西域的探险精神，也有郑和下西洋的宏伟气魄，更有玄奘当年经历"九九八十一难"取得真经的艰辛。"一带一路"最为重要的是把中华文明的优秀成果与世界人民的优秀成果进行了对接，它也是 21 世纪中国走向世界的一个纽带和桥梁。"一带一路"是一条和平之路、和谐之路、合作之路，因而也是开放之路、发展之路、共享之路，同时也是光明之路。

"一带一路"要更好地落实到企业身上，就要将文化与经济融合在一起，要通过这种方式来促进"一带一路"的落实和发展，中国企业要以更大的热情和更高的姿态投身"一带一路"建设，在其中找准自己的定位，抓住中国企业向国际化发展的历史机遇。

张建君：有人认为"一带一路"和邓小平韬光养晦的战略思维并不吻合，中国过早暴露了自己的实力。事实上，这种看法是极其错误的。因为邓小平同志所提出的韬光养晦主要是指中国作为发展中国家，在 20 世纪 70 年代末期仍然没有能够解决温饱问题，在和平的环境下最重要的就是抓住战略机遇发展自己，这仍然是中国全球化发展最为重要的战略。同时，要看到的是 40 年改革开放后，中国已经成为全球经济总量第二的国家，已经在很多领域对于世界产生着举足轻重的影响。如果仍然把韬光养晦等同于在全球化进程中无所作为，中国就丧失了参与 21 世纪全球化发展最宝贵的战略机遇。中国的发展就很有可能被西方国家围追堵截，被封闭在本土以内。中国只有和世界经济形成更加紧密、更加纵深的联系，持续深化和沿线国家贸易合作，才有可能在西方国家对我国的战略围追堵截中获得发展先机。从美国对中国的贸易制裁来看，中国正是有了"一带一路"的先行先试，才有了更好地应对美国贸易摩擦的实力与空间。因此，"一带一路"作为中国应对 21 世纪全球化发展的重要战略构想，必将改变中国，也将改变世界。

程冠军："一带一路"与邓小平提出的韬光养晦一脉相承，并且找到了韬光养晦的最佳路径。韬光养晦并不是不作为，而是要厚积薄发。新中国成立以来，世界格局就进入了和平发展时期，到现在我们依然坚持和平发展道路。习近平总书记在谈中国梦的时候提出，中国梦是国家的梦、民族的梦，也是每个中国人民的梦。实现中国梦，必须坚持和平发展，必须坚持中国道路，必须弘扬中国精神，必须凝聚中国力量。这就把中国梦与世界和平发展联系了起来。我们过去经常讲中国模式，从中国模式到中国道路，习近平总书记又在建党95周年之际提出中国方案。中国方案体现的就是韬光养晦精神，是一种谦逊的说法。中国方案具备两个条件：首先，这是一个成功的方案。其次，既然是方案，别国可以选择借鉴，也可以选择不借鉴。我们并不把自己国家的发展模式强加于人。这正如习近平总书记在党的十九大报告中所指出的，中国的发展"给世界上那些既希望加快发展又希望保持自身独立性的国家和民族提供了全新选择，为解决人类问题贡献了中国智慧和中国方案。"

对于每个国家和民族所选择的发展道路，习近平总书记反复阐明中国人民的立场，每个国家和民族都有自己的特点，应该根据本国国情选择发展道路。鞋子合不合脚，自己穿着才知道；一个国家的发展道路合不合适，只有这个国家的人民才最有发言权。各国主权范围内的事情只能由本国政府和人民去管，世界上的事情只能由各国政府和人民共同商量来办。这是处理国际事务的民主原则，国际社会应该共同遵守。由于历史文化、发展阶段的不同，中国梦、美国梦以及其他国家人民的梦想内涵不尽相同，实现的具体途径和方式也可能不完全一样。条条大路通罗马。各国人民对梦想的追求，不论有什么异同，都是激励他们顽强奋斗的强大动力，也为中美合作和各国合作提供了重要机遇。

张建君："一带一路"就是中国人民21世纪全球化发展的两只眼睛，中国人只有看到全球化才能求得伟大复兴和持续发展。所以，习近平总书记在博鳌论坛明确讲，中国改革开放的大门只会越开越大，中国依靠改革开放走到今天，也必将依靠改革开放赢得未来。这就要坚定不移地推动"一带一路"，使中国紧紧地和21世纪的全球化形成同频共振的发展，在高质量发展的基础上推进中国的现代化，让中国的现代化为世界的持续发展作贡献。所以，从这个角度来讲，构建"一带一路"就是中国人要为中国21世纪的发展打开一条全球化通道。

探索发展新模式

6.1 市场是人类的一个伟大发明

张建君：中国 40 年的改革，具有三个典型的阶段性特征。一是从 1978~1992 年的改革，是一个微观先行、建立现代市场价格机制的改革过程，放活了微观的市场主体，逐步形成一个具有市场化资源配置的经济体制。二是从 1992~2003 年，是一个中观为主的改革阶段，成功推动了企业市场化的改革和建设，建立了一个市场化运行的现代企业制度。三是从 2003 年到目前为止，中国的改革进入了一个全新的宏观制度完善时期，要形成更加成熟、更加定型的市场经济。

在这个阶段，解决好政府和市场的关系是核心问题，我的看法就是要贯彻八字方针："放开市场，管住政府"。"放开市场"就是要让市场在资源配置中发挥决定性作用，"管住政府"就是管住政府不该伸向市场的手。特别是党的十八大以来，"放管服"改革是一个重要的战略选择，要提供好的制度安排来解决市场体系不完善、市场规则不统一、市场秩序不健全、市场竞争不充分、政府权力过大、审批过杂、干预过多、监管不到位等一系列问题，切实做到凡是能由市场配置的都交给市场，政府不进行不当的干预，让市场充满活力。市场决定资源配置是市场经济的一般规律，市场经济在本质上就是市场决定资源配置的经济，市场配置资源也是经过实践证明最有效率的形式。

为此，一要加大市场准入的改革力度，把"放管服"改革落到实处，减少政府的审批事项，建立负面清单管理制度放开市场准入条件，凡是不允许的都以负面清单的形式来加以体现，凡是市场自主获得发展的都不去干预，为市场主体打造一个平等进入、机会均等的公平竞争条件。

二要强化市场监管。这些年最大的问题就是市场监管不到位,"八个大盖帽管不住一个破草帽",这样的现象长期得不到有效解决,甚至假冒伪劣一度充斥市场。现在随着党和国家机构的不断改革,要把市场监管落到实处,彻底使市场中存在的"劣币驱逐良币"的现象得到解决,使市场更加有效、更加健全。

三要使市场体系持续完善。市场作为一个体系,既包括基础性的商品市场,也包括高层次的金融市场,不同层次的市场体系的发育完善,为各种资源配置提供了有效通道。只有一个完善的市场体系才有可能形成高效的市场化资源配置机制,在这方面要切实加大改革力度,尽快推动各类各层级市场的持续完善。

四要把政府权力的收缩作为发挥市场活力的重要约束机制,一定要管住政府的手,管住政府的图章,让市场拥有更为自然、更为宽松的氛围,充分释放市场经济的活力和动力。

五是中国走向全球化发展是历史的必然,中国不可能独立于世界市场之外,一定要在世界市场中实现和平竞争、共同繁荣,中国的市场主体必须经过全球化发展,才能够经得起现代化发展的全新挑战。

程冠军:中国改革开放取得辉煌成就的一个最关键因素就是建立了中国的市场经济。从计划经济到有计划的商品经济,再到建立社会主义市场经济,这其中经历了很多波折和斗争。中共十八届三中全会召开之前,我在《学习时报》发表了评论员文章《改革三十五载再发力》,我认为中共十八届三中全会推行的全面深化改革将是一场自中共十一届三中全会以来,在改革进程中最大的一次脱胎换骨的改革。因为,原来的改革一直是摸着石头过河往前走,这是邓小平的改革方法。建立社会主义市场经济前无古人,本身就是一个不断探索的过程。探索到今天,在改革进程中,积累了一些这样那样的问题。今天,我们应该怎么办?2013年7月,习近平总书记在武汉召开部分省市负责人座谈会。他强调,必须以更大的政治勇气和智慧,不失时机地深化重要领域改革,攻克体制机制上的顽瘴痼疾,突破利益固化的藩篱,进一步解放和发展社会生产力,进一步激发和凝聚社会创造力。习近平总书记在听取了大家发言后作了重要讲话。他指出,改革开放是我们党在新的历史条件下带领人民进行的新的伟大革命。这场伟大革命,从党的十一届三中全会到现在,走过了35年极不平凡的历程。事实证明,改革开放是当代中国发展进步的活力之源,是党和人民事业大踏步赶上时代的重要法宝,是大势所趋、人心所向,停顿和倒退没有出路。

武汉座谈会实际上是为即将召开的中共十八届三中全会"吹风""定调"。这个会议之所以选择在武汉,有一定的特殊意义。武汉是邓小平1992年"南方考察"第一站,全面深化改革的会议选择这里,彰显了习近平总书记全面深化改革的决心。我们再看,习近平总书记为什么要在中共十八大以后不到一个月,重走邓小平"南方考察"路?就是要坚定改革开放决心。在深圳,习近平总书记强调,改革不停顿,开放不止步。中共十八届三中全会提出,要坚持和完善中国特色社会主义制度,推进国家治理体系和治理能力现代化及发挥市场在资源配置中的决定性作用。发挥市场在资源配置中的决定性作用,就决定了中国特色社会主义市场经济是最彻底的一次改革,把过去政府管也管不好、管也管不了、管也不该管、管也不能管的,全部交给市场。更好地发挥市场作用以后,政府才能更好地发挥自身的作用。

改革就是要革故鼎新,就是要摒弃不合时宜的旧观念,革除阻碍前进的旧体制,打破束缚发展的旧框框。每一次改革都会触及一些原有体制、机制条件下的既得利益,但改革的目的是解放和发展生产力,实现发展与公正,最终惠及最广大人民群众。如果说,35年的改革我们是"摸着石头过河",35年之后,改革已经到了逢山开路、遇水架桥的关键时刻。习近平总书记所提出的要处理好"顶层设计和摸着石头过河的关系"等五个关系,这个"顶层设计"实质上就是要为改革"架桥"。因此,新一轮改革的总基调就是要处理好"五个关系",胆子要大,步子要稳,稳中向好。把握这个总基调,我们就可以架好桥,开好路,赢得这场新的"改革大考"。这正是:深化改革正当时,三十五载又出发。

每一次改革其实都是政府进一步放权,进一步为市场松绑。中共十八届三中全会以后,在2014年"两会"上,李克强总理就提出法无限制皆可为、法无授权不可为、法定职责必须为。法无限制皆可为，这对于整个社会民众来讲，只要没有法律限制，法律条文没有涉及这一条，就可以更好地发挥人的能动性、主动性；法无授权不可为，这是对政府来讲，法无授权，政府执政者不能去做这件事；"法定职责必须为"，有的政府官员认为，你既然不要我干，我就不干，就不作为，而法定职责必须为，不作为就要问责你。这一点是政府对于我们党领导改革的一个很好的回应。

杨万东：市场是人类的一个伟大发明。我们回顾人类历史发现，早期北欧的海盗是以抢劫为生，看上对方的货物，就直接杀人掠货，夺取别人的东西。后来发现，有的势均力敌，最后就转化为打得过就打，打不过就交易。这是北欧史上海盗转化为贸易的方式。早期像西班牙、葡萄牙是以海盗贸易最后转化为世界贸易全球化的开拓者，这就给我们一个启示，强迫性、抢劫性的配置方式是一种更古老、更野蛮的方式，而交易性的模式，也就是市场化交易的模式是一种相对文明、友好协商的方式，这是历史给我们的一个启示。

马克思在《资本论》里特别讲了生产、流通、分配和消费四个环节，在马克思《资本论》三卷里面都用大量篇幅讲商品的生产和交换，重点分析了商品的使用价值和价值。只有使用价值转换为价值以后，这个交易才是容易被衡量的，能够公平地将使用价值通过市场实现。虽然马克思研究的是资本主义社会的运行规律，研究的是剩余价值和剥削的本质，但从马克思的研究过程就揭示了，市场在资本的发展过程中所体现出来的特殊功用。

现在我们为什么对市场必须要看重，就因为市场体现的是一种他者，是一种制衡、一种平等，是一种对产权的尊重，如果我们设想一个市场是一个整体，就不会有市场，只有有了不同的主体，才会有不同的权益边界，才会有分工和协作，才会有交换。所以，市场的本质是一种交换。

中国长期以来在皇权大于一切的社会里，市场虽然由于经济本身的规律有所孕育，但总体来讲，官权远远大过民权，所以，皇家的权力压倒一切，中国社会在近代以来也一直是属于战乱频频的时代，所以，市场机制一直没有得到很好的发育。中华人民共和国成立以后，在很长一段时间，由于延续了战时共产主义的体制,这种"一大二公",对市场本身也是采取了一种遏制的思维。后来发现,由于整个计划体制,人们的思考者和实施者太集中,整个社会就出现一种扭曲式的发展,尽管部分产业有一些发展,但是激励机制没有健全,而市场机制在改革开放之后,通过放权让利,就突然魔术般地体现出效益来,这就使市场机制的激励效应得到了充分的体现。

我们现在回过头来看中国改革这些年的成效,微观改革好于宏观改革,因为微观改革中的价格机制通过价格双轨制的方式慢慢释放出来,价格机制就变成了一种激励机制。但同时还有一个现象,我们的企业改革比政府改革要好,因为企业改革充分地吸收了市场体制中价格机制的作用,企业能够自负盈亏和自担其责,这样就有了优胜劣汰。而政府系统相对来讲,现在只能说在反腐败的过程中,把那些干扰市场,把企业、市场当成一种寻租场的腐败分子清除出来,促进了市场的完善。可以看出,在整个腐败治理过程中,对公权的约束,对政府权力的约束,"把权力关进制度的笼子里"使市场经济有一个好的发展条件。否则,民间企业的创新、创造和发展就会受到极大的制约。

市场机制一个最大的好处就是,通过价值的发现,把市场的短缺和过剩,通过市场化实现价值供求均衡。同时,由于市场本身存在的交易对手之间的不平等关系,形成了一个公平法治的需求环境。发达国家都是市场体系相对完善的国家,而发展中国家,特别是军事集权的国家,军政府都是权力压倒一切,而政局多变,社会极不稳定。从这个角度讲,市场对中国来讲就是一个非常重要的可持续发展的机制。所以,党中央在十八届三中全会公报中就提出来,市场在中国经济中是起决定性作用的一种力量。

培育更有活力的市场,主要是把政府管好,让政府做好自己的事情。市场有失灵的地方,当市场失灵的时候,政府可以使市场的失灵得到及时纠正,但是政府本身不可能完美无缺,而且政府是由一些官员个人构成的一个社会组织群体、一个社会系统,人性就注定了官员有犯错的可能性,特别是他们被权利、利益所俘获以后,就成为市场的干扰力量。所以,要有更有活力的市场,其实就是要管好政府,同时,给市场建立一个有效的机制,让市场自己来实现自我淘汰、自我选择。

如何有效配置、有效探索？虽然中国40年的改革已经取得了很多成绩，但是，也能发现整个过程并不顺利，很多问题依然还需要进一步研究。对此，把市场作为一个决定性要素，充分尊重，把法治作为一个基本的保障，充分地完善，这样市场就会有一个合理的空间。

6.2 形成国企与民企的"双进格局"

张建君：回顾中国的改革之路，1978～1992年是国企改革的第一阶段。改革初期，社会资源主要集中在全民所有和集体所有的国有企业，要培育商品市场的力量，就必须对国有企业进行大规模的改革。在此过程中，有些国有企业搞得好，有些国有企业搞得差，甚至很多国有企业被完全淘汰，实现了社会资源的重新配置，伴随个体、私营、三资等企业的崛起，使中国的经济主体呈现出多元化发展，带来了商品市场经济活动的空前繁荣。

1992～2003年是国有企业改革的第二阶段，"国退民进"可以说是这一阶段的显著特征。在中共十五届三中全会作出了国有企业要抓大放小、有所为有所不为的改革原则，实现了对国有企业布局的战略性调整，大量国有企业在改制过程中退出了相关领域，形成了"国退民进"的现象。在2004年引发了著名的"郎顾之争"，郎咸平在复旦大学发表了他的著名演讲《科林格尔：在国退民进的盛宴中狂欢》，剑指企业家顾雏军在国有企业改革过程中造成了大量的国有资产流失，甚至出现了国企领导人损公肥私、转公为私而侵吞国有资产的问题。后来，顾雏军把郎咸平告到了香港的法庭，很有意思的是，结果是以顾雏军锒铛入狱而告一段落，这个阶段的国企改革呈现出"国退民进"的显著特征。2018年，顾雏军的案子被立案重审，其结论和走向值得关注。

从2003年到中共十八大，是国企改革的第三阶段。特别是在2008年全球金融危机的冲击下，我国启动4万亿元带动20万亿元的投资，大量投在铁路、公路和基础设施建设项目上，呈现出了国有企业做强做大的现象，有人称为新一轮的"国进民退"的现象。究竟是"国进民退"，还是"国退民进"，作为市场经济的改革过程，所有制的动态调整有利于多元化、要素化、市场化的体制机制建设，可以有仁智之见。在中共十八大之后，国有经济改制任务已经基本完成，国家对公有制经济和非公有制经济作出了"两个都是、两个不可侵犯、三个平等、三个鼓励"等一系列平等化的政策安排。"两个都是"，就是公有制经济、非公有制经济都是社会主义经济的重要组成部分，都是我国经济发展的重要基础。"两个不可侵犯"，就是明确了公有制经济财产权不可侵犯，非公有制经济的财产权同样不可侵犯。"三个平等"就是强调了在非公有制经济和国有经济的发展方面都要坚持权力平等、机会平等、规则平等，实行统一的市场准入制度。"三个鼓励"就是鼓励非公有制经济参与国有企业改革，鼓励发展非公有制资本控股的混合所有制企业，鼓励有条件的私营企业建立现代企业制度，呈现出打造社会主义市场经济的发展方向。可以说，未来中国经济，既不是以非公有制经济为主体，也不完全是国有经济一统天下，而是要实现国有经济和非公有制经济的混合发展，这意味着，在社会主义市场经济中要实现"国进民进"的双进格局。国有企业要更好地在事关国家安全、事关国计民生的重大技术创新领域扮演主力军的作用；也要鼓励非公有制的民营经济为中国经济繁荣作出更大的贡献。

所以，国有企业和民营企业的双进格局就是探索中国特色社会主义市场经济混合所有制最为核心的制度安排。习近平总书记明确提到，国有企业只能加强，不能削弱。这表明在中国特色社会主义市场经济中，国有企业是我们不可动摇的一个经济力量，民营经济同样是我们不可动摇的一个经济力量，要把二者有效结合，形成多头发展、双元平衡的全新发展势头。

杨万东：国企和民企，这个问题从改革开放以来一直在讨论，国有企业改革一直是改革的重心，具体分了以下几个阶段。第一阶段，扩权让利。从中国农村改革得到启示，在20世纪80年代提出来搞活国有企业，搞活大中型企业，对国有企业进行扩权让利，扩大企业自主权，80年代初四川省就在林凌等人主张下对14家国有企业进行了放权让利的试点。第二阶段，利改税。利改税就是让国有企业在完成核定比例的税收上缴后可以有利润留成可以自主支配，这项改革从1982年开始在全国有较大范围试点。第三阶段，1984年开始以首都钢铁公司为代表开始大型企业的承包制试点，对小型国有企业则实行租赁、拍卖等试点。第四阶段，以华生为代表的一批青年学者提出资产经营责任制，推动了企业法人制度的形成，股份制开始在全国中小国有企业中试点，较大型的国有企业股份制试点是沈阳金杯汽车公司。第五阶段，1992年确立中国建立社会主义市场经济体制后，股份制成为国有企业改革的主要形式，很多大中型国有企业改制为股份有限公司并在证券交易所上市。第六阶段，国有企业减员增效，大量员工下岗分流。1997年由于亚洲金融危机和国内民营经济成为国有企业的竞争者大量进入产品和服务供给市场，国有企业出现大面积经营困难，出现了大规模的国有企业职工下岗，当时号称几千万企业职工下岗，这种情况对国有企业形成了极大的冲击，特别是对这些企业员工的权益造成了很大的伤害。这种现象的出现，同时也伴随着一些企业的内部人员通过各种方式来转移国有资产，形成了一部分人的寻租暴利。很多企业当时是采取了承债式收购，很多人是有内部关系的人，当时中国的土地权益这种市场化轨迹很多人没有考虑到，这就成为后来在城市化推动过程中，土地价值暴涨以后巨大的寻租利润。第七阶段，确定建立现代企业制度，实行国有经济战略性重组，部分国有企业从竞争性领域退出，部分地区出现国退民进。第八阶段，国有企业分类管理，分为竞争性企业和公益性企业，竞争性国有企业主要处于对国民经济具有重要影响的资源型和战略型产业。第九阶段，通过供给侧结构性改革，发展混合所有制经济，实现国进民进。

现在主张发展混合所有制，就是希望国有企业和民营企业在这方面通过产权融合取长补短，因为国有企业到现在为止，效率不高这个问题依然存在，包括内部人控制，这种现象如何来解决，就是要引入企业家机制，企业家机制包括民营企业对市场敏感的作用机制，都是国有企业所稀缺的因素。在这种情况下，国进民进就是未来我们必须的选择。

当然，现在有个问题，对于国有企业来讲，既然它是全民所有，这个问题确实需要认真考虑。现在国有企业上交的利润只是很少的一部分，大部分利润留存在了国有企业上一级的集团公司，这些公司如果将留存利润用于社会发展，用于扩大再生产，用于履行社会责任无可非议。但是，既然是属于全民财产，它的收益应该归于全民所有。我们现在社会的福利水平整体不高，而国有企业又拥有这么巨大的全民财产，从其经营收益中获取的收益，比如转向社保基金，转向财政的上缴，甚至还可以转向一种适当设计的比较有效的分红机制，这样才能让全民所有制真正为全民所认可、所保障。在这种条件下，民营企业的发展遵循的是另外一个路径，就是市场化的竞争，按照合法合规的经营来获取它的市场化收益。我国把国有企业分为竞争性行业和公益性行业，目前竞争性行业相对好界定，而公益性行业边界相对模糊。现在很多方面还有一些模糊边界。目前经济发展中存在的一些"瓶颈"就是国有资本投入不足，民间资本进入不足，比如在教育、医疗、养老等很多领域，我们有短板，这种短板怎么形成的？原因在于激励机制有问题，公益性行业中也应该引入市场机制。我们现在是简单地否定了教育产业化和医疗产业化，但没有考虑到，从产业角度讲，拥有现金流的行业同时就具有一定的产业属性，一旦当政府投入或者公有投入不足的时候，就需要有市场的补充。

程冠军：国企和民企的"双进格局"，这个话题非常好。一直以来，在中国市场经济进程当中一直存在"国退民进"或"国进民退"的争论。目前基本上形成了一个大的共识，就是"双进格局"。这种"双进格局"的形成关键在于以习近平同志为核心的党中央强调"两个毫不动摇""三个没有变"。"两个毫不动摇"：毫不动摇地巩固和发展公有制经济，毫不动摇地鼓励、支持和引导非公有制经济发展。"三个没有变"：非公有制经济在我国经济社会发展中的地位和作用没有变，鼓励、支持、引导非公有制经济发展的方针政策没有变，致力于为非公有制经济发展营造良好环境和提供更多机会的方针政策没有变。

长期计划体制下形成的国有企业模式，在 20 世纪八九十年代一直处于风口浪尖上。目前，"国企混改"成为一个热门话题。是让民企参股还是让员工持股？我认为实际上"国企混改"并不是一个新概念，早在 20 世纪，全员持股的问题就已经进行了探索。员工持股也是一种混改，也是混合所有制。有一段时间国企改革出现员工持股，结果企业领导层、管理层持股和员工持股的比例悬殊，达到 1∶100，甚至 1∶1000，这就造成了国有资产流失。管理者和被管理者之间的比例最多到 1∶10，超过这个比例就造成资产流失，也造成了社会极大的不公平。如果按照合理的配比全员持股，所有的员工既是劳动者，也是财产所有者，这样的国有企业既符合社会主义原则，也符合市场经济原则，更符合现代企业制度。

习近平总书记在全国国有企业党的建设工作会议上的讲话，为国有企业党的建设和国有企业改革指明了方向。在讲话中提出了"两个一以贯之"：坚持党对国企的领导是重大政治原则，必须一以贯之；建立现代企业制度是国有企业的改革方向，也必须一以贯之。这就是国有企业党的建设和国有企业改革方向，这个方向就是党领导国企改革。如何处理好党的建设与国有企业改革的关系？这就是国有企业要建立现代企业制度。

国有企业是中国经济的中流砥柱，有"共和国长子"的美誉。如果说国有企业是中国经济的中流砥柱的话，民营企业就是站在风口浪尖的弄潮儿；如果国有企业是航空母舰，民营企业就是一个舰船编队。从中国市场经济建立的进程看，市场经济每前进一步都是对非公有制经济的再松绑——从"不允许"到"允许"，从"允许"到"必要的有益补充"，从"必要的有益补充"到"组成部分"，从"组成部分"到"重要组成部分"。中共十八届三中全会提出"公有制经济和非公有制经济都是社会主义市场经济的重要组成部分，都是我国经济社会发展的重要基础"，把"也是"变成了"都是"，这个变化把公有制经济和非公有制经济由过去老大、老二之分变成了孪生兄弟。手心手背都是肉，也可以称为两只手,也可以称为手足之情。由此可见,民营企业与国有企业的地位日趋平等。

如何做大做强做优国有企业?习近平总书记已经作出重要指示:国有企业是壮大国家综合实力、保障人民共同利益的重要力量,必须理直气壮做强做优做大,不断增强活力、影响力、抗风险能力,实现国有资产保值增值。要坚定不移深化国有企业改革,着力创新体制机制,加快建立现代企业制度,发挥国有企业各类人才的积极性、主动性、创造性,激发各类要素活力。要按照创新、协调、绿色、开放、共享的发展理念的要求,推进结构调整、创新发展、布局优化,使国有企业在供给侧结构性改革中发挥带动作用。要加强监管,坚决防止国有资产流失。要坚持党要管党、从严治党,加强和改进党对国有企业的领导,充分发挥党组织的政治核心作用。各级党委和政府要牢记搞好国有企业、发展壮大国有经济的重大责任,加强对国有企业改革的组织领导,尽快在国有企业改革的重要领域和关键环节取得新成效。

近期有人在自媒体上发表了一通"高"论,说私营经济已经完成了协助国有经济发展的历史性任务,应该逐步地退出。这个言论可以说是没有常识的信口开河。《经济日报》等官方媒体很快批驳了该言论。不管该言论是想夺公众眼球,还是别有用心,都不能让人容忍。但是,这个事情的发生不可等闲视之。此言既出,一定是有其土壤和气候。在此,我想请问该言论的拥趸者们:难道习近平总书记反复强调的"两个毫不动摇"和"三个没有变"你们没有学习吗?

怎么破解民营企业的发展难题?2016年3月4日习近平总书记在全国政协十二届四次会议民建、工商联界委员联组会上关于非公有制经济的重要讲话中给出了民营企业的发展路径。他说,政策执行中"玻璃门""弹簧门""旋转门"现象大量存在。对目前遇到的困难,有的民营企业家形容为遇到了"三座大山":市场的冰山、融资的高山、转型的火山。习总书记说了,怎么超越"三座大山",怎么解决"三座门"的问题?就是建立新型政商关系。总书记提出了问题,谁给你答案?这方面我们探索还不够。建立新型政商关系,就是要把过去那种地下的行为转为地上行为,要搬掉"三座大山",拆掉"三座门"。拆门、搬山、建平台,这个建平台由民营企业自身建立,当然也包括各级政府和党委帮它打造一个平台,让民营企业走到前台,走到公开的平台前,建立一个政府与民营企业公开的对话机制,包括民营企业和国有企业在合作当中也要有对话机制,这样才能解决问题。

当前民营经济发展的另一个"瓶颈"是自身的问题,这就是文化升级的问题。从中国民营企业比较活跃的地区——浙江来看,中国经过40年改革开放造就了中国最大的企业家队伍——浙商,浙商不但走向全国,而且走向了世界。浙商的转型升级已经走在前面,其中有几个重要的因素,即技术升级、产业升级、管理升级、文化升级。其中文化升级最重要,文化升级也是最根本的升级。一些行销全世界的知名企业——麦当劳、肯德基、通用电器、福特汽车,为什么能行销全世界,根源在于它的文化因素在起作用。麦当劳、肯德基为什么能在全世界成功开店?因为消费者已经认同它们的文化。企业的竞争最终的根本在于文化竞争,真正的传承是文化的传承。什么样的企业文化是好的文化?管用的文化才是好的文化。关于"文化"一词,《易经》说:观乎天文,以察时变;观乎人文,以化成天下。文化的作用是化成天下。好的企业文化也是这个标准,要化成员工、化成用户、化成社会。那么好的企业文化的标准就出来了,这就是要符合三个认同:员工认同、用户认同、社会认同。员工认同你的文化,才愿意跟你走;用户认同你的文化,才愿意跟你合作;社会认同你的文化,你的企业才能成为被社会广泛认可的著名品牌。

杨万东:国有企业和民营企业各自的优势,每个人判断的角度不一样。中国国有企业的第一大优势就是资产优势,资产来自一个很强大的国家政权。第二大优势是人才优势,在中国来讲,国有企业的领导是准官员,国有企业的员工相当于也是公职人员,这种情况在中国文化中是高度认可的,比如吸收大学生、硕士、博士等专业人才,都比民营企业有优势,而且成本还很低。第三大优势是制度优势。作为"共和国的长子",从现实来看,它在融资方面,在各种政策的享用方面,都比民营企业有各种优势。所以,国有企业做大并不难。但是国有企业确实存在问题,它的劣势就是它的市场机制不够,对市场的敏感度不够。它的利益导向，由于有三大保证，一般的市场冲击对它没有影响。而民营企业最大的优势其实就是市场敏感度很高、调头快、转型快、机制活。所以，民营企业的这种机制和国有企业这种机制能够有效对接，确实对于中国企业改善经营效率，同时完善内部治理结构乃至走向世界都会有很大的好处。但是民营企业确实也有顾虑，比如有的民营企业担心，国有企业会不会把我吃掉，毕竟它有三大优势，我只有一大优势，所以权益的保障、法治的保障等方面确实要进一步细化。

同时，国有企业自身也有一个改革深化的问题，国有企业的很多企业家不是说要把企业做大，而是时刻准备着转身为官员。由于这种思想准备，他就很难去做特别长远的打算，比如产品开发、市场开拓，特别是机制转型，像这些出慢活的事情，他更愿意像官员一样做政绩项目。这是目前虽然国有企业资本规模很大，但是开拓性总体不足的一个原因，也是整个体制机制在未来改革中需要进一步深化的问题。

6.3 强政府、活市场与严监管

张建君："强政府"强在何处？既不是强权，也不是强势，而是两个服务要强、法治要强，即：一是打造服务型政府；二是打造法治型政府。在市场经济条件下的强政府，就是一定要为市场主体提供第一流的服务，一定要把自己打造成一个依法行政的主体。纵观国内外，只有在法治和服务两个方面做到一流，一个国家的经济才有可能赢得国内外市场。在这方面，美国就是一个典型的强政府，甚至美国人为了自己的市场主体，不惜对其他国家采取各种各样的制裁措施,这充分表明美国政府并不是只注重国内的经济管理,更注重为国内经济主体做全球化的服务,这给中国一个很大的启发。而且美国政府对经济的干预,经常祭起法治大棒,使得美国政府体现出了非常强硬的姿态。所以,中国要很好地借鉴美国政府的做法,一方面,很好地服务于国内的市场主体;另一方面,用法治的手段来对待国内外的市场竞争,加快向服务型政府、法治型政府转型,不断消除行政本位、衙门作风,甚至官僚主义的特点,不是政府最有权威、政府最有权力,而是政府以最强服务、最好的法治服务于市场经济。

所谓的活市场活在哪里,怎么体现?一是市场主体的准入;二是市场主体的创新。为市场准入提供一个公平、公开、公正的环境,市场就一定是充满了创新的活力,一定要用创新来引领市场的繁荣。现在技术创新仍然偏少,市场准入很不合理,也是我们要进行不断改善的领域。

严监管,就是要管出一个高质量发展的新境界。中国40年的改革,已经成为全球第一大商品贸易国,要用更加严格的监管推动中国市场从低级产品、初级产品、低附加值产品向更高标准、高附加值产品市场进行切实的转变,必须实现政府与市场的有效平衡,在充分有效的市场监管基础上,把中国经济推进到高质量发展的全新阶段。

杨万东:"强政府"的界定容易有歧义,因为现在政府本身就是一个很强大的主体,公权主要集中在政府。从目前来看,我们所看到的"强政府"很多时候是过"强",相当于是管得太多,管得过死,让市场失去了活力,这种"强"不是我们所要求的。我们要求的"强"是,政府是市场的坚强后盾,是它的坚强保障。美国政府就是美国企业的保护神,是最好的父母官,只要企业有诉求,美国政府从来就没有退让的时候,美国企业为什么在全世界的发展通行无阻,因为美国整个国家体制非常强大,保证了它在全球整个利益的配置。

中国政府现在也在积极作为,但是,总体而言,我们很多国际交往、交流的规则还不是太熟悉。比如,这次中兴通讯事件发生以后,我们的应对还是显得比较被动。用什么样的机制来保障国际化背景下中国企业在海外的权益,是一个必须认真考虑的问题。如何按照市场规则、全球化规则、WTO规则来设计，用一种契约化的方式来规避企业面对的不确定风险，是在市场经济与全球化这两个因素交会的情况下，中国政府在国际化竞争中一个特别重要的任务。

同时，"强政府"还体现在对于市场体系中的垄断行为的有效管理。"强"就是"强"在它的监管标准的合理、公正、有效和及时。目前，在产品市场有产品的质量问题，有产品配置的有效性问题，在要素市场，特别存在交易中的风险管理，还有利益配置中的不合理，特别是对通过操纵市场来牟取暴利，这种情况需要政府通过加强监管的方式来有效地制约。但是，政府的监管的"强"还体现在不能够把市场管死，因为一个管得极严的市场实际上是不存在的，它要给市场留出空间。如果要管这些专业的高端市场，政府的管理部门、政府的官员不能是外行，他们必须经过专业的培训并具有专业教育背景，甚至对国际市场相当了解，这样才能够胜任他们的工作。

中国目前存在的一些问题，很多是事后进行补救，特别是金融市场的一些领域，2015年的股灾已经告诉我们，政府的监控管理完全是"马后炮"，以至于最后光补救这个市场就付出了极大的经济与社会成本，这些方面都表明，中国的政府有很多工作需要认真去研究和改进。

程冠军：强政府的"强"不应该是强硬的"强"，而应该是坚强的"强"。这个"强"是"有所强，有所不强""有所为，有所不为"。正所谓"大道至简，有权不可任性"。什么叫"有所强，有所不强"？比如，体现在全面推进依法治国方面，政府的做法就是依法行政。依法行政，重在"有法可依、有法必依、执法必严、违法必究"。当然，政府既要强，又要讲究柔性执法。要变"刀制"为"水治"。法无授权不可为，法无限制皆可为，法定职责必须为。

法令行则国治，法令弛则国乱。习近平总书记说，光明前进一分，黑暗便后退一分。反过来讲，光明后退一分，黑暗就前进一分。同样，正义前进一分，邪恶便后退一分。中共十八届四中全会指出，法律是治国之重器，良法是善治之前提。政府要从过去的管理模式转变为治理模式，治理的最高境界是善治，这也是我们全面推进依法治国所追求的目标。善治是法治与德治的完美结合。良法善治，政府在治理国家、治理社会的时候，一定要坚守善治思维。

治理的前提是法治，治理最高目标是善治。为此中共十八届四中全会布局全面推进依法治国。中共十八届四中全会《关于全面推进依法治国若干重大问题的决定》（下称《决定》）明确指出，法律是治国之重器，良法是善治之前提。"善治"一词的出现表明，以习近平同志为核心的党中央正带领今日中国走向善治。为了建设社会主义法治国家，为国家治理现代化提供法治保障，中共十八届四中全会作出了《决定》，配套出台了180多项对依法治国具有重要意义的改革举措。《决定》指出，全面推进依法治国的总目标是建设中国特色社会主义法治体系，建设社会主义法治国家。《决定》提出"坚持依法治国、依法执政、依法行政共同推进，坚持法治国家、法治政府、法治社会一体建设，实现科学立法、严格执法、公正司法、全民守法，促进国家治理体系和治理能力现代化"。这意味着全面推进依法治国与全面深化改革的总目标是有机统一的整体。全面推进依法治国与全面深化改革的目标是一致的，这就是要通过治理现代化的手段建设社会主义法治国家，使中国伴随现代化的进程走向善治。

6.4 探索新的经济增长之路

张建君： 探索新的经济增长之路，对于中国未来的发展是最为重要的一件事情。40年的发展，使中国站在历史的关键点上，就是要形成一条新的经济增长之路。现在外部已经形成了政策的倒逼机制，就是供给侧的结构性改革，过去的两年时间里，国家已经淘汰钢铁产能1.7亿吨，煤炭产能8亿多吨，还在继续加大钢铁、煤炭、电解铝等过剩产能的消化。这个政策最终的目的就是要把中国经济推向提质增效、内生驱动的新发展道路中去，从而形成自主创新和内驱发展的全新模式，形成一条新发展主义道路，打破日本、东亚、拉丁美洲等一切后发国家，沿着西方强国发展轨迹亦步亦趋的现代化发展模式。既要吸收借鉴它们的成功经验，更要避开它们的危机陷阱，研究共享现代化发展成果的核心理念，对内对外开创新的生产和消费的循环体系，走一条经济社会福利全球共享的崭新发展道路。一是坚定不移地把动力机制转为创新驱动，让创新真正成为引领发展的第一动力，打造一个在技术、制度、思想观念等一切领域的创新型社会。二是坚定不移地形成生产和消费理性循环的新体系，让中国人民过上更好的生活，进入一个高质量发展的全新消费阶段，从而让消费对经济增长的贡献率体现为人民生活水平的提升，打造一个全新的具有中国特色的现代化进程。三是注意传统和现代的有效衔接，把传统的因素通过各方面的创新体现为具有 21 世纪时代特色的全新发展内容，努力走出一条自主创新和内驱发展相结合的中国现代化之路。

2017 年我国煤炭、水泥行业产能利用率只有 70%，而机器人、临床创新药物等产品大量依靠进口，国内市场自给率不足 20%。如钢铁、水泥、电解铝、平板玻璃，包括船舶等全面过剩。在 2015 年前后，钢铁卖成了白菜价，水泥卖成了沙子价，造成了严重的经济问题。与此同时，高质量产品又需大量进口，这是中国经济面临的巨大的压力和挑战。所以，现在供给侧结构性改革形成了对中国发展模式的倒逼机制，关键是低端产业严重过剩，而高端行业发展不足。现在必须为市场提供更高质量的产品和服务，这是转方式、调结构、培育经济发展新动能的中国经济必由之路。

杨万东：到现在为止，我们有可能还没有找到一条全新的路，供给侧结构性改革应该是一个方向，但是能不能全部解决这个问题，还需要再认真研究。供给端、需求端在电力市场最明显，发电有一个特点，电发出来同时产生需求，如果这个需求没有满足，电发出来就浪费了。现在供给侧的情况是，由于以前需求相对是一个分散的状态，是看不见的，当产能形成之后就发现，很多需求要么没有，要么很小，就出现了要么是过剩产能，要么就是市场实现很被动，肉卖豆腐价，钢铁卖出白菜价。

供给侧结构性改革提出来之后,政府就主动介入产品生产环节,相当于计划机制在一定程度上进入到生产端,这个对于目前来讲,配置我们目前的产业构造有明显的成效,比如现在鼓励铁路运输,限制汽车运输,因为汽车运输的运量有限,而且事故高发,容易出现超载等各种现象,汽车运输还有抛洒、扬尘等环境污染问题,这种发展是从社会最终的功能评价来选择产业的配置方式,这种配置方式取决于一种科学的设计。从供给侧结构性改革本身来讲,需要有一种工程学的思维,而且需要官员有很高的工程学的能力。目前的供给侧改革相对来讲比较被动,因为现在有很多派下去的工作组做的主要工作是现场关厂,所以,去了以后很不受地方欢迎。同时,带来很多社会后果,比如企业被关厂以后,这些人的就业、生活保障都成为地方很大的压力。下一步的供给侧结构性改革需要超前布局,搞好规划,同时做好测算。对于决策中出现的损失应该有一个损失的补偿机制,否则,这种推动方式的社会成本其实是很高的。目前产能的过剩与我们以前经济规制标准偏低有关系,比如环境规制、市场准入方面,都存在一些问题。现在再调整,在短期内可以采取一种行政性的调控方式,但是从中长期看,必须转入市场化的调控、市场信息的沟通交流,形成一种激励有效的引导,才能让中国的经济增长实现一种自我的有序的良性循环。现在的具体情况是,我国2017年煤炭、水泥行业产能利用率只有70%,而机器人、临床创新药物等产品大量依靠进口,国内市场自给率不足20%。所以,现在供给侧结构性改革形成了对中国发展模式的倒逼机制,关键是低端产能严重过剩,而高端行业发展不足。

程冠军：我们刚才讨论的恰恰是习近平总书记最关心的问题。习近平总书记在为省部级干部讲解供给侧结构性改革时指出：供给侧改革,完整地说是"供给侧结构性改革"。"结构性"三个字十分重要,简称"供给侧改革"也可以,但不能忘了"结构性"三个字。因此,我们对供给侧结构性改革的认识要在理论上有新的高度。谈供给侧结构性改革,不由得使我想起来发生在改革开放初期的社会主义生产目的大讨论。

改革开放之初,1978年发生了真理标准讨论,1979年又发生了一次社会主义生产目的大讨论。1978年6月发生的真理标准大讨论，为中共十一届三中全会彻底否定"文化大革命"，确立实事求是的思想路线，从"以阶级斗争为纲"转变为以经济建设为中心，实行改革开放，奠定了思想上和理论上的基础；1979年10月发生的社会主义生产目的大讨论则为纠正经济领域"左"的错误思想，遵循经济规律办事，贯彻执行中共十一届三中全会之后提出的国民经济调整、改革、整顿、提高的方针，切实把中共十一届三中全会制定的方针路线落实到经济领域，进一步解放思想、推进改革起到了重要的推动作用。

我国经济进入新常态，新常态下要想实现经济的转型升级，就必须坚定不移地推进供给侧结构性改革，也就是解决供给与需求的问题，说到底就是"生产目的"的问题。发生在1979年的社会主义生产目的大讨论，其实就是社会主义的供给侧与需求侧之间辩证关系的大讨论。换言之，我们今天推行的供给侧结构性改革，则是中国特色社会主义市场经济条件下的供给侧与需求侧之间辩证关系的改革。

1979年9月30日，《理论动态》第160期以"本刊评论员"的署名发表了中央党校教授吴振坤撰写的文章《要真正弄清社会主义生产的目的》的文章，10月20日，《人民日报》在头版头条以通栏标题全文转发。全国经济理论界和经济战线很快便掀起了一场轰轰烈烈的"社会主义生产目的大讨论"。文章从马克思主义经济学的角度阐述了发展生产的目的，以及在社会主义制度下怎样才能促进生产发展，提高劳动生产率。文章对当时存在的"为生产而生产的种种表现"进行了批评：安排整个社会生产计划，不是从人民的消费需求出发，而是从主要产品的生产指标出发。由于我们很长时间内把"以钢为纲"作为发展工业生产的指导思想，事实上是以钢铁为中心，从重工业出发来安排整个生产计划，从而在计划的出发点上就忽视了人民的消费需求。文章指出，在社会主义制度下，生产的目的是满足社会不断增长的需要，因此，应当在可能的范围内最大限度地满足这种需要。《人民日报》转发后的第3天，10月22日，《人民日报》就在显著位置刊登了于光远的文章《谈谈"社会主义经济目标理论"的问题》，文章强调指出：社会主义经济目标的问题，涉及建设社会主义经济的一个重要的指导思想问题。文章发表后，被全国二十余家报刊转载，国内经济学界、理论界纷纷撰文展开讨论，全国经济理论界和经济战线很快便掀起了一场轰轰烈烈的"社会主义生产目的大讨论"。这场讨论所持续的时间比真理标准问题的讨论还要长。随着讨论的不断深入，很快超出了理论界范围，波及全党、全国。通过这场讨论，使人们弄清了社会主义生产目的的科学含义，坚定不移地把满足人民的物质文化生活需要作为社会主义建设的根本指导思想。

回顾过去，对照当下，我们还发现一个有趣的现象：也正是在 20 世纪 70 年代末，供给学派在美国经济学界已成为独树一帜的学派，供给学派因强调供给（即生产）在经济中的重要性而得名。社会主义生产目的大讨论的发生与西方供给经济学派的崛起恰恰发生在同一时期，这虽然是一种巧合，虽然供给学派与我们的供给侧结构性改革并无关系。但这种不谋而合让我们知道：任何国家，任何时候，发展经济都要遵循规律办事。

杨万东：目前，我们国家大宗产品的生产能力已经严重过剩，但是结构性问题非常突出，比如高铁，高铁的钢轨我们能生产，但是钢轨和火车之间，即高铁之间连接的轮轴，由于中国的材料技术不过关，这个需要进口。我们现在钢材的结构是，建筑钢是过剩的，但是高端钢材，特别是仪器仪表，还有很多耐用材料的钢材产品大量需要从欧美、日本进口。我们的材料技术，比如芯片，现在很多企业表态要搞芯片，但是芯片所依托的材料技术和相关技术我国配套能力非常差，如果现在有很多企业，甚至包括政府投入大量资金来搞芯片，在不考虑国际合作因素的情况下，当然还包括人才，这个结果有可能又是一个"大跃进式"的浪费。我们现在很多问题必须考虑到天时、地利、人和及技术的各种可能性，否则，完全就是一种梦想，这是目前中国经济中非常严重的问题。我们有很多短板，这个短板需要国家、企业、社会高度关注，而且加大投入，同时形成系统工程。如果不做成一个系统工程，单打独斗的结果极可能是：第一，没有效益；第二，造成大量浪费。

7

重塑经济新格局

7.1　9899万与"一个都不能落"

程冠军：改革开放40年的进程当中，最大的成就是解决了温饱问题，让一部分中国人民先富了起来。到2000年的时候，我们的人民生活实现了基本小康。到了中共十八大的时候，我们还有7000万人没有脱贫，从基本小康到全面小康，最硬的指标就是要解决这7000万人的脱贫问题。中国是世界上最大的发展中国家，解决中国人吃饭问题是一个大问题，共产党通过40年改革开放把这个问题解决了。

如何实现全面小康，我们还要打赢精准扶贫、精准脱贫攻坚战。从中共十八大以来，精准扶贫和精准脱贫就成了以习近平同志为核心的党中央最关心、最牵挂的事情。习近平总书记的精准扶贫、精准脱贫思想其实不是现在才萌发的。他在福建担任宁德市委书记的时候就已经打下了对精准扶贫、精准脱贫的思想基础。他当时出版了一本书叫《摆脱贫困》，他的扶贫理念在此书中都有体现。比如在这本书里提到了"弱鸟先飞"的事情，最可怕的贫困不是物质贫困，而是精神贫困，等等，这一系列的扶贫思想其实是在他从政的领域当中，萦绕在他心头的一件大事。

习近平总书记最早提出来精准扶贫思想是在2013年11月3日的湖南湘西土家族苗族自治州花垣县的十八洞村。在这里他和乡亲们座谈了一个小时，首次提出了"精准扶贫"，这是他的精准扶贫思想的第一次出现。2013年11月25日，习近平总书记又到了山东临沂，看望老区群众，他又提出来，我们要紧紧拉住老区人民的手，不让一个困难群众在全面建成小康社会的进程中掉队。

2015年6月，习近平总书记又到了贵州省的遵义县枫香镇花茂村，在这里再一次阐述了他的精准扶贫思想，而且他还提出了"群众的哭笑观"，即党中央的政策好不好，要看乡亲们是笑还是哭。如果乡亲们笑，这就是好政策，要坚持；如果有人哭，说明政策还要完善和调整。他还说，好日子是干出来的，贫困并不可怕，只要有信心、有决心，就没有克服不了的困难。2016年他来到了安徽的金寨，在这里继续阐述了他的精准扶贫思想。

对精准扶贫、精准脱贫这场攻坚战，习近平总书记下了巨大的决心，而且对精准扶贫一些很具体的措施都亲自去执行。2015年6月到了贵州花茂村以后，2016年4月到金寨，2016年7月到宁夏，反复强调了他的精准扶贫思想。2017年1月，春节前夕，他又来到了河北省的张北县德胜村的徐海成的家里，他跟老百姓算了算账，能不能脱贫，一年挣多少钱，在这个过程当中，他的精准扶贫、精准脱贫思想逐步形成。

精准扶贫的"六个精准"。扶持对象精准、项目安排精准、资金使用精准、措施到户精准、因村派人精准、脱贫成效精准，这六个精准覆盖了扶贫对象的识别、帮扶和管理的各个环节。精准的理念贯通了扶贫开发的全流程，改革现行的扶贫思路和方式，有效地引导贫困群众参与脱贫规划的制定，做到项目跟着规划走，资金跟着项目走，项目跟着穷人走，对贫困农户实行一户一本台账，一个脱贫计划一套帮扶措施，确保扶到最需要扶持的群众，扶到群众最需要扶持的地方。

精准扶贫的十大工程。干部驻村帮扶工程，职业教育培训工程，扶贫小额信贷工程，易地扶贫搬迁工程，电商扶贫工程，旅游扶贫工程，光伏扶贫工程，生态扶贫工程，致富带头人创业培训工程，龙头企业带动工程。十大工程配合项目联动，就构成了有效带动贫困地区和贫困人口在短时间内脱贫，铸就了一条从贫穷走向富裕的道路。

精准扶贫的四个理念。第一，创新扶贫开发路径，由大水漫灌向精准滴灌转变，让资金项目措施精准落户到村到人，实现资源高效利用，做到真脱贫、扶真贫；第二，创新扶贫资源使用方式，由多头分散向统筹集中转变，集中优势资源打好贫困歼灭战,在短时间内战胜贫困,彻底解决多年贫困局面,走上持续健康发展轨道;第三,创新扶贫开发模式,由偏重输血向注重造血转变,着重提升贫困地区自力更生的能力,依靠自身发展,实现脱贫上的真正质变;第四,创新扶贫依靠贫困体系,由侧重考核地区经济发展指标,向主要考核脱贫成效转变。这样更有利于经济社会的整体协调可持续发展,有利于改善民生,促进社会和谐稳定,是全面建成小康社会的底线要求,必须在考核体系上进行改革。

精准扶贫路线图。五个一批、四个转变、六个精准,是扶贫的路线图。五个一批是发展生产脱贫一批,易地扶贫搬迁脱贫一批,生态补偿脱贫一批,发展教育脱贫一批,社会保障兜底一批。五个一批的目标就是要锁定贫困地区的贫困人口,根据各地实际情况分类施策,以不同形式协调发展,不留锅底,实现全面脱贫。这是习近平总书记精准扶贫思想的一些主要脉络。

习近平总书记的精准扶贫、精准脱贫的战略思想是沿着邓小平同志提出的"先富帮后富、最终实现共同富裕"这条路走过来的。然后,在邓小平"先富帮后富"的基础上又向前进一步发展,形成了习近平总书记的精准扶贫、精准脱贫的战略思想。如果我们建设的中国特色社会主义出现了贫富分化,这个社会主义就不是社会主义。所以,通过这几年的各级党委和政府的努力,这场攻坚战已经胜利在即,到 2020 年马上要实现全部脱贫。在中共十八大的时候有 7000 万贫困人口,现在还剩下不到 2000 万人,这个成效是有目共睹的。而且,中国的精准脱贫所取得的巨大成就也为世界的扶贫事业提供了一个可以借鉴的中国方案。

张建君: 从统计数据来看,按照 2011 年确定的农民人均纯收入 2300 元的贫困线标准,2012 年我国贫困人口有 9899 万人,到 2017 年末贫困人口降至 3045 万人,这在世界减贫史上应该前所未有,是一个伟大的历史性成绩。所以,在联合国的千年行动计划里面,中国是率先完成减贫目标的国家,受到了联合国高度表扬。

中共十八大以来,党中央提出坚决打赢脱贫攻坚战的战略号召,明确提出了三个脱贫：一是在现行标准下农村贫困人口实现全部脱贫；二是贫困县要全部摘帽；三是14个连片特困地区要整体脱贫。习近平总书记提出了精准扶贫、精准脱贫，脱真贫、真脱贫等一系列重大战略和安排，可以说，坚决打赢脱贫攻坚战，已经成为中国决胜全面建成小康社会最核心的战略举措。

现在，中国的脱贫攻坚进一步向深度贫困区集中，形成了"三区三州"的脱贫攻坚战，进入了一个拔历史穷根、打脱贫硬仗的攻坚时期，在这个时期靠什么解决中国的贫困问题？一是要把产业脱贫作为第一要义，贫困的关键问题就是无业可依、缺乏产业，培育帮扶产业是重中之重。二是贫困人口最缺的就是基础设施、商业资本、自然资本、人力资本、金融资本与公共服务，要切实加大基础设施的建设力度，全面提升公共服务水平，切实提升贫困人口的人力资本，把缺乏自然资本的贫困人口坚定不移地异地扶贫搬迁，比如甘肃省定西市就是通过异地扶贫搬迁，解决了一方水土养活不了一方人的问题。居高山之巅、居土壤贫瘠地区、居没有土壤可耕作的穷乡僻壤，这些地方的贫困人口要坚决实施异地搬迁扶贫。三是针对基础设施薄弱环节要切实加大扶贫投入力度，使贫困地区水、电、路、房等基础设施问题得到切实解决，通过大规模基础设施改善，来提高这些贫困地区自我发展、自我造血的功能，通过大规模以工代赈，提升劳务收入，确保资金向农村持续注入并发挥真正的带动效应。四是对因病贫困、因教育贫困或者因为天灾人祸出现的贫困问题，要根据形成贫困的原因不同，有的放矢，有针对性地加大相应的扶持力度。比如对因病贫困的要加大医疗救助力度，对因教育陷入贫困的人要加大教育帮扶的力度，对因病因残陷入贫困的人要加大相关社会低保的覆盖程度和水平，给农村织密一张社会保障的安全大网，不管是以最低保障的形式，还是以精准扶贫相应资金的转移形式，提升农村反贫困的输血和造血机制。五是扶贫和扶智相结合，首先要消除贫困人口精神的贫困、等靠要的思想，甚至以贫困为光荣的错误理念。脱贫将为决胜全面小康社会提供最为坚实的发展基础，为共享共建的社会主义理念提供坚实基础。

在 2020 年坚决打赢脱贫攻坚战，让贫困县的称谓成为历史的绝响，要以更加精准的科学制度安排来瞄准那些贫困户，从而在反贫困的道路上，让一个民族、一个地区、一个家庭、一个人都不掉队，把中国决胜全面小康的战略布局转化为中国开启 21 世纪现代化建设的一个胜利前奏，这样中国就在人类历史上创造了新的辉煌，从中共十八大到 2017 年的脱贫实践来看，6800 多万人的脱贫规模超过了英国、法国的总人口规模，这么庞大人群的脱贫成就，在人类反贫困的历史上是一个伟大的创举，这也是以人民为中心发展理念的生动体现。

杨万东：2017 年，我去丹麦参加一个会议，这个会议讨论的是中国的福利制度的改善。丹麦的教授问我，中国的福利制度怎么体现，我说中国的福利制度以前是以救急救灾为主要特征，这些年因为国家发展，整体实力增强，逐渐就把福利制度构建形成了一个全面、系统化的特别是托底式的体系建设。精准扶贫实际上是中国社会发展到一个新的阶段之后，特别是把最贫困的人群作为精准帮扶的对象，这样就让整个社会发展水平整体化地向前推进。中共十八大以来，党中央加大扶贫力度，而且提出明确目标，包括到村到户这种帮扶的措施是非常有效的。这种做法充分利用了中国行政体系的有效性，把中央的这些政策真正落实到一家一户，这种思想不能够光是从直接效果看，而且它体现了我们这个社会对人的尊重，对全社会整体化的安排。比如我们说的人权，这种对人权的尊重，对发展权的保护，应该说是一种最根本的人权。

现在扶贫攻坚过程中，确实有一些扶贫干部也反映了一些问题，比如据说有些是拿了扶贫款，扶贫对象自己跑去打牌喝酒，对扶贫干部讲，我要是脱不了贫，你交不了差，这说明我们除了扶贫还要扶智，因为中国的扶贫事业实际上很多年前就开始了，而且国家财政投入也不算少，但是一直成效不明显，特别是过几年又返贫。当然，这是因为以前的措施不得力。比如移民搬迁，以前是没有的，只是计划扶贫。比如贵州一些贫困地区，自然条件很差，环境很美，但是人很穷，这种生态脆弱地区，人稍微多一点就很难有根本的收入保障。然而现在很多这种地区变成了旅游区，风景美的地方很多是穷困地区，原来不是经济资源，现在慢慢变成了经济资源，经过有效组织后就使当地农民有了收入来源。

关于教育的扶贫，现在主要的问题是，我们的教育是什么样的教育？现在是接受基础教育之后人们就有能力到外地打工，获取非农收入。现在扶贫的目标很明确，下一步就是怎么把它转化为一种经济性的、可持续的产业化模式，如果没有产业的支撑，仅仅是扶贫干部采取介绍一个贫困户中的一两个成员出去打工，在县城或者省城当一个保姆，他（她）的收入累计下来也能脱贫，但是这种脱贫不是根本性的。根本性的解决方案对于我们来讲还需继续探索。

关于经济性的扶贫，2020年按照目前的措施和进展，实现全面脱贫应该没有问题，但是反贫困的任务永远在路上，因为因病致贫、因教致贫、因灾致贫，因其他各种原因致贫的现象永远存在，反贫困需要一个长期长效的机制。

张建君：贫困是一个世界性的难题，一定要用辩证思维的眼光来看。

第一，贫困具有历史性。贫困在有些地区、有些人群、有些行业是长期存在的，甚至固化为一种历史的现象。西部一些地区的贫困问题，比如西海固地区，它有长期的历史原因，一方水土养活不了一方人民。第二，贫困还具有动态性。也就是说，贫困事实上是一个水涨船高的过程。从全世界不同国家的发展来看，贫困在不同阶段有不同的标准。在收入水平非常低的时候，贫困是存在的，在收入水平已经达到现在中上收入国家水平的时候，贫困并没有因为收入的提升而减少，相反在2011年前后，贫困人口一度放大到近亿人口的规模，这就不能简单地用好和坏、高和低来判断，而是要辩证来看。随着收入的提升，贫困也呈现出门槛随之提高的动态发展过程。第三，贫困还有复杂性。贫困形成的原因是多种因素交织而形成的一个结果，人类的发展历程就是一场反贫困的斗争历程，在这个斗争历程里，有些国家率先摆脱贫困，走向发达国家的发展阶段，有些国家仍然在发展中国家的阶段中奋斗，有些国家仍然陷入低收入国家的发展困境，很难逃脱贫困的陷阱。中国共产党反贫困的实践证明，高度集权也有优势，我们采取全社会动员的形式，为解决中国贫困问题作出了巨大贡献。在有些地方取得了一些具有历史性影响的成就，特别是像在甘肃的定西、临夏等地区，曾经被联合国官员描述为不适宜人类生存的地方，同样创造了反贫困的奇迹，这表明集中社会力量解决贫困问题仍然是一个国家、一个政党最为重要和核心的战略性问题。坚决打赢脱贫攻坚战，直面贫困中的贫困，让老百姓走上脱贫致富、全面建设小康社会的崭新道路。愿景伟大，挑战艰巨，不能认为轻轻松松、敲锣打鼓就可以解决这些人的脱贫问题，必须集中全党、全国、全体人民的智慧，必须要有强大的政策支撑。所以，国家作出了脱贫攻坚三年行动计划，就是反贫困的一个中国方案。这个中国方案能不能有效解决贫困问题，我认为，要把绣花功夫下足，坚定不移地反贫困。

在这方面，不仅仅要看到我们的成绩，更要看到我们所面临的挑战。把坚决打赢脱贫攻坚战转化为我们实实在在的行动，从而动员全社会力量投入其中，能够真正让中国的脱贫事业在精准扶贫、精准帮贫的攻坚战里面取得历史性突破，这样我们才能够给全世界一个满意的答卷。2020年决胜全面建成小康社会，把中国在现行标准下的贫困人口彻底消除和解决，让中国的全面小康社会建立在一个更坚实的基础之上，由此开启社会主义现代化的全新征程和高水平发展阶段，要更好地回应这些贫困人口的关切，让贫困人口能够和我们这个时代同行，能够在中国改革开放40年的伟大成就里面分享改革所带来的光荣与梦想。

程冠军：习近平总书记指出，消除贫困、改善民生、实现共同富裕，是社会主义的本质要求，是我们党的重要使命。对于脱贫攻坚问题，他指出：脱贫攻坚已经到了啃硬骨头、攻坚拔寨的冲刺阶段，必须以更大的决心、更明确的思路、更精准的举措、超常规的力度，众志成城实现脱贫攻坚目标，决不能落下一个贫困地区、一个贫困群众。我们如何用政治优势来打赢精准扶贫、精准脱贫的攻坚战？习近平总书记强调，脱贫攻坚任务重的地区党委和政府要把脱贫攻坚作为"十三五"期间的头等大事和第一民生工程来抓，坚持以脱贫攻坚统揽经济社会发展全局。要层层签订脱贫攻坚责任书、立下军令状。要建立年度脱贫攻坚报告和督察制度，加强督察问责。要把脱贫攻坚实绩作为选拔任用干部的重要依据，在脱贫攻坚第一线考察识别干部，激励各级干部到脱贫攻坚战场上大显身手。要把夯实农村基层党组织同脱贫攻坚有机结合起来，选好一把手、配强领导班子。

针对如何利用改革创新的思想，把它运用于精准扶贫，习近平总书记指出，脱贫攻坚必须坚持问题导向，以改革为动力，以构建科学的体制机制为突破口，充分调动各方面积极因素，用心、用情、用力来开展工作。对于精准扶贫里面"精准"这两个字的解释，他说，扶贫开发推进到今天这样的程度，贵在精准、重在精准，成败之举在精准。有的地方，扶贫反而养成了懒汉思想，甚至政府就得给钱，给东西都不要。有的贫困户实际上已经脱贫，但是由于尝到了被扶贫的甜头，反而不愿意摘掉穷帽。针对这些现象，习近平总书记提出，扶贫不是慈善救济，而是要引导和支持所有有劳动能力的人，依靠自己的双手开创美好明天。脱贫致富不仅是贫困地区的事，也是全社会的事，形成一个合理共建的思想。在扶贫当中也出现一些问题，比如截流扶贫款、数据和指标造假等。对此，习近平总书记强调，要加强扶贫资金阳光化管理，加强审计监管，集中整治和查处扶贫领域的职务犯罪，对挤占、挪用、层层截留、虚报冒领、挥霍浪费扶贫资金的要从严惩处。最后提出携手减贫的思想，消除贫困是人类共同的使命，消除贫困依然是当今世界面临的一个最大的全球挑战，我们要凝聚共识、同舟共济、攻坚克难，致力于合作共赢，推动建设人类命运共同体，为各国人民带来更多福祉。

中国扶贫取得了让世人瞩目的巨大成就，世界各个方面是怎么看的？比如联合国秘书长古特雷斯曾经评价说，我们不应忘记，过去十年，中国是为全球减贫作出最大贡献的国家。2017年6月，在日内瓦的联合国内参会35次会议上，中国代表全球140多个国家，就脱贫问题发表了一个联合声明。联合国的开发计划署前署长海伦·克拉克就说，中国最贫困人口的脱贫规模举世瞩目，速度之快绝无仅有。中国的扶贫就像鞋子合不合脚，自己穿了才知道，中国脱贫有自身的特点。

习近平总书记对邓小平的"先富帮后富、最终实现共同富裕"思想有一个新的发展，发展成为"共享思想"。他认为，我们的共享是全民共享、全面共享、共建共享、渐进共享。从这一点上，我们应该看到，在精准扶贫、打赢精准脱贫攻击战正是社会主义公平正义、共富共享思想的一个必然要求，这也是习近平新时代中国特色社会主义思想的题中应有之义。

1978年12月，邓小平在中央工作会议上提出，在经济政策上，要允许一部分地区、一部分企业、一部分工人、农民，由于辛勤努力成绩大而收入先多一些，生活先好起来。一部分人生活先好起来，就必然产生极大的示范力量，影响左邻右舍，带动其他地区、其他单位的人们向他们学习。这样，就会使整个国民经济不断地波浪式地向前发展，使全国各族人民都能比较快地富裕起来。这是他最早提出来的"先富帮后富"的理念。在1992年南方谈话的时候又强调，走社会主义道路，就是要逐步实现共同富裕。共同富裕的构想是这样提出的：一部分地区有条件先发展起来，一部分地区发展慢点，先发展起来的地区带动后发展的地区，最终达到共同富裕。他还说，一部分地区发展快一点，带动大部分地区，这是加速发展、达到共同富裕的捷径。到了今天——改革开放的第40个年头，为什么习近平总书记要下大力气进行全面深化改革？一个非常重要的问题就是要解决贫富分化的问题。习近平总书记指出，广大人民群众共享改革发展成果，是社会主义的本质要求，是我们党坚持全心全意为人民服务根本宗旨的重要体现。中共十八届六中全会提出"创新、协调、绿色、开放、共享"五大发展理念，为什么把共享作为最后一个理念？习近平总书记的共享思想是对邓小平共同富裕思想的升华。同时，这也充分体现了以人民为中心的发展思想。共产党人的初心就是为中国人民谋幸福、为中华民族谋复兴。马克思的初心也是如此，当年马克思就是看到人类的不平等，才创立了科学社会主义学说，才提出了共产党人的最高理想就是实现共产主义。

7.2 区域重塑：新区、城市群与大湾区

张建君：经过40年的改革开放，我国现在面临的主要矛盾是经济社会发展的不平衡、不充分，特别是区域经济呈现出了东部、中部、西部不均衡的发展格局，这是时下影响中国发展的最大难题之一，未来只有通过平衡化的发展才能消除区域差距。在计划经济时期，毛泽东所探索的就是一种平衡化发展战略，工程项目尽可能地在全国平衡布局，在推动西部地区的工业化进程方面发挥巨大价值。改革开放初期，邓小平看到平衡化发展不利于形成一种经济快速增长的局面，提出了著名的"两个大局"思想，他指出东部率先发展，这是一个大局，中西部要服从、服务于这个大局；在东部获得发展之后，反过头来要通过提供技术、税收来支持中西部地区的发展，这是第二个大局。

第一，东部许多省份人均GDP已经跨过了1万美元，有些甚至超过了高收入国家的标准，但是中西部地区还存在较大差距。在此背景下，1999年国家提出了西部大开发，2004年提出了中部崛起，此后又提出了东北振兴，现在和东部率先发展一起形成了全国区域开发新格局，成效虽然相当显著，但并未从根本上改变区域经济不均衡发展的现状。在中共十八大之后，新一轮的区域开发呈现出全新思路，长江经济带战略成为立足于突破区域发展差距，形成梯度推进和均衡发展的全新探索；京津冀协同发展战略是对区域经济的全新重塑，"一带一路"倡议更是立足于中国的全球化发展。但要平衡中国的区域发展，仍然要持续加大对中西部地区的投入力度，让中西部地区切实获得国家强大的资金、技术、政策支持，充分释放发展潜力。

第二，中国改革开放 40 年的一个成功经验就是国家级新区的打造，浦东新区的经济总量占到整个上海经济总量的 1/3，滨海新区成功推动了天津经济的加速发展，两江新区对重庆经济的全面崛起起到了半壁江山的作用。现在全国有 20 多个新区在进行开发，在这些新区的开发中要切实加大政策扶持力度，搞好新区功能定位，不能把新区开发搞成是铺摊子上项目，甚至重复投资、重复建设，要把新区建设作为攻克区域不均衡发展的战略抓手，有的放矢，形成以新增长极带动区域经济平衡化发展的全新局面。

第三，要特别注重城市群的打造，城市群代表了一个地区过去经济发展的成绩和未来经济发展的潜力。在城市群的布局方面，要按照东、中、西部不同的经济格局，强化城市群相互有效对接的基础设施保障。现在，国家明确提出了粤港澳大湾区建设，长三角、珠三角大湾区建设，在这些大的区域开发里面，要尽可能推动和中西部有效衔接，形成点轴式开发的全新格局，从而让中国经济从东到西、从南到北，打造以强大基础设施为支撑、以新区开发为增长极、以城市群为开发区、以发达地区为支撑的全新发展格局，面向 21 世纪形成一种区域平衡化、以增长极为带动的全新发展模式，最终实现中国经济全面平衡的新发展态势。因此，中国发展面临着区域经济格局的重塑，不应该是强者仍然很强，弱者仍然很弱，而是强弱互济、东西互补的全新发展局面。

程冠军：前面已经谈到经济特区的建设和发展，下面着重谈谈经济特区的重大意义。20 世纪 80 年代国家就划了四个经济特区——深圳、珠海、汕头、厦门。这些新区的设立带有一定的集聚效应、率先效应、引领效应、带动效应。后来我们又开发了海南特区、浦东新区、滨海新区、两江新区，这些区域的发展也是得益于在过去特区的基础上，又进行了新的创新，体现了先行先试。在改革开放的历史进程当中，特区也好，新区也好，实际上都是对改革开放的创新。特区和新区的设立等于为改革开放打造了一个个新引擎。邓小平说，中国的经济开放政策，这是我提出来的。这个经济开放首先就是倡导兴办经济特区，在 1979 年 4 月的时候，广东省委就提出要在深圳、珠海、汕头办出口加工区。邓小平听了汇报之后就说，你们广东可以划出一块地方，搞一个特区怎么样？过去我们的陕甘宁就是特区嘛，中央没有钱，你们自己去搞，杀出一条血路来。最后中央就决定在深圳、珠海、汕头、厦门试办特区，几年之后，也就是1984年春天，他就考察了正在建设的深圳、珠海、厦门特区。针对当时的许多议论，他指出，深圳特区是个实验，一切有利于发展社会生产力的方法都可采用，深圳搞了这么些年，由内向型转为外向型，便成了工业基地，并且打响了国际市场，这是个很大的成绩。现在可以大胆地说，我们建立经济特区的决定不仅是正确的，而且是成功的。这不仅是对特区建设的肯定，也是对那些怀疑改革的一些人疑问的明确回答。

在中国第一批开放的四个特区中，深圳已经成为粤港澳地区经济体量最大的城市，并且成为改革开放的领头雁。深圳经济总量达到2万多亿元，人均GDP达到17万元。2016年超过了香港，2017年超过了广州。同时，深圳还是中国的创新型城市，一年提交的国际专利占全国的47%。这些成绩主要得益于改革开放。上海浦东新区建设尽管晚了10年，但通过发展金融服务、技术服务、贸易服务、港口服务等高端服务业，始终在长三角发挥中心城市作用。习近平总书记提出，上海要成为具有全球影响力的科技创新中心。上海自由贸易试验区的探索已形成了一套可复制的经验，将继深圳之后对全国的改革开放发挥重要的引领作用，尤其是在长三角将发挥更强的辐射带动功能。

海南建省办经济特区30年了，与预期的发展目标相比还有差距。习近平总书记提出建立海南自由贸易试验区和自由贸易港。这对海南是一个重大的新的发展机遇。如果海南第一步复制上海的经验，建设自由贸易区；第二步借鉴香港地区、新加坡、迪拜的经验，吸引全世界的资金和人才，发展旅游等高端服务业，成为世界级的自由贸易港，它的明天就会更美好，并将会成为新时代中国对外开放的一个新标志。

2017年，习近平总书记又亲手擘画了雄安新区。雄安新区站在了新的历史起点上，习近平总书记定位雄安新区是千年大计。也就是说，这时候的雄安新区和过去的深圳特区理念上有非常大的变化，更加适应我们创新、协调、绿色、开放、共享的发展理念。雄安新区从建设理念上，明显和过去其他特区区别很大。雄安新区是"千年大计",前景可期。雄安新区建设将按照承接疏解非首都功能的要求,以完善的社会主义市场经济体制,建设开放型经济新体制,使之成为京津冀地区新的经济增长极,成为科技创新中心。

杨万东:区域重塑是中国经济布局的一个空间战略调整。20世纪80年代,中国的改革是以深圳、珠海、汕头、厦门为前奏,深圳的建设最为成功,深圳成功就在于它的创新,既发挥了它的地缘优势,同时又把中央的政策用得很充分。现在,整个东、中、西部的发展差距,是按照梯度开发理论,让东部地区率先发展,这种发展遵循经济学的普遍规则,就是根据它的资源禀赋、区位优势,依托它的资源禀赋来推动发展,这个成绩是应该肯定的。后来又提出了西部大开发、东北振兴和中部崛起,这些战略现在看,东北振兴的效果不是太明显。现在讨论区域重塑,一定要看到中国进入了一个新的发展阶段,一个最重要的前提和基础就是,中国通过40年高速的交通建设,建成了八纵八横的高速公路和高速铁路网络,这种网络就使中西部和东部之间的空间距离在交通方面得到了极大改善。现在全国一盘棋的规划使追求更加平衡的发展有了可能性,这是一个基本前提。但是同时也要看到,不同地区有不同特点,东部地区是沿海,沿海的优势是交通便利、对外沟通便利,东部地区大多是经济发达地区,在对外贸易方面就有明显的优势。同时,东部地区有很好的产业基础和人力资源基础。中西部地区现在重要的战略机遇就是"一带一路"倡议的实施,同时,中西部地区也利用自己新的交通条件,比如铁路、空运,比如现在的郑州、成都、重庆、兰州都在打造临空经济区,以临空经济的方式来突破非沿海的交通约束。现在大湾区的建设也参考了纽约、伦敦这些城市和城市群的发展模式。中国最典型的就是粤港澳大湾区,它是一种伙伴性的发展关系,深圳特区的经济创新能力非常强,广州是一个经济实力和开放度都非常高的城市,珠海临近澳门,深圳临近香港,香港和澳门又是中国的特别行政区,它们之间的关系更多是经济上的互通有无,形成一种产业的协同和合力。上海现在也是一个大湾区的模式,上海大湾区是以上海为龙头,加上南京、杭州,叫沪宁杭经济区,也是代表中国长江经济带的一个龙头。

雄安新区的布局十分重要。中国的北方地区总体来讲，在经济实力上相对弱于珠江三角洲和长江三角洲，所以，京津冀一体化这么多年的建设成效并不明显，因为北京一家独大，天津在北京面前只能是一个小伙伴关系，而且是偏弱的伙伴，河北这一角根本立不起来。所以，现在以雄安新区的布局，特别是以这种大规模的建设和精准的设计，使京津冀这三角彻底形成。而且以我的理解，从中国的地理空间来讲，如果我们把空间放大，京津冀一体化之后，以前提的环渤海经济区就基本成型，而环渤海经济区再拓展就是环渤海大湾区了，再往北看，还有大连、锦州港、葫芦岛，甚至包括山东半岛，如烟台、青岛，这样就把整个东部的湾区经济完全连为一体。一旦雄安新区建成，京津冀一体化成型，它就成为环渤海湾区经济的核心，它的内核就形成了。一旦内核形成，对外辐射马上就会出现，就要依靠港口经济，这样，天津新港、大连港，甚至包括山东半岛、辽东半岛，就形成一个非常典型的大湾，这种态势对中国经济格局的形成非常具有战略意义，北边和南边就形成一种互相呼应的结构。

最近，南边又进一步要开放海南岛，海南岛作为一个岛屿整体的开发，在南海再建一个沿海经济体，这样东部的活力就更加充分释放。目前，中国的布局，很多事情应该还在做，做的过程会逐渐成形，成形之后，这个空间布局就自然形成中国经济一个新的增长态势。现在我们在探求中国经济在新常态下如何发展，这个新常态下的发展已经不同于当初，比如一个深圳特区就把珠三角带活了，现在更多需要的是一个区域，这个区域具有贯通性、连带性，同时还有临城效应，主要体现在城市群。这些城市群也是中国40年前后城市化的发展形成了小城市初具规模，大城市已经属于世界级的规模，这么一种星罗棋布的城市网络。城市化的发展现在需要从原来的铺摊子、上项目转化为精准定位，通过城市本身的密集化和城市之间的网络化，来形成一个城市之间的分工和区域之间的协调。从这个角度来讲，我们已经形成了新区经济、城市经济体，再加上大湾区的布局，就可以把整个中国经济重新纳入一个新的发展轨道，而这种发展轨道就已经跨过了当年摸着石头过河的自然演化的轨迹，而走向了一种有规划、有预期、有设计,最后有分工的发展,将对中国经济的整体腾飞发生巨大影响。

7.3 基础设施与公共服务: 全面提升与均衡发展

张建君:基础设施有效的互联互接,是解决区域开发最为基础性的动力;如果没有一个强大的基础设施,不可能形成区域之间经济力量的有效衔接。发展经济学的一个共识就是,强大的基础设施就是强大国家的发展基石。在这方面,中国40年改革开放的经验,基础设施建设发生了翻天覆地的变化,包括高速铁路、高速公路、航空经济、管道建设以及相关配套服务,以基础设施推动区域经济的均衡发展,成为中国经济在新阶段发展最为重要的战略举措,而不是说发达的地区越来越发达,落后的地区基础设施仍然存在巨大的差距。尤其是在不同的区域和城乡之间,填平发展鸿沟的一个最为可靠的办法就是加强基础设施建设和投资的力度,全面提升中国发展硬性的物质条件。前几年,在经济学界曾经有一些议论,说中国大规模的投资都用于"铁公基"的建设,即铁路、公路和机场。现在回头看,"铁公基"的建设对于中国经济发展起了极其重要的作用。

公共服务均等化是解决社会发展不平衡最为重要的抓手之一,共建共享、全面共享、全民共享、渐进共享——这十六个字要全面落实,在这方面基础设施和公共服务最能够体现全面、全民、共建、渐进共享的主旨。解决先进地区和落后地区之间差距的不二法门,一是基础设施的普遍全面的提升;二是公共服务均等化的实现。立足于公共服务的均等化和基础设施的全面提升,国家有必要持续加大对于落后和欠发达地区的投入，提升它们的基础设施，夯实它们的社会服务保障能力，对公共服务要均等化发展，只有大家都在相对平等、机会均等的基础上，才能获得全面均衡的高质量发展。

杨万东：西方的财政更多是一种公共财政，是一种消费型财政；而中国的财政当中有很大一部分是建设财政，对中国的基础设施建设发挥作用。特别是1997年亚洲金融危机之后，中国扩大内需，规模最大、投资最多的就是基础设施。当初有人认为，中西部地区基础设施的利用率不高，现在看来，就是这些基础设施的大规模建设、完善之后，投资环境才大大改善。所以，西部地区如重庆、贵阳、成都这些地区的发展速度非常快，很大程度上是借力于基础设施建设。当前，有人在探讨中国的基础设施建设是否接近尾声了，我认为还不能这样看，原因是，中国的基础设施建设比如环境治理、污水处理、空气净化、设施改造、地下管网、地下铁路建设，都还有很大发展提升的空间。

同时，要考虑到基础设施建设方面的均等化布局，需要根据经济发展的需求略有超前地来进行布局，实际上企业的投资寻求的是投资环境基本完善，投资收益有一定保障，不确定性有一定消除之后，企业的投资、个人创业才会兴旺起来。所以，这个先后的关系一定要分清。而且基础设施建设是投入大、设计复杂，又涉及很多部门的协调，这些方面，政府通过PPP的方式吸引社会资本，大规模地投入基础设施建设，是对未来的发展具有重要意义的一个方向。

程冠军：基础设施也属于投资拉动，从中国的历史上来看，农业文明时期的经济是沿运经济，沿运河的城市就发展比较好。到了工业文明以后，经济的发展就成了公路经济、铁路经济、沿海经济、空港经济，现在到了高铁经济的时代。中国已经成为高速公路世界第一，高铁也已居世界第一，但是我们机场建设还远远不够，和西方比我们的弱项是空港和海港，这两方面还有很大发展空间。

中央财政有了财力以后，一方面要加大对基础设施的投资和公共服务的投入，薄弱的地方还是在西部地区，东部相对比西部好一点，依然存在发展不平衡、不均衡的问题。对于公共服务方面的医疗和教育的问题，一个根本的问题就是，如何让更多人民群众共享更好的共富、相对均衡的享受，更多的人群来共享，把特权逐步消除，这是我们需要做的。

改革开放的历史进程中，在我们身边可以看到，公共服务越来越好，过去在一般的中小城市里很难看到一些设施，比如图书馆、各种各样的博物馆、人民公园等，现在这些公共设施基本都不收费了，包括一些公共的体育设施。很多地方提出来让人民群众共享改革开放大好成果，对一些地方景点的开放、打造，这些都发生了很大的变化，虽然还有一个提升的过程。更重要的是对中西部地区还要有一定的倾斜，使公共服务变得更加公平。

下一步，有三点需要改善：一是要逐步消除医疗和教育领域存在的特权现象；二是公共设施建设起来了，还要管好用好，政府要进一步提高服务质量和服务水平；三是对中西部地区的公共服务要有一定的倾斜，使公共服务变得更加公平。

7.4 西部大局与"胡焕庸线"的突破

张建君：西部 12 个省份占国土面积的 71.4%，但许多省份基础设施非常薄弱——整个西部公路里程只占全国的 37.4%，铁路只占全国的 37.7%，西部占地区经济总量只有 20% 左右。长期以来基础设施建设投入不足，使西部在铁路、公路、航空、城市建设等众多基础设施建设方面全面落后于东部，一个显著例证就是"胡焕庸线"。从 20 世纪 30 年代提出到目前为止，没有显著突破，使中国以"胡焕庸线"为界形成了泾渭分明的发展格局。所以，能不能有效地突破"胡焕庸线"关键在于能不能有效释放西部大局的发展动力。在这方面，需要认真思考西部大开发20年的实践进程。这个战略非常富有成效地推动了西部的发展。遗憾的是，这个战略实施不到五年的时间，国家就提出了中部崛起，紧接着又提出了东北振兴，使西部开发的重要性受到了抑制甚至冲击，导致西部的增长动能没有得到持续有效的体现。

2012年，国家对西部的固定资产投资才与中部六省持平，西部占东部固定资产投资的比重仍然不足60%，如果把东北统计在东部，这个比重目前是50%。由此可以看到，首先，我们要在广袤的西部实现平衡的发展格局，要持续加大对西部基础设施的投资力度，使西部在基本的铁路、公路、航空、城市建设等一系列领域有全新的突破，也就是说，把"胡焕庸线"向西持续推进，形成中国地理开发和开放的格局。其次，国家要对东部形成的优势技术，在西部设置相应的科研机构，通过产业和人才的培养来进一步夯实和提升西部的发展，在西部实行有助于吸引人才的科技政策、税收政策、收入政策。科技政策就是把西部打造成科技创新开发的新区，给它特殊的政策扶持资金。税收政策就是对西部引进高新技术产业，引进科研机构、科研单位给予特殊的政策优惠，给予特殊的税收减免。对于长期在西部工作的人员，无论是在收入还是在荣誉待遇等一系列方面给予倾斜政策，而不要仍然按照人口比例。最后，要很好地把三线建设时期的一些工业基础和"大智E云"时代的科技有效整合，设立西部的发展基金，国家每年应该从外汇储备里面拿出500亿美元投入西部的开发开放，用西部基金来助推西部崛起。一个强大的西部对于中国而言就是稳定的大后方，经济崛起的大前沿，中国纵深发展的动力地。未来中国的发展，东部人口的密集、资本的密集、技术的密集，甚至与这样一些密集相关的社会成本的提升成为中国发展不能承受之重。在向西进行纾缓中国经济的压力和困局过程中，要像美国那样，既有强大的东部，又有强大的西部。可以说，当中国西部全面崛起之时就是中国现代化全面实现之日。

按照2050年社会主义现代化强国的奋斗目标，最大的挑战就在于西部如何在新一轮现代化建设里能够跟上历史进程，成为这个历史进程真正的推动者、创造者，甚至引领者，在这方面需要国家针对西部的发展出台有针对性的政策举措，切实解决西部钱往外走、人往外走、企业往外走的发展劣势，形成钱往里走、人往里走、企业往里走的西部全新开放格局。在这方面，西部不但要通过资金技术的转移，而且要通过企业管理人才的转移，打破横亘在东部、中部、西部之间的发展固化的模式，把我们中国经济巨大的回旋余地和最具有潜力的开发动能充分地释放出来，为中国经济在21世纪的全面崛起奠定强大的区域发展新动能。

杨万东：西部开发20年来有明显的成效，但是和我们的预期比还不足，原因就是，中国战略的推出太频繁，当西部开发、中部崛起、东北振兴、东部率先发展全部推出以后，就变成每个地方都有一个战略，就有点"撒胡椒面"的味道。但是，西部的战略是中国的战略纵深，当年的"大三线""小三线"就是为了应对可能的战争局面而做的一个战略布局，而且奠定了中国西部的工业基础。现在西部的发展，交通发展已经有很明显的成效，主要问题就是西部的人力资源"孔雀东南飞"，这个现象始终没有得到遏制。如果人力资源大量外流，这么一个广袤的土地，它的开发和建设确实要受到很大的影响。西部地区在中国的地理空间来讲是中国地理空间的第一级和第二级，是中国几大河流的发源地，它的生态问题是一个很敏感的问题，这个问题在1998年的洪水灾害之后实行封山育林得到了很好的解决，成效很明显。

现在西部的发展，它的机遇之一是"一带一路"的发展，"一带一路"现在已经开始启动，现在几大城市都开通了欧洲班列、货运专列。但未来的发展，西部应该需要什么样的政策，刚才建君讲得很有道理。西部发展主要是需要一些增长极，西部发展的核心，城市群虽然有，但是都比较脆弱，除了成渝城市群和西安、宝鸡、咸阳城市群相对密集，联系紧密，其他地方都出现了一个繁荣的城市和周边稀疏的城镇或者乡村，这种格局对于带动当地经济发展还需要进一步的合理布局。

对西部地区的发展，更多要考虑它的生态脆弱性，它的资源特征，来进行个性化的设计。中国现在的发展，未来主要的格局还是智能化的发展，它的特点是减量化、绿色化，这样对环境的依存度会逐渐降低，这样西部也有一定的更好发展的可能性。从这个意义上讲,把一些适合在西部发展的产业布局到西部,这是未来要考虑的。过去中国的发展,西部地区主要是作为一种资源的输出地区、原材料的提供地,这样虽然得到了暂时的发展,但是留下了很多后遗症,包括环境的破坏。未来的发展,比如信息产业的发展,新的生物技术的发展,这些对环境的依赖性不一定像以前重化工业那么强,从这个角度讲,不同的地区布局什么样的产业必须要充分论证。现在有些地区采取把东部地区污染严重的产业转移到西部去,这种方式我认为是西部开发的大忌,产业的转移必须遵循环境规制标准,不能将一个地区承受不起的产业就变成另外一个地区的引进产业,这样是一个总污染量的区域转移,这种方式是目前一些西部地区津津乐道,而且乐于实行的一种方式。更多的污染产业,它的消化、升级应该在当地完成,而不能为了引进资本,为了追求GDP,而把脆弱的生态彻底破坏。

程冠军: 习近平总书记在担任浙江省委书记期间,浙江省就牵头开展了对四川广元的帮扶工作。2002年12月,他给广元市委市政府写了一封信,关注结对子扶贫的效果,《广元日报》将这封信公开发表。2004年5月,习近平同志率领浙江省党政代表团到广元考察。在担任上海市委书记的时候,他又给广元写过一封信,牵挂广元人民的脱贫问题。2004年5月16日,他到广元率团考察的时候,在广元发表了重要讲话,在讲话中他主要强调了四个问题:第一,领导要更加重视;第二,思路要更加拓宽;第三,措施要更加有力;第四,工作要更加扎实。重温这个讲话,领会其基本精神,对我们的西部大开发和东西部对接的精准扶贫将大有裨益。习近平同志把浙江著名的企业娃哈哈引进广元,十几年过去了,娃哈哈已经在广元生下了"金娃娃",娃哈哈带动了广元经济的发展,解决了就业等问题,帮扶取得巨大成功。

2018年是宁夏回族自治区成立60周年。1997年4月,作为福建省委副书记同时也是福建省对口帮扶宁夏领导小组组长的习近平同志第一次来到宁夏,开始为期6天的对口扶贫考察,并在银川召开了闽宁对口扶贫协作第二次联席会议。2016年7月,习近平总书记考察宁夏时亲自在银川主持召开东西部扶贫协作座谈会，提出"东西部协作"的精准扶贫精准脱贫新战略。强调要认清形势、聚焦精准、深化帮扶、确保实效，切实做好新形势下东西部扶贫协作工作。

2017年2月，习近平总书记在中共中央政治局第三十九次集体学习时再次部署脱贫攻坚，他强调，言必信，行必果。提出强化领导责任、强化资金投入、强化部门协同、强化东西协作、强化社会合力、强化基层活力、强化任务落实——"七个强化"。同时总结了脱贫攻坚的"五点经验"：加强领导是根本、把握精准是要义、增加投入是保障、各方参与是合力、群众参与是基础。"七个强化""五点经验"为实现精准扶贫精准脱贫再次吹响了冲锋号。

2017年6月，习近平总书记在山西太原市主持召开深度贫困地区脱贫攻坚座谈会，听取脱贫攻坚进展情况汇报，集中研究破解深度贫困之策。在会议上，习近平总书记提出八条要求：第一，合理确定脱贫目标；第二，加大投入支持力度；第三，集中优势兵力打攻坚战；第四，区域发展必须围绕精准扶贫发力；第五，加大各方帮扶力度；第六，加大内生动力培育力度；第七，加大组织领导力度；第八，加强检查督查。这个座谈会，是习近平总书记主持召开的第四个跨省区的脱贫攻坚座谈会。

在习近平总书记精准扶贫精准脱贫战略思想的指引下，中国的扶贫事业取得了令世人瞩目的成就。精准扶贫精准脱贫战略思想是习近平总书记治国理政新理念新思想新战略的重要内容，以精准扶贫精准脱贫战略思想引领和推动实现"十三五"脱贫目标，也是统筹推进"五位一体"总体布局、协调推进"四个全面"战略布局，以五大发展理念为引领，全面建成小康社会、实现"两个一百年"奋斗目标，实现中华民族伟大复兴中国梦的关键一环。

杨万东：我是从西部出来的，感受最深。西部地区的发展成绩是有目共睹的，这一点必须肯定。但是，西南和西北相比，西南的发展更好一些，重庆、成都的发展更加明显。包括我去过的贵州、云南，这些年都发展很快，贵州省我去过多次，而且去过很多地区，第一次是20世纪80年代，到后来去过几次以后，感受就是，这些贫困地区有一个最大的特点，按照经济学的理解，边际效应最大，投一点点钱，马上就见效。在这种情况下，关键是投在哪里、怎么投，我们的决策机制是采取在北京拍脑袋的方法形成的抉择，很有可能很多时候不得要领。西部开发前期投入大量资金，生态建设很明显，城市建设上也有明显的进步。甘肃的敦煌市，我当年去和这几年去看，变化也很明显，当然敦煌市也是甘肃省特意打造的名片。兰州市变化就不明显，和郑州新区比人气就要差很多，和成都、重庆的发展相比，差距也很明显，这个和地区的经济实力肯定有关系。现在主要是决策机制要考虑西部开发的方式，它的政策起源一定不要完全自上而下，而要来自各个地区对本地情况精准的摸底，提出实际的诉求，而且提出希望实现的目标，最后通过宏观的讨论抉择，形成一个综合的措施，这样才有助于西部地区向纵深发展。现在泛泛而谈西部大开发已经意义不大，必须像精准扶贫一样精准化、目标化、系统化，这样西部开发就会有一个新的起点和新的发展。

引领经济新常态

8.1　中高速增长的新常态

张建君：新常态是 2014 年习近平总书记对中国经济发展作出的一个全新判断，是综观经济大势、把握经济发展规律而对于马克思主义政治经济学作出的一个重要理论创新。

中国经济新常态最核心的三大特点：一是从高速增长转向中高速增长；二是结构优化；三是动力转换。中国经济所面临的这三大问题不能够用简单的好和坏来进行判断，中国经济经过改革开放 40 年的发展，现在进入了一个全新的阶段，一个显著的特点就是，由外部生产要素大规模投入所推动的经济快速增长，开始转变为更加依靠内在的技术创新和内在的结构优化。这就使中国经济面临一个巨大挑战，一方面原有动能正在减速，另一方面新的动能没有有效培养，严重不足，使中国经济呈现减速的发展态势，这虽然没有改变中国经济总体向好的基准面，但是它要求中国经济的发展方式和经济结构必须优化。习近平总书记曾经用一个很形象的比喻来讲经济的新常态，他说，中国经济新常态就好比人在 10~18 岁之间，最重要的是长个子，速度很快，但是人过了 18 岁以后，长个子的速度就会慢下来，更重要的就是长肉长骨头。现在，中国经济新常态就是从快速增长转向长骨头长肉即提质增效的全新发展阶段。

目前，中国经济总量已经位居全球第二，我们即使保持一个中高增速，我们一年所创造的新增经济总量仍然超出了排名全球经济总量第十四位的澳大利亚全年的经济总量。同时，也使我们看到，新动能的培育，这个长骨头长肉的过程直指中国经济的短板弱项，有些是卡住了中国的命门，比如最近一段时期中美贸易出现的纷争里面，中国电子产业是现在全球最大的生产商，但电子产业最为核心的技术不在中国人手里。所以，在这个过程中，一方面面临着产业结构的调整和优化，另一方面面临着核心技术的短缺，这就把中国新常态所面临的问题很清晰、很突出、很明白地展现了出来，这是中国经济始终要迈过的一道坎，也是新常态的核心任务和挑战。

杨万东：中国经济的新常态，现在成为一个经济学界经常提到，而且广泛关注的一个话题，对该话题的解读在学界有很多不同的角度。但是有一点共识，就是从规模化、数量化的发展转向高质量的发展，中共十九大报告也明确了这一点。

为什么要实现这个转变，主要是中国经济的体量确实已经足够大了，按照现在这个体量的发展，从经济规律本身来讲，因为基数越来越大，每年的增量没有下降，但是增速有下降，这种下降是一种正常现象，也是一种必然的规律。这个下降需要伴随的就是中国经济的质量提升，就是我们现在所提倡的工匠精神，就是我们生产的规模要满足社会发展、人民群众生活的需要，同时，要让中国经济的发展跟上世界经济发展的节奏。现在按照这个要求，我们的经济结构、企业的经营方式都还存在很大的发展空间。新常态的提出，相对来讲说起来简单，但是落实就需要面对一系列问题，比如我们的考核机制就不能够是单纯的 GDP 考核了，绿色 GDP 考核就是一个非常重要的目标。所谓绿色 GDP，就是对于破坏环境的增长，相对于是一种减量，只有扣除了对环境的破坏，经济增量才是我们能够认可的经济增长，这也是为什么经济增长减速的一个原因，环境现在是第一大因素。

除了这个约束之外，还有就是过剩产能的"三去一降一补"，这种政策的推出就是对过去经济增长模式的一种调整，过去的发展对环境的破坏、资源的消耗很大，但是产出的产品缺少市场，产能利用严重不足，这种发展通过宏观调控的方式，社会成本和经济成本都很高。现在用新常态的理念就要求产品要适销对路，产品的生产要环保，资源要节约，这些要求都是新常态下对经济的一些基本的目标性导向，这种导向就使原来单纯的发展是硬道理加上了一些约束条件，在这个约束条件下，中国的发展一个重要的引擎就是来自地方政府的经济追求，招商引资、减税让利，土地的低价，这些方法就会受到一个制约，在这个制约条件下来考虑中国的发展。我们有一个大的经济格局，在这个大的布局情况下，不同的经济分区叫主体功能区，有一个相对的宏观地位和结构布局，在这个宏观地位和结构布局下才来考虑当地的经济发展，当地经济发展的状态要服务于民生，要符合环境要求，符合可持续发展的要求。我们现在要解读新常态，就是要把经济增长的质量放在第一位，把产品的适销对路和环境友好放到一个最重要的地位，在这个条件下，中国经济的新常态虽然经济增长速度会慢一点，但是它离我们发展的目标反而更近。

程冠军：经济新常态是党中央对我国经济工作的一个准确判断。新常态首先体现在"新"字上，与过去的对于经济发展的判断完全不一样。其次体现在"常态"两字上，"常态"告诉我们这会是一个常态，会持续一段时日，不要有短期的想法。

习近平总书记指出，在认识新常态上，要准确把握内涵，注意克服几种倾向。其一，新常态不是一个事件，不要用好或坏来判断。其二，新常态不是一个筐子，不要什么都往里面装。其三，新常态不是一个避风港，不要把不好做或难做好的工作都归结于新常态，似乎推给新常态就有不去解决的理由了。

党中央为什么判断中国经济进入新常态？这是因为我们的经济发展面临速度换挡节点。对此，习近平总书记用了一个很精彩的比喻："如同一个人，10岁至18岁期间个子猛长，18岁之后长个子的速度就慢下来了。经济发展面临结构调整节点，低端产业产能过剩要集中消化，中高端产业要加快发展，过去生产什么都赚钱、生产多少都能卖出去的情况不存在了。经济发展面临动力转换节点，低成本资源和要素投入形成的驱动力明显减弱，经济增长需要更多驱动力创新。"这就是中国经济进入新常态之后，我们为什么要坚定不移地推进供给侧结构性改革的原因所在。

8.2 金山银山与美丽中国

张建君：金山银山与美丽中国，这是中国共产党在推进中国特色社会主义建设方面所作出的一个重大探索，也就是通过生态文明的建设，把中国推进到一个全新的发展阶段，用美丽中国来回应人民对于美好生活的向往，这是中国改革开放 40 年一个非常重要的理论创新，这个理论创新集中表现为习近平总书记提出的绿水青山就是金山银山，在 2015 年黑龙江伊春市的调研过程中他明确提出，冰天雪地也是金山银山，资源环境也是生产力等一系列创新论断。从资源环境约束看，过去能源资源和生态环境空间相对较大，现在环境承载能力已经达到或接近上限，必须顺应人民群众对良好生态环境的期待，推动形成绿色低碳循环发展新方式。我国单位 GDP 能耗是世界平均水平的 2.5 倍、美国的 3.3 倍、日本的 7 倍。粗放发展模式已经难以为继。中国的发展从最初对于资源环境的依赖，过度开发为出发点，最终回归到对于资源生态环境的保护，甚至打造美丽中国的发展愿景，是中国发展一个历史性的华丽转身，最终要把中国推进到"百姓富、生态美"的全新阶段，从而让中国能够和世界发达国家一样，分享这个时代人类社会发展所带给全民的福利。

杨万东："绿水青山"和"金山银山"，一个和另一个是替代关系还是对立关系或并列关系？现在习近平总书记把这两者统一了起来，"绿水青山"就是"金山银山"，现在"绿水青山"转化为美丽中国，这种理念的转换对于中国经济的发展具有非常重要的意义。过去我们的发展，很多地区都觉得是先发展再治理，这是在很多东部地区甚至包括西部地区的发展中都曾经出现过的问题。后来发现，发展起来以后，经济的外部性、环境的破坏是发展所获得的经济收益无法弥补的，环境的退化、地下水的超采，包括一些水污染，这些问题都非常严峻，而且治理压力非常大。所以，现在把"金山银山"和美丽中国做了一个统一，就成为新常态讲到的绿色GDP，绿色GDP就是要在保证"绿水青山"的前提下来实现"金山银山"，不是我们要放弃发展或者低速发展，而是环境要得到充分的尊重。因为中国文化、中国历史的传统就是主张天人合一，道生一，一生二，二生三，三生万物，在《道德经》里面，就已经在我们文化血液里面深深凝聚了。而且在中国长期的发展中都是耕读传家，也是一种文化与农业的发展的一体化。中国文化中的诗歌文化，比如田园诗充满了对自然的喜爱和欣赏。所以，中国人本身和自然，我们的文化本身具有很深厚的、与自然一体的底蕴，甚至包括我们的医药也是以采集自然、利用自然来医治人类的疾病。后来在工业化进程中走了一段时间西方国家曾经走过的弯路，为了发展牺牲环境，这种状态现在在改革开放40年这个时期得到了高度重视，这就意味着中国经济真的转向了一个新的平台，这个平台的发展会在经济发展的同时给我们创造一个更加美丽的环境。而且我们也可以看到，那些发达国家，真正被全世界认可的地方都是生态高度文明、环境优美、人和自然高度一体化的地区，比如北欧和西欧的一些国家，具体比如英国——早期工业革命的发源地，曾经的"伦敦雾"现象早就不存在了，伦敦成为一个非常美丽的城市。日本也提供了一个范例，在工业化推进的同时，实现了整个国土的美丽化，中国的发展也必须要走到这种新的境界，用新的目标来约束我们的发展，以这个作为前提条件，中国的发展就会是人们生活越来越美好、环境越来越优美，人们的心情也会越来越愉快，这就是我们能够共享的未来。

程冠军：中共十八大首次提出"美丽中国"，中共十八届五中全会提出"创新、协调、绿色、开放、共享"的五大发展理念。"美丽中国"被纳入"十三五"规划。"美丽中国"理念不是天上掉下来的，它既有对改革开放30多年的总结和反思，也有对中华传统文化的继承和发展，更蕴含了党的十八大以来的新发展理念。习近平总书记在浙江的时候提出了著名的"两山论"——

我们既要绿水青山,也要金山银山。宁要绿水青山,不要金山银山,而且绿水青山就是金山银山。习近平早在梁家河当知青时,就种下了"两山论"的种子。当时,他在赵家河插队时带领知青和村民种下了一片知青林,到现在这片知青林依然郁郁葱葱。中共十八大以后,习近平总书记的"两山论"思想不断丰富和发展。2015年1月,习近平总书记在云南考察工作时指出,要把生态环境保护放在更加突出位置,像保护眼睛一样保护生态环境,像对待生命一样对待生态环境,在生态环境保护上一定要算大账、算长远账、算整体账、算综合账,不能因小失大、顾此失彼、寅吃卯粮、急功近利。2016年1月,《在省部级主要领导干部学习贯彻党的十八届五中全会精神专题研讨班上的讲话》中,习近平总书记指出,我讲过,环境就是民生,青山就是美丽,蓝天也是幸福,绿水青山就是金山银山;保护环境就是保护生产力,改善环境就是发展生产力。在生态环境保护上,一定要树立大局观、长远观、整体观,不能因小失大、顾此失彼、寅吃卯粮、急功近利。我们要坚持节约资源和保护环境的基本国策,像保护眼睛一样保护生态环境,像对待生命一样对待生态环境,推动形成绿色发展方式和生活方式,协同推进人民富裕、国家强盛、中国美丽。

我们要认识到,山水林田湖是一个生命共同体,人的命脉在田,田的命脉在水,水的命脉在山,山的命脉在土,土的命脉在树。用途管制和生态修复必须遵循自然规律,如果种树的只管种树、治水的只管治水、护田的单纯护田,很容易顾此失彼,最终造成生态的系统性破坏。党的十九大报告用了"统筹山水林田湖草系统治理"的提法,把草也纳入了生态保护。这样"山水林田湖草"就成为一个更加完善的生态循环系统。

中共十九大提出,在新中国成立一百周年的时候,把中国建设成为"富强民主文明和谐美丽"的社会主义现代化强国,"美丽"两字的增加,说明我们要建设的现代化强国一定是美丽的现代化强国。我们不仅在战略上提出了"美丽",而且在机构设置上,把过去的环境保护部更名为生态环境部。"生态"一词的出现,充分体现了生命共同体的理念。

放眼全球,人类只有一个地球,地球是我们共同的家园。对于这个家园,我们不是要破坏它,而是要更好地保护它。人类不仅要发展,还要建设一个生态地球、美丽地球。我们不仅要建设美丽中国,还要建设美丽世界。美丽中国也不仅仅影响中国,而且会影响世界,同时也是我们要构建人类命运共同体的重要一环。习近平总书记提出"人类命运共同体"旨在表明,中国要为美丽世界、美丽地球作出更大更多的贡献。

张建君:讲到生态问题,马克思主义的老祖宗恩格斯在《自然辩证法》一书中有一些非常精辟的论述。他在书中讲到,希腊、小亚细亚以及其他各区域,为了得到耕地,毁灭了森林,但是他们做梦也想不到,这些地方今天竟因此变成了不毛之地。对此,他深刻指出,我们不要过分地陶醉于我们人类征服自然界的胜利,每一次这样的胜利,自然界都对我们进行了报复。在中国,因为破坏自然所造成的生态灾难事件比比皆是,比如甘肃舟曲泥石流,就是因为过度开发造成的生态灾难,这些灾难都在警示人类,我们一定要对自然抱有敬畏之心。

所以,在中国的发展过程中,我们最初就有很好的天人合一的思想,有人与自然和谐相处的理念。但是,在市场化的改革过程中,有些人过度地膨胀了个人的私利,甚至对于自然作无度的索取。对于这样一些重大的影响中国发展的生态问题,第一,我们要切实地贯彻全国主体功能区的区域规划,该保护的一定要坚决保护,该修复的一定要坚决修复,把保护和修复作为我们第一个原则。第二,中国21世纪的发展理念应该把五大发展理念讲透,特别是绿色发展、循环发展,包括减量发展这些符合绿色发展的理念,作为打造美丽中国的重要方法和抓手,坚持不懈地推进中国的低碳、减量、绿色的发展之路。第三,中国一定要以绿色发展理念深化改革,把创新作为一个基本的手段。中国未来的发展理念,既要有生态文明建设的文化之招,也要有体制机制创新的制度保障。比如沿长江经济带不搞大开发,而要搞大保护。生态保护转移支付的制度安排、生态共享的现代理念,甚至生态补偿的政策制度安排,正在成为打造美丽中国最为重要的政策抓手。有了这些很好的政策抓手,有了改革创新的发展理念,培育生态与文化融合发展的新型旅游业,就能够使中国的绿水青山也变为金山银山,能够使中国老百姓的富裕也变成美丽中国的底色。在这个方面,中国未来的发展要坚定不移地把生态环保切实当作一号工程,切实有效地加以推进,最终让美丽中国成为现实。

杨万东:现在我们所讲的金山银山或者美丽中国,很多时候是考虑到发展过程中对绿色的保护、对环境的尊重,实际上我们还要看到,金山银山的发展还要把现在还处于荒漠化、戈壁滩、沙漠这些区域的治理也纳入美丽中国的考虑范围,因为以色列的实践已告诉我们,人类对自然进行有效治理是可以使环境变得更加优美的。中国现在的国力有足够的能力,对沙漠的治理也有一定技术支撑,甚至有些企业已经作出了很好的示范,对于荒漠化的土地,对于沙漠、戈壁的改造,都应该有计划,有很好的设计和部署。

张建君:杨老师刚才讲的,要建立健全资源生态环境的管理制度,在我们国家的生态文明体制改革的总体方案里面作出了八大制度安排。第一,要确立自然资源资产的产权保护,通过产权保护让自然资源不受到非法损害。第二,国土资源空间开发的保护制度,要规划先行、法律先行,而不是人为地进行无序开发。第三,要建立严格的空间规划体系,按照国家空间规划体系来有序推进国土资源的保护和开发。第四,要建立资源总量管理和全面节约制度,这就是对中国的资源要做可持续的开发,让可持续开发的理念得以全面贯彻和体现。第五,要建立资源有偿使用的生态补偿制度,资源的使用不是公司和个人无序开发,把整个成本抛给社会,而且必须建立严格规范的资源有偿使用和生态补偿的制度,从而能够使付出资源、生态的地区优先得以生态修复和生态补偿。第六,环境治理体系。在这方面,城市生态越来越趋向于美丽有序,而农村生态仍然处于凋敝和无序的状态,甚至垃圾围村的现象非常严重,我们要切实使城乡之间的环境治理在同一个标准下积极推进。第七,要建立环境治理和生态保护的市场体系,环境和生态的成果也应该有市场化交易的制度安排。通过排污权交易等制度安排,来解决我们所面临的生态环境方面开发和保护的矛盾和难题。第八,在生态文明绩效评价考核和责任追究方面,要切实把它作为一票否决制的制度加以有效监管,让我们的领导干部不仅仅是经济发展的第一责任人、社会治安的第一责任人，同样是生态环保的第一责任人，使美丽中国愿景有强大的制度保障，我们用制度来管人管事，就能管出生态保护的一片新天地，就能够把绿色发展理念转化为中国一个生动而活泼的世界。在这个方面，有些落后地区的发展已经给出很负面的典型案例，我们要从这些典型案例里面吸取经验和教训。生态文明理念是我们对于世界文明作出的一个贡献，中国当然要用最好的生态文明的实践来为这样一个中国理念作出最新、最美的注释。

8.3　房地产困局与"皇家的桃子"

张建君：改革开放40年来，房地产发展的成绩非常显著，从改革初期解决不了老百姓的居住问题，到现在取得人均近40平方米的居住条件，使老百姓的居住条件发生了翻天覆地的变化，是中国经济社会发展的一个巨大福报。但是房地产过度市场化的问题也随之而来。一是房地产行业的暴利化倾向越来越严重，房地产成为各行各业竞相进入的一个暴利行业，房地产价格急剧上涨的态势，给中国经济埋下了深深的隐患。二是房地产市场存在着无序竞争的混乱状态，国家出台的房地产市场调控政策很多，但效果很差，甚至房地产的价格伴随政府的宏观调控一路上涨，房地产成为中国老百姓不能承受之痛，引发了年轻人逃离"北上广"的发展乱象。炒房、捂地、裸房等各种现象层出不穷。规范化、稳定化发展是成熟市场体系的必有要义，面对混乱无序竞争的房地产市场，亟须通过资格化、标准化以及有效监管来规范房地产市场的发展。三是房地产已经形成了泡沫经济的困局。根据有关报道仅中国"北上广"的房地产资产价格相当于整个美国的房地产资产价格，隐含在房地产中的资产价格泡沫不容小觑，在内蒙古的鄂尔多斯、陕西的神木等地出现了房地产资金链条断裂带来的发展风险，值得我们认真研究。

近20年是中国房地产市场的快速发展时期，中国政府从2004年就开始了对房地产的调控，有意思的是过去十多年恰恰是中国房地产价格急剧暴涨的时期，出现了一个上市公司因为出售一套北京房产而扭亏为盈的奇怪现象，引发了中国经济脱实向虚的不良态势，甚至有些城市大拆大建，以房地产开发为导向，罔顾生态、罔顾民生、罔顾经济社会的和谐发展，政府的卖地收益更是推波助澜，最终造成了当下房地产失控的发展态势。现在，可以说，房地产市场已经成为中国最大的经济风险，也是最难以调控的市场。房地产会强化金融风险形成的路径，一旦出现大规模的房地产不能够进行有效的偿付，最终银行呆坏账空前上升，就要爆发金融危机，这是最大的风险。至于民间的资金信贷、银行自身的杠杆等，仍然具有可控性，这几年民间金融风险屡见不鲜，从温商逃跑事件到温州金融破产，特别是陕西的神木房地产的泡沫等一系列问题，说明民间借贷有风险，虽然它的风险不会发生连锁性、全国性危险，但房地产过度泡沫化很有可能给中国经济埋下巨大的隐患和风险。所以，它应该是我们重点监督和防范的对象。

在房地产的制度规范方面，一定要通过科学合理的房地产税收法律严格监管。严格税收监管的秩序来解决房地产混乱无序的发展状态。必要时可以对房地产的交易增值部分做累计所得税的征收，让房子真正回归到"是用来住的，而不是用来炒的"正常本位，让房子成为民生的基础，而不是成为民生之痛。所以，一个好的制度安排，无论是对房地产的市场主体，还是房地产真正的使用者——老百姓，都是最大的福利。当然，对于中国经济而言，也是最大的福报。国家要认真地研究，形成科学合理的房地产税收立法，确立有关房地产最基本的一些公平正义的社会理念，作为民生保障的产业导向，形成推动中国健康合理发展的房地产制度性安排。

程冠军：中国房地产这些年的发展速度之快，世界罕见。在这个过程中，我们每个人都身在其中，也都有切肤之痛。从整个中国经济来看，改革开放40年尤其是后20年，房地产一直处于高速增长的时期。房地产目前已经成为改革路上的一头怪兽。如果房地产倒掉了，将会对中国经济产生巨大的影响。如果房价继续一路飙升，一方面，房地产本身和金融的风险将会越来越大，同时会继续伤害实体经济；另一方面，会造成社会的不稳定。房地产最大的问题就是，这些年来通过房地产的暴涨，中国社会的"马太效应"越来越大，导致中国社会有一种被撕裂的感觉。为什么社会上暴力案件频发？因为这个社会有一种戾气。这个戾气从哪里来？主要原因在于房地产。房地产导致了财富的重新分配。有些人利用房地产政策，不断使财富急剧暴涨，变戏法一样夺取了那些没有房子的人的财富，由此导致了社会的拜金主义、仇富心态的不断滋长。另外，由于望而生畏的房价，使我们的青年人看不到前景、看不到未来。前不久，我到南方出差，就看到一个中小城市的一个广告牌上写着："有个好爸爸，帮你买房子"，如此价值观真是让人大跌眼镜！青年人如果想在大城市寻梦，靠个人的奋斗，一辈子也买不起房子。靠什么呢？只有拼爹、拼爷爷、拼外公！不是吗？一对青年人在城市安家，父母、岳父母、爷爷、奶奶，几代人穷其所有之后，还要背上高额的房贷！而那些没有条件买房的青年人看不到未来、看不到希望，纷纷逃离城市。我们看到，北京电视台的《谁在说》节目，大部分家庭纠纷都与房子有关。房价让一些家庭夫妻反目、父子成仇、兄弟阋于墙！房价问题，已经到了非解决不可的时候了！

　　刚才说的是买房，下面谈谈租房。为了缓解高房价带来的压力，中共十八大之前，我们提出鼓励租房，租房也是解决居者有其屋的一条途径，但要把好事办好并不容易。事实证明，在中国这样一个"家"的观念根深蒂固的国家，鼓励大多数人都去租房，只是专家的一厢情愿而已。在中国人骨子里，租房永远是一种没有尊严的寄人篱下的生活。高房价带来的高房租，同样成为当今社会的一大顽症。买不起，也租不起。残酷的现实让许多青年人很受伤。一些不想放弃梦想的青年人，在城市里打拼，他们成为城市的"蚁族"，他们每天起早贪黑、挤公交、挤地铁，拼命工作，每个月的大部分收入都交了房租。房租为什么会越来越高？有的城市最近在打击所谓的的黑中介，其实根本没有找到高房租的真正根源。高房租的真正根源在哪里？根源在于现行的租房政策和中介政策！我们现行的中介收益规定，是一种变相推高房租的政策。就拿一套北京房子的租价来说，房主委托小区中介将房屋出租，成交之后，租户要付给中介房屋一个月的租费作为中介费，这个政策严重不合理。如果这套房的月租价是 5000 元，租期 1 年，成交之后，中介得到收益就是 5000 元。如此高比例的佣金将中介变成了食利者！如此，中介就会想尽一切办法推高房租，中介推高房租不仅自己受益，而且房主的受益更大。为什么不去改变这个政策呢？相反，不断出台的新政策往往只有利于房主和中介。比如，不允许合租，导致租房人增多，房源不增，房租会越来越高。不允许住地下室，再次导致租房人增多，房源不增，房租再次提高。房屋和中介逐步结成城市里的食利者联盟，这个食利者联盟不断地盘剥无房者。诚然，政府出台这些政策的目的是为了公共安全，但是维护公共安全有许多更好的手段和方式，为什么偏偏要采取损害社会底层利益的办法呢？事实上，所谓的打击黑中介，实际上是舍本逐末。不是中介黑，而是政策不对头。习近平总书记曾多次提到群众的"哭笑观"——"党中央的政策好不好，要看乡亲们是笑还是哭。如果乡亲们笑，这就是好政策，要坚持；如果有人哭，说明政策还要完善和调整。"我认为，在房价问题和房租问题上，我们要好好地拿总书记的"哭笑观"这面镜子好好照一照。

房子是用来住的，不是用来炒的。如何调控房价和房租？药方很简单：一是征收房产税，并且提高两套以上住房的税率；二是实行房产证全国联网；三是率先公布拟提拔官员房产，逐步公开官员房产；四是提高两套以上住房贷款利率；五是降低中介租房佣金，杜绝中介暴利。

张建君：要对房地产过度金融化、过度暴利化所引发的房地产与金融高度结合的泡沫危机有充分的警惕。现在有一种说法，房地产既绑架了银行也绑架了政府，甚至成为中国打赢三大攻坚战里最核心的一个挑战，即金融风险如何有效化解。在过去 40 年改革开放的历程里，值得我们欣慰的是，中国经济没有爆发过像在日本出现的泡沫危机，美国出现的次贷危机，以及在东南亚一些国家所遭遇的金融冲击，但是，我们不要低估了房地产与金融高度融合所形成的虚拟经济的泡沫危机。所以，要加大对于银行和房地产的制度监管，采取有效措施逐渐释放房地产所集中的金融泡沫，未雨绸缪地解决房地产风险所带来的社会问题。一个健康、合理、可持续发展的房地产市场就是中国经济之福，而一个暴利的、失衡的、竞争无序的房地产市场就是中国经济最大的危机。面对房地产市场给中国经济带来的深深忧患和潜在危机，我们必须做全方位的、深入的剖析和研究，一方面要坚定不移地发展房地产市场来解决老百姓的住房困难；另一方面，也要坚定不移地发展租赁房市场，通过租赁房市场给城市低收入群体、新入职年轻人提供必要的居住场所。唐朝伟大的诗人杜甫在流离失所的情况下，发出了"安得广厦千万间，大庇天下寒士俱欢颜"的期盼和愿景。在打造共享共建、全民共享的中国特色社会主义制度的历史进程中，前40年用竞争的效率来激发社会的活力和动力，后40年要更多地用公平和正义来激发社会的健康和谐稳定秩序的形成。中国特色社会主义制度要在事关国计民生最基础的房地产市场里，首先摆正自己的定位，夯实自己的制度基础，把中国引向一个科学合理高效，能够既发挥市场效力，又兼顾公平正义的全新发展方向。

我们还关注到一个巨大的风险，就是房地产很有可能对于财富的分配形成一种固化的态势，从而形成有产者是富人阶级而无产者是穷人阶级这样一种严重的社会对峙。所以，我们对于房地产一定要让它成为满足老百姓最基本生活需要的一种公益性行业，而不能让它成为一种造成社会两极分化的暴利性行业。在这些方面要坚定不移地让房地产回归理性、正常的发展渠道，为中国经济的平稳、健康、持续发展提供一个成熟理性而不是唯利是图的房地产市场。

杨万东：房地产问题社会讨论得很热烈，关注度也很高，如果情绪化地来看，确实房地产的问题主要就是部分城市房价太高，在这些城市的年轻人包括无房的居民觉得居住的压力非常大。为什么房地产的问题已经讲了十几年，而且是越讲价格越高，必须要从中国体制转轨的大背景下来看，中国原来经济的货币化程度很低，而且城市化水平也是近些年才不断提升。城市化提升带来的最直接的表现就是大量人群涌入城市，对城市的住房形成了巨大的需求。越是中心城市，比如这些年的北上广深，房价居高不下，而且不断创新高，这个背后体现的是人流的涌进，同时也可以看出这些地方经济的活力明显高于其他地区。

反观人口流出的地区就不仅是房价上涨的问题，而是下降，甚至一部分地区成为"鬼城"。这种现象的出现需要从供给和需求两个角度来考虑。到现在为止，国家所出台的调控房价政策为什么越调越高，它是按住需求，但是不等于需求不存在，而是让这个需求的实现慢慢兑现。比如，最近有些城市开始实行摇号买房，就像摇号买车一样，只会鼓励更多人参加竞买，这种措施绝对是治标不治本。解决房地产问题首先要城市当局或者地方当局，一定要对当地城市的人口增长、人口流入，包括这些人群的收入变化有一个科学的预测。现在进入大数据时代，这些东西都是可控的，这些数据都是很容易得到的。像北京地区，过去实际人口是以每年 50 万人左右的速度增长的城市，如果房屋的供应没有相应成比例地增长，这种短缺就是一个持久现象。人们对美好生活的追求确确实实存在着更换的需求，比如面积小的变成面积大的，地段差的变成地段好的，这些改善性住房的需求也是越来越多，这些问题必须要考虑。

还有就是一定要考虑到，中国的这些核心城市还出现了另外一个现象，就是人口的老龄化。人们为什么愿意在这些地方居住，总体来讲，人均寿命是不断延长的，也就意味着，房屋的代际继承时间延后，就形成了新的持续性的住房需求，和以前人们所理解的，父母的房屋传承给子女，甚至父母可以把房子卖掉养老，这种可能性就变小了。比如人均寿命，这些年男性的寿命从平均 60 多岁到了 70 多岁，北京、上海等地基本已到 80 岁了，女性的平均寿命更长一些，这也是人类社会发展的一个规律，同时也会影响房屋价格和供求关系。

解决房地产问题，现在用简单的打压、控制这种政策应该说是一个不解决根本问题的方法，更多的是需要从供给端着手，现在强调供给侧，供给端要增加土地供应，增加实用面积的销售。同时，要尽量推行公共服务一体化和发展机会的均等化，减少人们向特大城市的聚集。现在像北京、上海这些城市都确定了人口增长的约束性规划，从人口总量来讲，如果这些目标实现，人数增长虽不可能有太明显的变化，但是，结构性变化和需求增长仍是肯定存在的。

中国住房问题还有一个更核心的原因是，这些年贫富差距的急剧拉大，某些人或者某一群人所形成的需求，就对很多人的一般低端需求形成了一个替代。从世界各个国家的情况已经看到，凡是贫富差距大的国家，核心城市的房地产价格都是很高的，比如俄罗斯的莫斯科，当然还有一些新兴市场经济国家中心城市，比如韩国的首尔，房价也很高。这些都表明，对核心城市房价的上涨应该有一个合理的估计，但是必须要有一个制度性的保障，让新入职者，让年轻人有解决住房问题的希望和安排。

对房地产本身情绪化的表达不能解决问题，房地产商这种结构要逐渐地向建筑行业这样一种思维转换，因为建筑业是提供住房的，而房地产商是把住房变成了一种具有金融属性的产品，如果形成了大公司的垄断就具有定价的优势，甚至和金融机构形成合作以后就形成一种绑架效应，这种住房持续上涨，对于其他无房者就会加重焦虑。

同时，房地产还有另外一个问题，由于存量越来越大，拥有住房的人已经把它转换成一种财富概念，特别是一些企业家把房地产作为融资主要的质押物。所以，它的关联效应就非常明显。对于这个问题的处理，如果让房价大幅下降，这种建议和这种思维对于引爆中国金融风险是很危险的，应该是控制房价的上涨幅度，增加供给，同时，要打通中国的创业创新途径，让资金不要聚集于房地产。现在很多企业家把每年利润不断地锁定在新的住房上，中国实体经济的萎缩也助长了房地产业过度繁荣，这种泡沫化繁荣就为未来的金融危机埋下了隐患。而且2008年美国次贷危机已经警示我们，当房地产的金融属性太明显，当房地产和银行的信贷形成特别密切的关系时，当房价进入高位的时候，一旦整个经济出现相对停滞的状态，这种风险就会很快演化为一种系统性的风险，对此，必须保持高度的警惕。

程冠军：土地问题也关系到住房问题。关于耕地面积减少的问题，这是一个很大的问题，据我的了解，现在很多地方一些地方官员为了招商引资，包括被一些地产商围猎,利用国家的有关政策变着戏法地出让土地。比如,以搞农贸市场、搞物流的名义低价拿地,都可以按政策来,结果开发商把土地拿了以后就想方设法改变用途。地方不是没有土地指标了吗?别着急,只要政府想卖给你,他会想办法给你调地,我认为,所谓的调地,就是"变戏法"欺骗中央。

我听人讲过这样一个故事。从前,某县的县衙里有一棵桃树,由于其果实鲜美异常,被定为皇家供品。也就是说,从此这棵桃树便被确定为皇家所有,并被指定由省、州、县各级专人层层分管和具体看管。最基层的责任人当然是县令。皇帝专门颁下圣旨:偷吃桃子者灭九族,管理不力者一并严办。这年,桃子成熟了,县令的小儿子每天看着鲜美的桃子馋得难以忍受,终于在夜里偷吃了一个。等县令发现时,小孩子的嘴里只剩下一枚桃核!县令吓得要死,把小儿子痛打一顿,掩埋了桃核。然后对全家人交代说:"偷吃了皇家的桃子要灭九族的,反正具体结了多少个桃子,皇帝也不知道,我们就说桃子一颗也没有少。"收获的时候,省、州负责督导的大员亲临现场,他们问县令:"桃子少了吗?"县令理直气壮地回答:"禀告大人,一个都没少!"省、州大员当然也不希望听到桃子被偷的消息,因为一旦那样,他们也要被治罪。他们心里的想法与县官是一样的,反正具体结了多少个桃子,皇帝也不知道,只要你县里说没有少,我们的日子都好过。第一年顺利过关之后,第二年,县令竟然亲自偷摘了数个桃子给家人分享,依然蒙混过关。如此,年复一年,县令年年偷吃,年年过关。再往后,更甚之,州里和省里的官员也敢私自扣留收获的桃子。这些桃子就好比国家的土地。谁偷吃了皇家的桃子?如何看好皇家的桃子?

虽然国家三令五申严格控制土地,但地方上仍然在我行我素,变着法地继续经营土地。地方政府为何热衷于经营土地,因为我们当前的地方财政实际上就是土地财政。地方政府没钱,土地可以卖钱。可以用卖土地的钱来弥补地方财政,可以用来上项目,可以用来发工资,这样就可以使官员在任期间日子好过!

地方政府操控土地,除了土地财政之外,还源于一种不正确的政绩观——经营城市理念的提出。经营城市这一错误理念提出之后,全国不少城市争相效仿，把土地作为城市的最大资源，抛向市场。一时间，争相开发建设新城、新区，在开发热中，大批的良田沃野变成了高楼大厦。

一些地方政府操控土地的另一根源，是招商引资政策的流行。正是由于政绩考核中的 GDP 效应，使招商引资成为政绩考核的硬指标。因此，地方官员几乎是一夜之间都变成了"招商引资总司令"。你招我也招，全国大招商。对这种全国大招商热，朱镕基同志就曾经泼过冷水。没有这么多的商人怎么办？招人搞房地产啊！一些投机商看中了这个机会，披着羊皮来了！真是烧香引出鬼！于是，很快，农民的土地先是被变成工业用地，为了争取批准，有不少是打着高科技园、高科技孵化器的幌子拿下土地指标，然后再想方设法将工业用地变成商业用地、商住两用，直至民用。农民们拿到了自己认为很丰厚的补偿，高兴地认为自己终于成了城市人了！殊不知，这种高兴并没有持续多久，他们才终于发现自己赖以生存的土地永远地消失了，而自己在城市里并没有生存的能力！

当国家国土部门进行土地检查时，地方政府会汇报说："我们的土地一亩都没有减少。"并且，他们会想出一百个理由来使他们出卖的土地合法化。手续不全，补。实在补不了，项目暂停，等检查组撤走之后，重新开工。

于是房价越来越高，土地越来越少。谁偷卖了国家的土地？如何看好国家的土地？

杨万东：现在我们对土地价格实行同一土地不同地价，比如工业用地、商业用地、居住用地，价差极大，所以，能够拥有谈判能力和拿地能力的企业就采取先谈下一块工业用地，然后以新建工业园的方式，把核心区段变成有商业用途的店铺，同时，发展一些具有房地产性质的投资，而工厂的设计只是一个形式的东西。现在土地还存在变性的权力集中在省一级政府，土地一旦能变性，它的升值空间就变得无比大，几万元一亩可以变成几十万、几百万元一亩，这种政策空间就很容易形成企业家或者地方政府的寻租空间。现在有些地方的政府债务问题严重，就把其中处于核心地段的一些房产通过土地变性瞬间升值几十倍甚至上百倍，这种对于市场机制的滥用推涨了土地价格。房地产一个最主要的推手就是土地财政，形成了对土地财政的依赖，这也是为什么各级政府对房地产每次调控表态很积极，实际上要制造稀缺的原因。

8.4　转方式调结构与高质量发展

张建君：转方式调结构与高质量发展，这是经济新常态最终的指向。我们现在要认识新常态、适应新常态、引领新常态，这是我们当前和今后一个时期国家经济发展的一个大背景，这个大背景将把中国指向何方？就是把中国经济要从高速增长的阶段指向高质量发展的全新阶段。

经济新常态为中国经济的高质量发展提供了一个转变的阵痛期，因为在这一过程中，第一，粗放的经济发展方式要全面更新。从中美贸易的对峙就可以看出，美国卡住高新技术的脖子对中国进行全面制裁，甚至把"中国制造2025"所涉及的这些核心技术行业全部列为制裁对象，说明中国的经济发展方式转变"瓶颈"和难点都集中在自主创新和实现经济发展方式的有效转变方面，为此，我们绝不能再依靠过去粗放的要素投入，我们正在失去低成本的竞争优势。更为重要的，在生态环境各方面的要求，使经济发展自身所承受的环境资源"倒逼"的机制已经显现，经济的发展方式必须从粗放、外延式转向内涵、集约式，走自主创新的发展道路。

在转方式过程中，面临的最大问题仍然是结构的优化，既有产业结构的优化，也有需求结构的优化，还有区域结构的优化，甚至市场主体自身结构也要进一步优化，这四大结构性矛盾在中国经济长期粗放增长中体现得非常突出。在需求结构里，长期投资、出口导向型的经济结构没有得到根本性的改善。由于对外部市场的过度依赖,我们尽管获得了一定的贸易顺差,但美国要求削减贸易顺差的制裁举措,给我们造成了巨大的冲击。过度投资所导致的粗放式发展,使大量的资金不是进入创新的行业,而是暴利为主的行业,这成为中国经济转型之痛。在需求结构上,让消费承担更为重要的角色,从而满足中国老百姓的需求,为中国老百姓提供更高质量的产品和服务,是高质量发展的核心。我国曾经出现过一个很荒唐的营销观念,就是出口转内销,表明我们出口的是高质量产品,而国内供应的则是低质量产品,转内销相对于国内市场的供给就具有优势,这些都反映了中国经济的导向错误,为人民提供更高质量的产品,是所有企业应该坚持不懈的努力方面。为此,需求结构必须优化,要形成一个有利于高质量发展的需求结构,逼迫中国企业转型升级。

第二,在产业结构方面必须转型升级,向更加体现信息化技术要求、高科技的特点,以及中国自主知识产权的方面全面演进。一些新业态、新模式,甚至新产品和服务,包括所谓的中国新四大发明创造——支付宝、网购、共享单车、中国高铁,至少代表了产业与服务突破的努力方向。产业结构持续的优化要引起相关产业结构和比例的调整,从而能够体现出更高的、更具有自主创新的产业来支撑经济结构调整,把我国经济从以量为主的产业结构转向以质为主的全新的产业结构。

第三,优化区域经济的发展结构,要持之以恒地推动区域经济的均衡化发展。在这个均衡化发展里面,打造现代化的中国不可能是东部现代化,中部半现代化,西部还没有现代化,没有西部的现代化就没有中国的现代化,就没有高质量发展。在这方面,要采取有效措施平衡东、中、西部发展所形成的区域性经济结构的矛盾,平衡城乡经济不协调发展的矛盾,协调人群不平衡发展的矛盾,使区域结构的优化成为高质量发展的框架保证。

第四,市场主体的结构也要兼顾,在国有经济、民营经济、三资企业等各种经济形态形成和谐发展的全新模式。在中国未来的高质量发展阶段,重要的不在于所有制的性质和身份是什么,而是我们市场主体都是高质量产品和高质量服务的提供者,要用市场标准的统一化、市场产品的高端化检验各种市场主体的竞争力，而不是特殊的身份和地位。

所以，在经济新常态下，要完成中国经济的转型升级、提质增效，从高速增长向高质量发展的历史性转变，走出一条自主创新、内涵集约式发展新路，才有可能既体现中国生态文明的发展理念，也体现出中国经济向现代化高质量发展阶段的转变。在前期的改革里面，转方式、调结构，人们认为提高效率是一个主要方面，这个从微观来看没错，但是从宏观来看，我们最终要达到的是一个更高质量的发展阶段，是以追求生活质量为主要特征的阶段，社会的主导产业就不同于此前的产业。例如，钢铁、煤炭、水泥、电解铝、平板玻璃等，所有这些以基础建材、重化工业为特点的产业，是高速增长阶段增强社会基础设施、公共服务、社会发展的硬件。但是，在高质量发展阶段，需要科教、建筑、文化、旅游等产业成为主导产业。所以，供给侧结构性改革，就是要以时间换空间，以速度换质量，用高质量发展回应转方式调结构的现实挑战。

可以说，高质量发展阶段的提出，标志是中国经济进入了一个前所未有的全新发展阶段，这既是中国40年改革开放成就的一个集中体现，也是未来中国经济社会发展的一个严峻挑战。

杨万东：以前指向不明确，现在的转方式，我们以前的产业依托，比如加工贸易企业和房地产这两种类型的产业是中国经济在过去发挥重要作用的主要产业。但现在加工贸易企业最大的约束就是国际市场，实际上在贸易保护主义的潮流和周边国家相关产品进入国际市场之后，市场是逐渐地相对萎缩的。同时，房地产在中国城市化已经接近60%之后，后续的增长空间已经有限。现在的中国经济，"中国制造2025"产业发展规划就已经告诉了我们一个主要的发展方向，就是发展高科技产业，发展中国现在还相对落后的这些产业。同时，中国经济的技术支撑要从原来的模仿、跟随，转化为自主创新、自我创造，这些方面都是转方式、调结构的一个核心的变化。而这种变化就使我们原来所依托产业的人群需要重新培训，这些产业的资产需要合理调配。同时，也不能够用一种简单的关厂、炸毁这种方式。

现在经济调整的方式，除了对一些技术标准完全落后的可以采取毁灭性的解决方案，大部分产业技术还可以通过更新改造、兼并收购、技术的重新设计来实现它的新的可使用。现在中国的这种调整，严格讲不能够沿用原来摸着石头过河，让企业自我竞争、地区自我竞争的方式，需要强化环境规制、技术规制和区域主体功能区的布局，做到先规划后建设，先设计先论证后施工，必须要做到设计前置，审批合理之后才能开始行动。否则，按照我们以前的思维，各地还会同样地铺摊子，导致产业同质化，又会出现新的过剩。

在新的调结构、转方式的过程中，要充分运用大数据，运用产业、区域的规划、充分的论证，要把国际先进的规划技术、设计技术和对技术发展的趋势预测运用到产业设计中去，只有这样，中国的调结构、转方式才能够有成效，否则就会长久地停留在口号上。这种口号我们已经叫了很多年，为什么成效不明显？一是指向不明确；二是我们的人力资源准备、技术准备、产业配套都没有跟上，这就变成一种空转。但现在外部环境，特别是外部市场环境已经昭示我们，过去出口导向型的经济已经没有太大空间，房地产的发展也告诉我们，水泥、钢材、平板玻璃这些大宗产品的过剩按照现有产能，这种过剩只会越来越严重。

这次美国引发的"中兴事件"告诉我们，对于外部依赖型的高科技产业的发展，希望通过平稳的国际分工就能够得到有效配置的思维是一种理想的状态，不能够在关键时刻发挥作用，必须要有中国自主的知识储备、自主的知识产权和自主配套的现代产业体系。现在中国大飞机项目刚刚启动，国产航母也是刚刚起步，中国的高铁已经告诉了我们，我们中国人通过集成的技术，通过自主的创新，是有可能走出一条新路的。中国产业的发展从这个角度讲，走向高端化应该没有太大的问题。

程冠军：我认为，转方式、调结构，我们不能光讲理论，重要的是要从转方式、调结构的主体上找原因。我在与一些中小企业的接触中观察到，谁转方式、调结构成功了，谁就实现了高质量发展，谁就生存下来了，而且生存得更好了。谁没有实现转方式、调结构，没有实现高质量发展，最终谁就会失败。如广东的佛山，佛山是制造业比较发达的地方，现在全国的小家电企业的产业集群，美的、格兰仕等一批小家电企业，都是转方式、调结构成功的企业。但也有不成功的企业，过去一些传统产业的经营者在"腾笼换鸟"过程中，放弃了原有的落后产能，但是迟迟找不到新的符合新发展理念的产业。这时，就要发挥好政府的引导作用，引导这些民营企业转型升级。

转方式、调结构重在两大升级，一是文化升级；二是产业升级。在这里，我举两个这方面的典型案例。

一个是文化升级的案例：广州吉中汽车装饰有限公司。这个企业成立于1991年，是以生产汽车真皮座套和内饰为主导产品的民营企业。该公司董事长罗积宗说："吉中的成功秘诀就是文化升级。"为了实现文化引领，公司确立了"积健为雄，中行天下"的核心理念，并为之制定了"四个对得起"的发展方向，即对得起国家、对得起社会、对得起员工、对得起脚下的这片土地。正是靠这种接地气的管用的文化的引领，才使企业实现了根本上的转型升级。今天的吉中已经从十年前的一个小工厂，发展成为以广州南沙自贸区为企业总部，辐射华南、华北、华东、华西的大型汽车内饰制造企业，成为全国同行业的领军者。

另一个是产业升级的案例：喜尔康智能家居公司。喜尔康总部在广东佛山，生产基地在浙江衢州，是一家致力于研发、生产、销售智能家居产品的科技企业。公司生产的"海儿康""喜尔康""CC公主"智能家居品牌质量和科技含量均已超越日本企业。这个企业在转方式、调结构中，实现了产业升级、产品升级、技术升级。喜尔康的董事长吴锡山说："喜尔康进入卫浴行业时间虽然很短，但发展神速，每年都在以300%的速度增长。我们的产品升级主要在智能化上。我是对日本、韩国、美国的智能家居关注8年时间之久，才下定决心杀进智能家居产业的。"

上述两家民营企业转型升级的案例带给我们的启示是：转型成功的企业是少数，转型不成功的企业不在少数，正在转型或找不到转型目标的企业是多数。并不是所有的民营企业和中小型企业都有转型升级的自觉和自信，因此，当前亟须政府对它们进行引导，以此推动中国经济的高质量发展。

落实改革新举措

9.1 顶层设计与底线思维

张建君：中国改革开放40年有一条成功的经验就是摸着石头过河，中国经济的自主创新和大胆实践——从农村的家庭联产承包责任制到价格双轨制改革，从有计划商品经济的体制创新到社会主义市场经济体制的大胆确立，充分体现了摸着石头过河的大胆探索精神与尊重群众首创精神的有机统一，创造了双主题阶段转换式的转型模式。

在中国，双主题阶段转换式的转型模式里面，我们既注重了体制改革与体制创新的主题，同时又兼顾了经济增长与经济发展的主题，围绕这两大主题，在不同的阶段性推进里面，把中国经济推向了一个持续健康发展的局面。当然，这样一个摸着石头过河的改革并不意味着对顶层设计就有所忽略，正是通过对改革前期经验不断的概括和总结，中国提出了社会主义有计划的商品经济体制，尽管这是一个过渡阶段的改革模式，但是它兼顾了底层创新和顶层设计，形成了中国人对计划经济体制的一个最佳模式改革探索。1992年，社会主义市场经济体制确立，把社会主义和市场经济结合起来，成为中国经济体制改革的一个目标设计，从而完成了中国改革在经济体制方面的顶层设计。现在来看，在市场经济基础上发展社会主义，是改革开放最富有革命性的改革成果。

在持续推进改革开放的过程中，真正体现了邓小平同志大胆地试、大胆地闯的改革精神。同时，总结并梳理了对中国改革的一些全新顶层制度设计，改革开放的顶层设计注重了底线思维，就是中国不能离开社会主义，社会主义是中国付出了革命代价所获得的一条全新的发展道路,但社会主义是具有中国特色的创造、创新,实现了与市场经济的全新融合,这就是伟大的改革创造。

展望2020年,形成更加成熟、更加定型的中国特色社会主义制度的战略布局,对改革的顶层设计在不断强化,但是不能出现颠覆性的错误,要注重制度设计的历史合法性、实践合法性,以及政治合法性,要能够保持中华民族革命、建设与改革在逻辑上的一贯性、连续性和持续性。

所以,21世纪的中国改革,既是一场革命,更是一场创新。这要求我们要敢于顶层设计,更要尊重群众的基层实践,从而实现自上而下和自下而上的有效结合,在中国社会发展进程中,无论是马克思主义的引进,还是对西方经验的借鉴,都证明了一个根本性的结论——中国作为一个大国,要有自己的特色、自己的特点。因此,改革的顶层设计和底线思维都要最好地融合在中国的实践之中,把中国人在革命和实践中体现出来的道路选择、文化反省、历史逻辑紧密相连,有效融合,用更好的文化自信、更好的制度安排来体现中国改革开放的伟大制度创造与创新。

杨万东:我们现在所面对的世界,从微观看是一个复杂的世界,从宏观角度看,我们面对的是全球化之后出现了一些反全球化的小潮流的状态,在这种宏观的全球背景和微观的复杂背景支撑下,中国经济的思维和设计就不能够完全依赖于当初的摸着石头过河,摸着石头过河遵循的是一种自然的、演进的逻辑,这种逻辑本身确实也是有效的,它会通过一种社会参与主体的选择,形成一种变化的趋势,这种变化的趋势促成了改革开放以来这40年的巨大成就。现在中国的经济体制改革已经受制于政治、社会、文化、生态,这些相当于社会大系统的各方面因素的制约。

所以,经济改革实际上已经必须变成一个全面深化的改革,这种全面深化的改革就需要一种战略的思路、系统的布局、全面的思考,我们现在强调的顶层设计就是要从战略上、宏观上,从历史的角度全面地来做一个整体的构建。但是,我们40年的改革开放,它所延续的惯性对于现有的顶层设计会形成一种干扰，因为各个部门、各个地区，包括不同的企业，都已经形成了一种长期的思维惯性和行为惯性，这种惯性就决定了，在未来的发展过程中，有可能形成阻力，特别是这些惯性和利益相交汇。所以，顶层设计就必须要把各方面的利益关系梳理好，形成一种系统高度相关的建构。

而且，底线思维不能离开社会主义，实际上底线思维从政治的角度是不能离开社会主义；从经济的角度讲是不能发生系统性的经济金融风险；从社会的角度讲，是不能发生社会的动荡、混乱；从文化的角度讲，是不能够脱离中国几千年的历史文化传统；从生态上讲，是不能破坏环境，不能破坏我们的可持续发展目标。所以，政治、经济、社会、文化、生态这五大系统同时成为我们的五大底线，这个底线就是中国未来发展的约束条件。有了这个约束条件之后，这个顶层设计就需要广泛讨论、深入调查、仔细研判，特别是有些方面还需要小心试点，因为作为一种社会系统的设计，绝对要避免的是拍脑袋，主观随意，否则就很容易犯冒进和不切实际的错误。

这几年党中央特别主张在全国发展各种类型的智库，希望这些智库能给中国的治国理政、社会发展、经济发展提出各种详细的问题导向的建议，也是推动中国的顶层设计科学化、系统化，使整个改革的推动实施更切合中国的实际。

程冠军：习近平总书记非常重视底线思维。关于底线思维，习近平总书记强调，要善于运用底线思维的方法，凡事从坏处准备，努力争取最好的结果，做到有备无患、遇事不慌，牢牢把握住主权。2013年10月，他在亚太经合组织工商领导人峰会上说，中国是一个大国，决不能在根本性问题上出现颠覆性错误，一旦出现就无法挽回、无法弥补。我们的立场是，胆子要大、步子要稳，既要大胆探索、勇于开拓，也要稳妥审慎，三思而后行。我们要坚持改革开放政策方向，敢于啃硬骨头，敢于涉险滩，敢于向积存多年的顽障痼疾开刀，切实做到改革不停顿、开放不止步，这都是他的底线思维的表述。他在2014年6月30日的中央政治局第十六次集体学习的时候又强调底线思维，他说，共产党人的忧患意识就是忧党忧国忧民，这是一种责任，更是一种担当。要深刻认识党面临的执政考验、改革开放考验、市场经济考验、外部环境考验的长期性和复杂性，深刻认识党面临的精神懈怠危险、能力不足危险、脱离群众危险、消极腐败危险的尖锐性和严峻性，深刻认识增强自我净化、自我完善、自我革新、自我提高能力的重要性和紧迫性，坚持底线思维，做到居安思危。他更强调的是，在改革当中，我们不能犯颠覆性错误，要有底线思维。

张建君：中国改革开放40年，一个显著的经验，就是保持了制度刚性，在底线问题上没有出现颠覆性错误。亚当·斯密曾经讲过，一个国家在稳定的环境里面待的时间最长，它一定是最为繁荣的国家。从中国过去改革开放40年来看，一个稳定的改革发展的环境就是中国改革最大的福报，正是有了长期稳定，中国经济才创造了今天的奇迹，改革才能稳定有序地推进。

在中国新阶段的改革过程中，要把改革的力度、发展的速度和社会可接受的程度有效地结合起来，不能为改革而改革，从而为中国新一轮改革提供更为稳定的发展环境。可以说，底线思维和顶层设计的有机统一，就能把中国的发展推向一个全新的阶段。

程冠军：关于底线思维，我的理解有三个"底线的底线"，即：坚持党的领导，保护生态环境，保障人民生活。第一，坚持党的领导。这是底线的底线。习近平总书记在党的群众路线教育实践活动总结大会上讲，如果我们的党弱了、散了、垮了，其他政绩又有什么意义呢？第二，保护生态环境。保护环境是我们改革发展中的一个重要的底线。2015年7月1日中央深改组第十四次会议强调，对造成生态环境损害负有责任的领导干部，不论是否已调离、提拔或者退休，都必须严肃追责。第三，保障人民生活。保障人民生活的底线，也就是一个兜底的底线。李克强总理曾指出，政府要兜住底线，为困难群众提供基本生活保障，为创业者特别是青年人创业解除后顾之忧，促进社会公平，推动经济社会协调发展。

9.2 机构改革的"铸剑行动"

张建君:今年,是党和国家机构改革的关键年份,党和国家机构改革是形成一个国家制度安排最为核心的四梁八柱的具体行动,有什么样的机构安排就会有什么样的国家制度。我个人把这轮党和国家机构改革称作"铸剑行动",中国特色社会主义制度的倚天剑,不是一个空的制度,而是要通过党和国家的机构安排来具体体现,有什么样的党和国家机构安排,就有什么样的中国特色社会主义制度。所以,党和国家机构改革是中国特色社会主义四梁八柱中最核心的制度内容。在推进国家制度,特别是中国特色社会主义制度的成熟、定型中,党和国家机构的改革一直是其中最为核心的改革内容。2018年改革一个显著的变化就是,中共十九届三中全会作出了党和国家机构改革若干重大问题的决定,出台了党和国家机构改革的方案,把中国改革推向了一个全新阶段。

第一,改革的重点就是坚持党的全面领导,党的全面领导如何和以往以放为主的改革实现有机融合,这是现在社会普遍关注的难题。在党政分开为导向的改革里面所出现的新的党政融合发展的方向如何得到有效体现?我们认为,这个问题要得到切实有效的突破。

第二,坚持以人民为中心,这是这次深化党和国家机构改革的一个基本原则。坚持以人民为中心,人民的权力和利益在党和国家的机构设置里面如何有效体现,这是需要重点攻克的一个问题。

第三,坚持优化、协同、高效的原则。既往的改革曾经有过大部制改革的思想,曾经有过以消肿为目的的机构精简合并改革。这次完全不同于此前的改革,提出了全新的改革要求与主张,党和国家机构改革成为2018~2019年两年的中心任务。改革不仅仅是一个机构改革,还涉及相关法律制度的配套。怎么做到合情合法合理地稳步推进,同时能够体现出中国共产党40年改革探索,对党和国家机构作出更为科学、更为合理、治理更为有效的制度安排,需要认真研究,通过改革打造真正的法治型政府、服务型政府、效能型政府,是党和国家机构改革的最大公约数,这些全新的愿景要经得起中国发展的实践检验。所以,党和国家机构的改革成为新一轮改革的领跑者,要切实推动国家治理体系和国家治理能力现代化,让中国特色社会主义制度更加成熟、更加定型,让中国特色社会主义现代化强国建设依靠制度赢得未来。

程冠军: 这次推行的党和国家机构改革破解了机构改革的难点和重点问题。有些改革可以从基层先做试点,然后再自下而上推开。但是有些改革则需要自上而下,从顶层设计开始。中共十八大之前,有些领域的改革,从基层开始做起,最终往往是南辕北辙。一直以来我们提倡大部制改革,目的是为中央国家机关减肥瘦身,结果迟迟不能推动,有的部委甚至越减越肥,这都是没有注重顶层设计的原因。这次改革力度之大、速度之快、成效之显著,前所未有。中共十九届三中全会之后,党中央很快推出了中央和国家机关改革的重大举措,而且这个举措立竿见影,药到病除。很多部委的合并,许多领导干部根据工作需要调整岗位,没有出现任何的不良反应,而且大家都是坚决贯彻执行。这次改革一个最大的特征就是体现了党领导一切和党的全面领导。这次中央和国家机关改革是党中央刀锋向内,从自身开始的改革。实际上也是我们强化"四个意识"、坚定"四个自信"、践行"两个维护"、坚持党的全面领导、坚持党领导一切、坚持全面从严治党所取得的胜利。

杨万东: 机构改革是2018年党中央国务院作出的一个整体部署,而且这个部署一旦推出,社会影响和关联性都被全世界所关注。这次改革对中国经济体制改革40年来的很多顶层问题,特别是机构设置问题进行了归纳、总结,在这个基础上对部门重叠、职责不清、监管空白都进行了全面设计,非常系统、全面,整体性非常强。

在目前党领导一切的体制下,它的推行会是雷厉风行的。难点就是各个单位、各个部门相关的主体必须要适应,认真地贯彻落实。从目前来讲,我们军队系统的调整已经作出了示范。地方的调整有可能像军队系统的整顿和调整一样,也会雷厉风行。重点就是这些部门职责的尽快到位,因为中国的整个经济体系整体性很强,牵一发而动全身,特别是在整个国际经济、政治都处于极其复杂的状况下,所有的机构人员迅速到位,机制迅速运转,问题及时处理,这些重点能解决,这次机构改革就会在短期内见到明显的成效。

张建君: 40年改革形成的既得利益格局是根深蒂固的,有四股力量束缚住了改革的脚步。一是利益的行业化;二是利益的部门化;三是利益的地方化;四是利益的垄断化。在各种利益错综复杂的格局下,改革陷入了空转的境地。李克强总理指出,改革进入了深水区、攻坚期,的确是因为它要触动固有的利益格局。但是,再深的水我们也得趟,因为别无选择,它关乎国家的命运、民族的前途。所以,没有壮士断腕的决心,就不可能把中国的改革推向一个全新的境界。这次党和国家机构改革,就是要破除利益的行业化、部门化、地方化和垄断化,把中国推向一个全新的、有竞争力、充满活力的中国特色社会主义制度,让中国特色的社会主义制度焕发生命力、影响力,让中国成为世界进步的策源地、世界财富的发动机,让所谓的中国声音、中国方案、中国风格、中国气派拥有坚实的制度基础。

因此,对于中国未来的发展,要从党和国家机构改革开始形成一个全新的认识,就是中国通过前40年摸着石头过河的改革,现在正在进入一个对中国特色社会主义制度系统创新的全新阶段,要通过体制机制的全面创新,特别是社会制度的成熟典型,为中国未来的发展奠定一个全新的制度保障。

可以说,"铸剑"能不能取得成功,在某种意义上来说,决定了中国未来的现代化征程能不能按照两步走、顺利平稳地推进。在"铸剑"行动中,需要认真探讨新时代的人类社会发展的规律、经济发展的规律、共产党的执政规律,并在更加成熟、更加定型的中国特色社会主义制度里面能够得到充分的体现,从而真正打破传统的、保守的、官本位的社会,走向良法善治的现代化社会。

9.3 走出中国历史周期律

张建君：中国的发展从 1840 年开始就面临一个落后制度和一个先进世界的矛盾，落后的封建制度，最终让中国付出了沉重的代价，人民也付出了沉重的代价，用八个字来形容就是"水深火热、积贫积弱"，这一格局给中国人民带来了非常沉痛的教训。在追求民主、追求科学的发展进程中，最终走向社会主义的道路。

在中国革命即将获得胜利的前夕，黄炎培和毛泽东就在延安的窑洞里有过发人深省的探讨，黄炎培提出了中国的历史周期律，就是一个王朝一个新生政权"其兴也勃焉，其亡也忽焉"，他和毛泽东对中国共产党人如何避免"兴勃亡忽"的历史周期律进行探讨，毛泽东的回答是：这条新路，就是民主。只有让人民来监督政府，政府才不敢松懈。在中国社会主义的建设过程中，一度出现了"文化大革命"的混乱局面，人民在追问：有没有一个成熟和定型的社会主义制度能避免政治混乱局面的产生？这事实上成为中国改革的最终诉求，在苏联、东欧等传统社会主义国家几乎都面临过这种制度难题。所以，苏联最后的领导人戈尔巴乔夫 1985 年出版了一本著名的书叫《改革新思维》，对苏联社会提出了人道的、民主的社会主义的制度设想，甚至想摇身一变为苏联总统，把西方三权分立的制度当作经典模式。1990 年 7 月，苏共中央通过了《走向人道的、民主的社会主义社会》的声明，宣称党的理想是："人道的、民主的社会主义"，从根本上改变了苏联共产党的指导思想，最终造成了苏联共产党的指导思想和理论基础的丧失与混乱，埋下了苏联解体的祸根。

在中国特色社会主义制度探索过程中，长期遭遇了来自国际社会各种各样的批评和指责，甚至有人把中国特色社会主义称作"中国特色资本主义"，有人还把中国特色社会主义称作"权贵资本主义"，还有其他各种各样的说法。邓小平同志对这个问题有非常清醒的认识，他在1992年南方谈话中就明确提出，改革恐怕再有30年时间，才会在各方面形成一整套更加成熟、更加定型的制度。

因此，中国的改革开放，尽管从经济领域快速收获了巨大成果，但距离提供一套更加成熟、更加定型的社会主义制度的伟大目标仍然还存在巨大差距。当前，习近平总书记提出的"四个全面"战略布局形成了一个初步的战略布局和制度框架。为此，2020年要全面建成小康社会，从而让中国人真正解决温饱难题，一要切实地依靠全面的深化改革，把改革作为制胜法宝和关键一招；二要全面依法治国，用成熟的法律制度来完善中国特色社会主义制度，让法律成为人民的信仰；三要全面地从严治党，党的好坏、有没有战斗力，事实上是中国特色社会主义制度能不能立得住、能不能行得通的根基。在这方面，只有把我们党建设好了，中国才有希望，民族才有前途，中国共产党拥有8900万的党员，分别超过了英国、法国、德国的总人口，这样一个大党的治理就使得我们在党和国家机构的设置和安排里面，一定要大胆地推动制度创新。

伴随党和国家机构的改革，党政融合一体化的发展是大势所趋，一方面如何实现党和国家机构的有机协调；另一方面，如何发挥党的高效有序领导，迫切需要把党打造成一支坚强有效的队伍，这就是中国特色社会主义能不能在21世纪立得起、行得通、站得稳的最为根本和最为核心的挑战。我认为，21世纪中国特色社会主义制度创新里面，要切实地把党政融合发展的宪政模式用更好的社会制度体现出来。未来中国特色社会主义制度最大的优势就是，我们真正地把党政融合的宪政模式转化为了党和国家治理结构的机制安排，有了这个治理机制的制度安排，我们才可能说，党领导一切，党政是有效融合的，从而把我们最大的政治优势——党的领导始终如一地坚持了下来。在这一全新的制度安排里面，我们要坚定不移地抓全面从严治党的工作，全面从严治党永远在路上，作风建设永远在路上，这在党政结合的宪政模式来看，是最为根本、至关重要的一个环节。

中国搞了全新的国家监察委员会体制，是打造全新的中国特色社会主义制度安排的一个重要的监察机制保障，这个保障机制作用的发挥，要突出全面从严治党的主题，促进国家的健康稳定发展。

程冠军：谈全面改革中的制度创新，我们要看到改革开放40年取得的巨大成就，这就是中国特色社会主义这条道路日臻走向成熟，成熟的标志是中共十八大的召开。

中共十八大闭幕后，我给中国科学社会主义学会名誉会长、中央党校教授赵曜做了一个访谈，题目就是《走向成熟的中国特色社会主义》。为什么选择这个题目？因为到了中共十八大，中国特色社会主义已经走向成熟。这个成熟的标志就是：一条道路，一个理论体系，一种社会制度的形成和确立，使我们终于有了道路自信、理论自信、制度自信。

1982年9月，邓小平在中共十二大上所致的开幕词中，第一次提出了"建设有中国特色的社会主义"这一崭新的命题，他指出：中国的现代化建设，必须从中国的实际出发，无论是革命还是建设，都要注意学习和借鉴外国经验。但是，照抄照搬别国经验、别国模式，从来不能得到成功。这方面我们有过不少教训。把马克思主义的普遍真理同我国的具体实际结合起来，走自己的道路，建设有中国特色的社会主义，这就是我们总结长期历史经验得出的基本结论。

中共十六大报告就把这个"有"字去掉了，就是因为我们走向成熟了，我们更加理直气壮了。中共十八大之后，"四个自信"的提出，标志着中国特色社会主义的制度创新更加完善。这也正如习近平总书记所指出的"改革开放以来，我们取得一切成绩和进步的根本原因就是我们开辟了中国特色社会主义道路，形成了中国特色社会主义理论体系，确立了中国特色社会主义制度，发展了中国特色社会主义文化"。

在全面改革进程中，我们的制度创新发生了许多重大变化。习近平总书记在 2018 年 3 月 4 日看望参加全国政协会议的民盟、致公党、无党派人士、侨联界委员时讲话指出，中国共产党领导的多党合作和政治协商制度作为我国一项基本政治制度，是中国共产党、中国人民和各民主党派、无党派人士的伟大政治创造，是从中国土壤中生长出来的新型政党制度。习近平总书记提出的"新型政党制度"，就是一党长期执政、多党合作、政治协商的中国特色的政党制度。这个制度的特征是党领导国家体制，党领导一切，加强党的全面领导。改革每前进一步都离不开党的领导。党不但领导改革，党还领导发展。党的领导包括党的领导与人民当家作主、依法治国相统一，包括党对人民军队的绝对领导，这都是我们新型政党制度的显著特征，新型政党制度也是全面改革历史进程当中形成的中国特色社会主义制度的伟大创新。

9.4 发挥好两个积极性

张建君：中共十九大提出了两个"奋斗十五年"目标，就是在 2020 年全面建成小康社会的基础上，奋斗十五年，到 2035 年基本上建成社会主义现代化国家；在此基础上再奋斗十五年，建成社会主义现代化强国，这是中国现代化新的"两步走"的战略。当然，这个社会主义现代化强国，不是西方别有用心的人士所描绘的"世界霸主"，而是经济上富强、政治上民主、文化上文明、社会上和谐、生态上美丽的社会主义现代化强国。

实现这一奋斗目标，发挥好中央政府和地方政府的两个积极性至关重要。

中国改革开放40年，一条重要的经验就是充分发挥了地方政府的积极性，地方政府成为改革的先行者、试验者、创新者。甚至在西方学术研究里，把中国的地方政府称作地方公司，形成了具有地方积极推动改革的战略性举措。尤其是东部沿海在率先开发开放方面，有很多地方政府创举，如地方政府的招商引资、产业园区的建设，先上车、后买票的一些做法，都成为中国经济转型中的一些成功案例。可以说，中国改革开放一个至关重要的举措，就是成功地发挥了地方政府的积极性、主动性和创造性。

伴随中国特色社会主义制度的进一步成熟和定型，这就要既体现出中央政府的统一领导、令行禁止，又能够体现出地方政府的积极探索和主动作为，如何实现有效的协调与互动，制度安排非常重要。在发挥好"两个积极性"方面，一是要实现事权和财权的统一，要实现事权与财权的相互匹配，这有利于调动地方政府的积极性。二是要充分地发挥地方政府的制度探索和创新可能性，赋予地方政府更大的自主权，如在制定地方市场准入的负面清单、招商引资等各个方面，给予自主创新的灵活性等。未来党和国家机构改革是切实要强化中央集中统一领导，但是千万不能禁锢了地方积极性的有效发挥。既往的实践证明，既有中央政府的集中领导，又有地方政府作用的充分发挥，中国经济才能够充满活力，社会制度的效率才能充分发挥。如果二者的有效结合出问题，中国发展的效率就会大打折扣，甚至出现困难与挑战。所以，在未来党和国家机构改革里，应该从有利于激发地方政府积极主动作为的角度来谋划党和国家机构改革设计，制定一些有利于发挥地方政府积极性和主动性的制度措施，最终让中国改革开放40年一条成功的经验——地方政府的先行先试仍然成为中国发展的主导性力量。

杨万东： 中国改革的成就，人们曾经总结了很多经验，如果要从动力机制来看，中国经济的结构很像一个动车的机制，除了中央总发动机这个火车头之外，各个地方每一级政府，省、市、县、乡、镇都具有自己发展的冲动、动力，所以，各个层次积极努力才形成中国整个经济的大干快上，效果极其明显。当然，这种地方政府的积极性和当初分税制改革之后，地方的财权和事权匹配，地方必要要想办法找出路，才能使得自己的发展有机会，这种体制机制的设计也有关系。

有人讲，从经济属性来讲，如果把整个国家比喻成一个集团公司的话，各个地方就相当于各级各类的分公司，大家分别在总的框架下来谋发展。新的时期我们一定要避免由于现在大数据的发展，特别是现在强调中央的权威，就忽略了地方的自主性、积极性，因为中国幅员辽阔，各地的资源禀赋、区位优势、社会联系、社会资本都非常复杂，必须要发挥中央和地方两个积极性，这两个积极性其实是发挥众多主体的积极性，因为中国的地方不仅是 31 个省市自治区，还包括省级下面的地级市、县，甚至到乡、镇、村、街道办，每一级都有大量的人力资源、大量的存量资本和本身的资源优势，这种积极性的发挥就会让整个中国的经济充满活力。中国的改革丰富多彩，这种设计机制的核心就是要建立一个有效的激励机制，特别是在 GDP 竞争，将 GDP 增长和政绩挂钩这种模式示范情况下，给地方政府一个明确的导向，比如说，环保导向、产业升级导向、社会稳定导向、生态优美导向，这些导向引导地方政府积极地作为，中国经济就会出现万马奔腾的景象。

程冠军：关于两个积极性要辩证地看，中国是一个大国，之所以我们这些年来改革开放取得的巨大成绩就是因为两个积极性发挥还是不错的，这里面也有一些问题有时候处理不好，中央政府在有些权力方面过于集中，使地方政府的积极性不够。还有一个情况就是，地方积极性很高，有时候也会绑架中央。一个时期甚至出现了"政令不出中南海"的现象。

中共十八大以来，尤其是中共十九大以后，这个状况将会得到更大的改善。原因是"四个意识"的加强。就像习近平总书记所强调的那样，这就像"众星捧月"，这个"月"就是中国共产党。他还用象棋棋局中的帅与车马炮的关系，形容党领导一切的地位与作用。习近平总书记强调，"在国家治理体系的大棋局中，党中央是坐镇中军帐的'帅'，车马炮各展其长，一盘棋大局分明"。

杨万东：发挥两个积极性，重点是发挥地方的首创精神。一是因为中国是一个大国，各地区资源禀赋、历史文化、产业状态、人口特征都有很大差异，只有各地区勇于探索、大胆创新，才有可能发挥各地优势，闯出新路。二是中国从短缺性经济到今天变为产能大量过剩之后，已需要从赶超型经济转向创造型经济，经济发展的不确定性增强，需要从局部的小规模的试点中积累经验、吸取教训，这种情况下就不能采取一刀切、齐步走的方式，而需要大胆探索、小范围试点，不断总结提升，由小到大、由点到面，这样可以减少大规模试验的试错成本并避免出现全局性的错误。三是分级治理模式是世界各发达经济体的成功运行模式。德国和美国的州一级政府、日本的县一级政府，很多著名的城市，都有一定的立法权、行政法和财政税收权，都实现了地方的有效治理。四是发挥两个积极性实际上是适度向地方分权，有利于地方官员各守其责，接受当地人民的监督，接受中央政府的委托，既造福一方，又维护大局。中国40年改革开放的实践证明，地方政府的GDP竞争模式其后都转向了更为综合的政绩竞争模式，一些地方在改革中大胆地试、大胆地闯，不断冲破原有体制的束缚，成为中国经济强劲增长的动力和地方发展的主导力量，在新时代，这种积极性仍需大胆鼓励和提倡，并且引导到地方政治、经济、文化、生态的全面发展上。

程冠军：关于中央政府和地方政府的关系，中共十八大以来，这个问题得到了很好的解决。目前是这样一种逻辑关系：党领导政府，中央政府领导地方政府。习近平总书记指出，中国共产党的领导是中国特色社会主义最本质的特征，党政军民学、东西南北中，党是领导一切的，各个领域、各个方面都必须自觉坚持党的领导。"党中央是大脑和中枢，党中央必须有定于一尊、一锤定音的权威。党的地方组织的根本任务是确保党中央决策部署的贯彻落实，有令即行、有禁即止。"我们理直气壮地坚持党领导一切和党的全面领导以后，中央政府与地方政府的关系反而更好处理，"政令不出中南海"的问题得到彻底解决。

开创中国新道路

10.1 "陷阱"焦虑与倍增前景

张建君：现在"陷阱论"很流行，有人讲中国面临"中等收入陷阱""修昔底德陷阱""金德尔伯格陷阱""塔西佗陷阱"等一系列陷阱问题，充分说明中国道路既有光明的未来也面临着前所未有的挑战。从经济学的角度来看，在"二战"之后的全球经济发展中，以拉丁美洲国家为代表的一系列中等收入国家确实陷入了"中等收入陷阱"之中，值得关注。这些发展中国家为什么未能跨越中等收入，原因是多种多样的。

总体来看，一是制度问题。发展会让你对于制度有全新的认识，但这个制度究竟是本土生成的制度还是外来移植的制度，不是可以自由选择的项目，必须尊重历史传承与自发演进，不能盲目迷信最佳制度设计，历史的经验教训是，所谓陷入"中等收入陷阱"的这些国家，基本上都是过度迷信制度移植而被推入了"中等收入陷阱"的社会动荡之中。

二是创新难题。这些国家基本以初级产品为主，走的是粗放式的发展道路，在最关键的技术创新方面没有完成历史性跨越。一个国家从低收入向中等收入乃至向高收入发展的过程，事实上是一个产业结构的转型升级、一个社会发展从低质量向高质量的历史性跨越过程。在这一过程中，一个国家要为世界文明作出自己的贡献，就要技术创新、文化发达，能够为世界产生引领性的作用。在这方面，许多发展中国家恰好没有完成这样一个历史性的转变，创新严重不足，不可能赢得持续的发展，遑论现代化制度创新。

三是危机的挑战。这些陷入"中等收入陷阱"的发展中国家普遍遭遇了经济和金融的振荡和危机,甚至有的还遭遇了政治危机,2018年8月爆发的土耳其"里拉危机"是一种复合型经济危机的最新样板,很有可能把土耳其几十年高速增长的成果毁于一旦,使土耳其经济陨落在迈向高收入国家门槛之前,触目惊心、值得警惕;这种经济和金融的振荡与危机昭示全球化背景下的发展中国家向高收入国家的跨越,必须在全球化的竞争中赢得自己的发展机遇,要形成抗打击的不二法门。所以,现代化发展的挑战仍然摆在中国面前。中国能不能打造更加成熟、更加定型且独具特色的社会制度,能不能完成从粗放向集约的发展方式转变,形成以中国创造来替代中国制造的历史性跨越,把中国真正转变成一个对于全球发展既具有技术贡献,又具有制度示范效应的全新国家,是我们必须直面的一大挑战。

中国发展的成功经验之一,就是在过去40年保持了经济社会的稳定发展环境。在未来的高质量发展时期,稳定仍然是中国最为重要的一个发展条件。我认为,要清晰地看待"中等收入陷阱"所带给我们的发展经验、教训和启示。在"中等收入陷阱"的冲击面前,中国要不断地补短板、强弱项,最终实现从中等收入国家向高收入国家的历史性跨越。完成这一历史性跨越,我们将打开一个全新的发展前景,中国将很有可能真正走在了现代化、全球化发展的康庄大道,标志着中国将在21世纪重新成为世界强国。在这方面,我们既要看到挑战,同时也要坚信我们仍然拥有倍增的广阔前景。日本在人均GDP跨过高收入国家门槛以后,1982~1995年的大约13年时间里,成功实现了人均GDP从10065美元向4万美元的跨越,这个巨大的倍增前景给我们一个同样巨大的启示,这就是中国要敢于把日本的成功转化为中国的发展前景,既要注意防范全球化金融风险,更要抢抓全球化发展机遇。从1978年人均GDP190美元到2000年实现向854美元的两个翻番,我们用了22年;从2000年865美元实现向2017年8860美元的10倍增长,我们用了17年;展望未来,在中国的经济增长里这样广阔的倍增前景和态势是仍然存在的,只要我们很好地把握中国经济社会发展中的短板、弱项以及体制机制弊端,勇于进行思想观念的转变和全面深化改革开放,中国完全有可能把日本曾经创造的奇迹转变为中国的发展现实。

在大国跨越的历史关头，也会有迷惘、动摇，甚至信心不足，甚至有些人仍然抱有一种懒惰、消极的心态来看待中国未来的广阔增长前景。从最近一个时期国内舆论对胡鞍钢教授"五个全面超越"的强烈抨击，确实可以看出胡教授有学术浮躁的一面，但从中也看到了不少人的鸵鸟心态，想稀里糊涂超越美国的"聪明梦"千万不要去做，中国超越美国一定是清清楚楚、明明白白的超越，一定要有技术较量、经贸斗争，甚至持续不断的政治经济斗法；否则，你只能寄希望于美国是个傻子国家，而这似乎与美国国会五花八门、此起彼伏的辩论声音并不吻合，美国国会旷日持久的辩论绝不仅仅是内政，而是全球国家的一举一动，甚至个别国家的具体政策举措，都在他们的讨论范围。可以说，他们深刻关注并研究着全球，而我们仍然想偷偷成长为全球经济强国，这怎么可能？如果大家有兴趣研究一下美国从"二战"结束一直到目前为止的经济总量状况，就会发现一个显著的特点，这就是美国的经济总量在它的20世纪50年代、60年代、70年代和80年代，包括21世纪前10年都创造了倍增和翻番的奇迹，20世纪90年代是唯一没有能够实现经济总量翻番的时期。美国这个低速增长的现代化国家，为什么经济总量仍然呈现出一种倍增的态势，值得我们关注，让我们震惊！这大约是世界普遍增长福利带给世界最强国家的最大福报。

中国在前期持续发展的基础上，人均GDP增长的倍增态势已经形成，如果把美国经济总量的倍增态势转化为中国未来的经济前景，中国有望开创21世纪发展中国家快速实现从低收入国家向发达国家历史性跨越的经典案例。千里之行始于足下，面对从中等收入向高收入国家的历史性跨越机遇，我们要尽可能地采取各种有效的改革举措，攻克体制机制的弊端，补齐发展的短板弱项，正确地引导社会价值观念，从而把中国的发展推向一个全新的现代化阶段。

杨万东："中等收入陷阱"是这几年经济学界很关注，也讨论了很久的一个话题。中国人均GDP面临1万美元的压力线，是对中国经济新常态的严峻挑战。很多人质疑，中国现在的体制机制和产业技术水平能不能跨过"中等收入陷阱"，会不会再出现阿根廷当年在8000美元附近始终徘徊，几十年难以跨越的现状。从现在中国已经走过的路来看，中国的社会稳定、经济的持续增长，应该说给跨越"中等收入陷阱"提供了一个前提和基础，但是中国不能简单类比于日本，不能简单类比于一些小的经济体，因为日本的人口总量是中国的1/10以下，大概1.2亿人，日本国土面积比中国小很多，大概是1/25。关键的问题是，日本曾经是第二次世界大战的一个列强，曾经在20世纪初的时候，已经是一个世界强国，它的工业基础虽然在第二次世界大战中受到重创，但是它的工业技术能力和主要的人力资源都得到了保存。特别是战后，它在美国的保护伞下完全专注于经济发展所爆发出的使经济高速增长的能力，这些都具有特殊的历史背景。中国现在发展主要的问题就是，它受到了全世界的关注，特别是经济总量居世界第二之后，受到了在历史上的所谓的"老二效应"的影响。实际上德国、日本、苏联在历史上都曾经处于世界上经济总量第二的地位，但是，没有跨越到第一。美国是因为两次世界大战这种特殊的历史原因，而这两次大战都爆发在美国本土之外，美国又成为两次世界大战的战胜国，这种特殊的状态和美国作为世界大战军火的供应商、英国"租借法案"的主要资金提供者和国际经济秩序持续的主导者，由于这些特殊的地位，所以美国在"二战"后取代了英国，成为世界第一。

当中国的经济总量接近美国的时候，我们已经看到，美国不管中国怎么解释，它对中国高科技产业的打压，对"中国制造2025"规划的敏感都表明，中国在冲破"中等收入陷阱"时所面临的国际局势的严峻性。所以，中国政府和中国人民在这件事情上首先要注意的是，要把陷阱焦虑转化为稳定地夯实基础，搞活机制，稳定地发展，特别是把我们的短板补齐，把机制搞活，然后把40年发展过程中存在的问题逐步地有效解决，这样中国跨过"中等收入陷阱"就应该是一个可以预期的事情。

现在我们不能够在已经成为世界经济体总量第二的情况下沾沾自喜，自认为自己具有挑战美国世界第一地位的能力，跨越本身的意义更多的是要从新的机制、新的目标这些角度，甚至包括占领道德的制高点，从这个角度，本身我们的发展不要被别人视为眼中钉,这是一个很敏感的问题,在自己的实力已经足够强大的时候,适度低调也是一种合理的选择。这些年日本选择了一种特殊的战略,保持低调,做好产业,现在日本经济和产业成长在很多方面走在了世界的前列,在中国自己的内功不足、技术创新能力严重依赖国际技术支撑的情况下,主要的任务还是做好自己科学技术产品的开发,人才的培养,产业的扶植,把这些工作做好了,"中等收入陷阱"的跨越就是一个自然而然的事情。

10.2 全面小康与现代化跨越

张建君:"决胜""打赢""开启"是最能体现当前中国发展阶段性特征的关键词。"决胜"全面建成小康社会,这是中国共产党人的第一个百年奋斗目标;"打赢"脱贫攻坚战,这是决胜全面建成小康社会的最大难题与短板;"开启"社会主义现代化强国建设的全新征程,这是中国共产党人的第二个百年奋斗目标。

在这个"决胜""打赢""开启"的历史阶段,我们必须缔造与此理念高度呼应的一代新人。现在,中国的发展,不但需要在技术创新体系、经济结构方面实现全面的转型升级,最为重要的是要在全体国民头脑中来一场思想的革命。在1978年改革开放之初,迫于不能够解决温饱问题,中国开启了改革开放的一场伟大革命,致力于解决人民的温饱难题。现在,在40年改革开放成就基础上,我们迫切地需要把中国真正地转变成一个现代化的强国,物质基础已经日新月异、翻天覆地,而人民的精神、思想仍然停留于向现代人跨越的前夜,要切实解决人们不合时宜的落后思想,特别是那些封建的、特权的、迷信的落后思想，必须荡涤而去、彻底消除。

一是要形成健全、独立的现代人格，用现代社会的思想观念、文明理念、精神状态武装中国的老百姓，推动中国老百姓从小富即安、温饱生活、良民循吏向独立精神、自由意志、法治人格的方向转变。

二是让"大道之行，天下为公，选贤与能，讲信修睦"成为中国社会的全新风尚。只有中国人从人格上、从自我的角度、从思想革命的领域实现了全新转变，在决胜全面建成小康社会的背景下我们才能以更为积极、更为主动、更加具有创造性的实践来推动中国发展，推动中国的创新。

三是打造现代化的大国气质与大国心态。中国所欠缺的不是人民的勤奋，也不是外在物质的充裕，中国现在所欠缺的就是一个现代化的大国气质与大国心态。我经常讲到我的姐姐和我的姐夫，从1984年下岗，开了一个小商店，我的姐姐从早上9点开门到晚上10点关门，30多年如一日，我有时候痛苦地想，她的人生有什么价值追求、有什么意义？后来，在儿子需要买房子的时候，她作为一个母亲为了自己的儿子不用贷款，能够一次性支付数百万的购房款，体现了一个传统的中国母亲对于子女最博大的爱，这反映的就是中国人民的勤奋，每一个中国妈妈，每一个朴素的中国人都有这样一种不计付出、勤劳创造的宝贵品质。放眼于全社会我们会发现，这种宝贵品质并没有成为全社会的一种共识，仍然有大量的社会群体梦想着一日暴富，仍然有大量的社会群体存在着不以劳动为光荣、反以劳动为无能的错误思想，黄赌毒现象一度沉渣泛起，笑贫不笑娼、卖拐现象受到追捧，甚至法治观念淡薄、个人欲望膨胀、在公共场所为所欲为，这些完全不是现代化强国国民的社会追求与行为特点，所反映出的仍然是转型时代人们所特有的思想观念与行为特点，既有短视，更多浮躁。

所以，伟大的中国现代化历史性跨越，需要的是一个现代化的健全人格和大国气质。拥有现代化的健全人格，加上中国人民的聪明勤奋，中国就能够创造惊天地泣鬼神的业绩。一方面，我们切实要把国民最为纯粹的勤劳品质、现代化的独立自主与法治化要求相结合，形成一种以天下为公与个人自由相结合的法治化行为主体，用全新思想武装中国人。另一方面，中国的发展既有物质形态的全面的创新超越，更要有在思想观念方面全面的自我的革命和自我的创新，真正把中国古人讲的"日新日新日日新"的思想注入我们现代化发展的全新人格。

我们认为，有这样独立精神、自由意志的养成，加上法治化的制度环境，中国的现代化征程就站在了一个全新的起点上。如果我们仍然还停留在传统的精神格局，受到市场经济不良倾向影响，还有传统、保守、封闭、特权，甚至封建的一些思想观念存在，中国的现代化跨越就要面临一个非常艰难的思想挑战、一个非常艰难的人格跨越，中国就很有可能是一只脚已经跨入了物质充裕的社会，而思想观念、行为特征仍然停留在传统时代，这不可能成就一个现代化强国。

程冠军：小康，这个词汇第一次出现在《诗经·民劳》：民亦劳止，汔可小康；惠此中国，以绥四方。从传说中的三皇五帝，到尧、舜、禹，再到夏、商、周，中华民族始终没有放弃对美好生活的向往与追求。到了春秋时期，中华民族的中国梦就更加明晰了。儒家经典著作《礼记》"礼运篇"就提出了"大同"的概念：大道之行也，天下为公。选贤与能，讲信修睦。故人不独亲其亲，不独子其子；使老有所终，壮有所用，幼有所长，矜、寡、孤、独、废疾者皆有所养；男有分，女有归。货，恶其弃于地也，不必藏于己；力恶其不出于其身也，不必为己。是故谋闭而不兴，盗窃乱贼而不作，故外户而不闭。是谓大同。

这段话的意思是说，大道实行的时候，天下是属于大家的。政治上，选拔贤良，委任有才能的人。人人讲求信义，和睦相处。社会上，每个人不只是爱自己的父母和儿子，也爱别人的父母和儿子。老年人有所养，成年人有工作，幼年人健康成长，即使是残废有病的人都有所托所养。这样的社会秩序是：男的有职业，女的有家庭。每个人从事生产劳动，尽力做事，不必专门为自己考虑。人与人之间没有阴谋和欺诈，没有强盗和小偷，也没有乱徒和贼党，社会安定和谐，所以老百姓连大门都不需要关闭。这就是大同世界。

儒家文化既有"大同"之理想，但也没有完全脱离现实。禅让制时代终结之后，"大同"社会变得越来越遥远了。为此，在最终目标遥不可及的情况下，孔子又提出了一个中长期目标，这个目标就是"小康"。儒家对"小康"的解释是：今大道既隐，天下为家：各亲其亲，各子其子，货力为己；大人世及以为礼，城郭沟池以为固；礼义以为纪——以正君臣，以笃父子，以睦兄弟，以和夫妇；以设制度，以立田里；以贤勇知，以功为己。故谋用是作，而兵由此起。禹、汤、文、武、成王、周公，由此其选也。此六君子者，未有不谨于礼者也。以著其义，以考其信，著有过，刑仁，讲让，示民有常。如有不由此者，在埶者去，众以为殃。是谓小康。

这段话的意思是说，如今既然天下再也无法行大道，天下已经成为一家一姓的天下了。人人只孝敬自己的父母，爱护自己的子女，生产财物和付出劳动，都只为了自己。有地位的人将爵位传给自己的子弟，然后不断地加固城池以保基业永固，并且按照礼义来制定法度，确立君臣的名分，加深父子的恩情，使兄弟和睦、夫妻和谐。由此而设立各种制度，划定田里疆界；以此推举贤达的人，奖励为自己效力的人。这样一来，人和人之间就会产生盘算和阴谋，战争也就由此而起。夏禹、商汤、周文王、周武王、周成王和周公，这些代表人物，他们治理国家都是通过上述标准来进行的。这六位贤君，没有一个不是小心谨慎地运用礼制来治国的。他们以此来确立社会的是非标准，使百姓既诚实守信，又知错能改，崇尚仁爱，讲求礼让。整个社会有法可依，有章可循。如果有人违反法度，即使是有权有势的人，也会被绳之以法，而广大民众也会对其人人喊打。这样的社会就叫作"小康"。

儒家认为，在"大同"社会里，财产公有，人人平等，社会和谐。这是人类的最高理想。"小康"则比"大同"低一个层次，是建立在小生产、小农经济和私有制基础上的封建世袭社会，但即使这样，只要像夏禹、商汤、周文王、周武王、周成王和周公六位贤君那样，以德和礼治国，做到治理有方，就会实现社会稳定，国泰民安。

儒家思想既提出了"大同"与"小康"社会的理想追求，同时，也给出了实现这个目标的方法路径，这就是《礼记》《大学》篇所提出的"格物、致知、正心、诚意、修身、齐家、治国、平天下"。儒家思想认为，只要按照这17个字循序渐进，一步一步地走下去，就可以达到"小康"，同时就可以一步步接近"大同"世界。

儒家的"小康"与"大同"是封建社会形态下的朴素理想和至高追求，也是古代中国原始的中国梦。为了这个梦想，仁人志士和封建士大夫们在漫长的历史岁月里苦苦追寻了2000多年。虽然中国封建历史上也出现了多次的辉煌盛世，然而这些盛世最终都盛极而衰、轰然倒塌。古代中国的中国梦虽然没能够实现，但它却是一盏不灭的灯火，永远点燃着中华民族的希望之光。

儒家把《诗经》里的"小康"这种中华民族的朴素理想上升到理论。从此小康也成为中华民族的美好愿望。

邓小平提出的"小康社会理论"既借鉴了儒家文化中"小康"的概念，同时又赋予传统"小康"新的时代内涵，即中国特色社会主义和社会主义现代化。从"小康之家"到"小康社会"，从此以后，我们的现代化建设就被赋予了以小康的形式出现，小康就成了我们改革开放以来也就是在现代化的历史进程当中追求的第一个目标——等到中国共产党成立一百周年的时候，把中国全面建成小康社会。这个全面小康也有历史进程，从邓小平提出的"小康之家"到"小康社会"，又到"全面建设小康社会"，再到"全面建成小康社会"，在党的历次报告当中，它的表述是逐步向前升级的。这其中既有邓小平同志当年提出的"小康之家""小康社会"的理论基础，同时，也是我们党在近年来建设小康社会的进程当中，不断丰富和发展的。在发展的过程当中，我们又把奋斗目标和"两个一百年"结合起来，即在中国共产党成立一百周年的时候，中国全面建成小康社会；等到新中国成立一百周年的时候，把中国建成富强、民主、文明、和谐、美丽的社会主义现代化强国。

我们要看到全面小康与现代化的跨越问题，首先，解决了全面小康之后，精准脱贫，到2020年完成这个目标之后，我们要实现全面跨越。小康是不是现代化？小康是现代化的一部分，为什么中国两千多年的封建社会没有实现小康呢？有一个事情要关注，我们过去两千多年的朴素理想，一开始追求大同，后来大同不存在了，又追求小康，为什么没有实现？虽然历代君王也有一些贤君来治国，中国历史上出现了多次辉煌，为什么没有实现小康？这里有一个最大的问题——小康需要现代化的条件。中国近三千年的农业文明，只是一个自给自足的自然经济和小农经济，永远无法满足大多数人的共同富裕。所以，小康社会永远实现不了。小康社会的实现必须有一个巨大的条件就是现代化，工业文明赋予了这个现代化的能力。

从现代化的跨越上来看，中共十九大已经作出了跨越的战略部署，把第二个一百年奋斗目标分割成了两个阶段，第一个阶段就是第一个15年即2035年实现基本现代化，在基本现代化的基础上再奋斗15年，把中国建设成富强、民主、文明、和谐、美丽的社会主义现代化强国。这就实现了现代化的又一次跨越，这个跨越里面，分成几个阶段，全面建成小康社会是第一个阶段；从全面建成小康社会到基本实现社会主义现代化是第二阶段；从基本实现社会主义现代化到建设成富强、民主、文明、和谐、美丽的社会主义现代化强国是第三阶段。

张建君：中等发达国家的说法，是邓小平当时根据20世纪七八十年代的发展水平提出来的，现在世界银行的国家分级里面没有这个说法。邓小平时代世界中等发达国家的人均GDP是4000美元。世界银行每两年发布一次不同层级国家的人均GDP收入指标，现在高收入国家的门槛是12275美元以上，按照2010年的标准，中等收入国家包括了人均GDP从1006美元至12275美元的诸多国家，这些都叫中等收入国家，分为下中等收入国家和上中等收入国家两个层级。我们现在正处于上中等收入国家的收入水平，发达国家的门槛是人均GDP达到3万美元以上，我国正处于上中等收入国家向高收入国家跨越的关键时期，不进则退。

杨万东：小康水平是邓小平同志一直在讲的，而且标准是更加中国化的一个标准，定这个标准是为了使中国的发展目标具体化，因为在1984年的时候，他的标准就是2000年达到年人均GDP达到800美元，解决温饱，我们现在已经是小康水平的10倍以上，但是全面小康就是要使贫困人口的收入水平也要达到这个标准之上。2020年中国全面脱贫，人民群众整体都实现小康。但是这个标准如果按照现代化的标准讲，其实是一个基础标准。

2017年中国的人均GDP已经达到8800多美元，已经远远超过了邓小平同志确定的小康标准，但是，中国并不富裕，也远远没有达到现代化需要的标准，甚至还没有跨越"中等收入陷阱"。为什么说我们还没有达到现代化的标准呢？一是人的现代化还没有完成。中国2300多年的皇权统治，对中国人的思维模式打上了深深的重官重权的烙印，民间思维中最重的是官本主义，年轻人的就业选择，首先求权，求权不可得则求利，所以年轻人的选择首选作公务员当官，当官不可得则去金融机构求利，一般性选择也是权大责小挣钱多，事闲活少能任性，这就很难有远大的理想和追求，投机成风，精致地利己；生活中则是以自我为中心，思维绝对化、模糊化，缺少批判性思维和自我反省能力，更缺少担当精神和责任意识。二是中国科技创新能力还受制于人，基础研究不足，原创性技术缺少，既有芯片之痛，也有脱实向虚之困，为数不多的科技专业人才不能安心科研，无法为中国产业的升级提供充分的科学技术保障。三是教育体制从小学、中学到大学思维固化、僵化，主要仍停留在知识传授、道德说教、题海训练阶段，升学率仍是核心指标，无法胜任新时代对一代新人培养的光荣任务，学生创新性思维、创业创新能力、团队协同能力、动手动脑能力、处理不确定性等现代化建设能力严重不足。四是宗法性社会关系仍是人际关系的核心联系，血缘、亲缘、友缘、乡缘、学缘等各种社会关系仍在社会中大行其道，并形成人们发展的阶层固化与人员使用内部化，"拼爹"和"人脉"成为流行词就是这种社会现象的现实写照。五是有法不依、权大于法、不守规则、玩弄权术、权钱交易、选择性执法等法治不健全的问题仍未得到根本解决，特别是官僚主义与形式主义相结合，更是形成对中国现代化建设的重大障碍。

总之，人的现代化是现代化的前提，在人的现代化的基础上，我们才能说整个社会治理结构的扁平化，发展机会的公平、公正、竞争有序，才能使经济体系现代化，使经济、社会、文化、生态都能够实现一种全面的超越。中国的现代化应该吸收人类文明的精华，同时，继承中国优良的传统，再把现代科学技术和社会组织形式有机地结合起来，这样才能把社会的发展和经济的发展有机结合起来，使中国走向真正的现代化。这样出来的经济成果就不会是少数人的垄断和寡头的独霸天下，而是一个全民共享、共同发展的社会格局。

张建君：改革开放初期，中国人均 GDP 约 190 美元，和非洲最贫困的国家埃塞俄比亚排在一起，解决不了人民的温饱问题。邓小平同志在陪同朝鲜领导人金日成赴四川访问途中，曾经有点愤慨地讲到：我们干革命几十年，搞社会主义三十多年，截至 1978 年，工人的月平均工资只有四五十元，农村的大多数地区仍处于贫困状态。这叫什么社会主义优越性？1983 年，在视察江苏等地了解到苏州市工农业总产值人均接近八百美元后，邓小平同志兴致勃勃地指出：看来，四个现代化希望很大。到世纪末实现翻两番，要有全盘的更具体的规划，各个省、自治区、直辖市也都要有自己的具体规划，做到心中有数。落后的地区如宁夏、青海、甘肃如何搞法，也要做到心中有数。我们要帮助各省、自治区、直辖市解决各自突出的问题，帮它们创造条件，使它们的具体规划能够落到实处。这成为邓小平同志提出"三步走"战略部署的初始条件与决策思路，由此中国开始了改革开放以来的经济长征。前两番，从 1978 年的人均 GDP 约 190 美元到 2000 年的 854 美元，我们用了整整 22 年的时间，由于人口基数大、底子薄，我们付出了相当于日本从 1950 年人均 GDP 约 240 美元扩张到 1971 年 2000 美元所花费的时间；难能可贵的是，到 20 世纪末，我们完成了人均 GDP 翻两番的奋斗目标。这一时期的经济发展也证明，低水平条件下的快速经济增长，并不意味着人均 GDP 的快速增长，这是一个值得关注的重要经济现象。

2003 年，中国人均 GDP 第一次突破了 1000 美元，达到了 1090 美元。中共十六大提出到 2020 年全面建设小康社会的奋斗目标，其中，人均 GDP 达到 3000 美元是第一位的经济指标。但仅仅用了 5 年，2008 年中国人均 GDP 就突破了 3000 美元，2017 年这一数据达到了 8860 美元，这意味着在过去的近 10

年时间里，中国的人均 GDP 几乎再次增长近 3 倍，这是非常令人震惊的成就。这表明，中国已经步入了国际发展经济学所谓的人均 GDP 在 3000～10000 美元的快速倍增期，这就是中国所要积极抢抓的战略机遇期。回顾改革开放的 40 年发展，中国正是在这样一个客观务实的目标基础上才创造了现在的发展奇迹，为现代化建设奠定了坚实的基础。在这方面，邓小平同志的贡献居功至伟，怎么评价都不过分。

可以说，中国在饱受指责的经济改革中释放了全社会的创造热情与生产活力。当前，中国已经站到了依靠法治规范推进改革的崭新起点。过去，有人习惯于批评中国人信仰的缺乏，西方社会也对中国人在信仰方面所采取的实用主义态度颇有微词。但 40 年的市场经济改革实践，让"效率就是生命，时间就是金钱"的经济观念成为中国人民的改革共识。现在，展望法治中国的改革蓝图和伟大进程，我们最伟大的创造性工作，绝不是停留在简单的西方法治语境中来推进中国的以法治国实践，而是要让中国特色社会主义的法治思想深入人心，让法治中国成为人民的共同愿景，真正让法律成为人民的信仰。

10.3 中国历史的纵贯线

张建君：回顾中国历史，上下五千年，创造了无数的奇迹，经历了无数王朝的更替，既创造过农业文明的辉煌，也经历过工业化的切肤之痛。回顾中国的历史发展，确实存在着"其兴也勃、其亡也忽"的历史周期律。

中国社会如何跳出这种历史周期律，关键在于打造一个人尽其才、物尽其用的制度架构。历史地来看，中国社会容易形成一种行政官员的利益化、官僚化和权威化，最终形成了官本位的社会，使人们以当官为荣耀，而不以创造创新为人生价值的封闭循环体系，最终误导社会向错误的方向发展。甚至在这种发展中，政府控制了社会的各种资源，最终让社会变成一个围绕政府进行资源配置的权力分配型社会，这一权力分配型的社会形成了世袭制、家长制、特权制，扼杀了社会的创造动力与创新活力，最终制约了中国向现代社会的全面崛起。中国共产党给中国带来了全新的社会制度，就是社会主义，通过改革开放我们正在创造一个全新的中国特色社会主义制度，绝不能重蹈历史的老路。

在打通中国历史的纵贯线方面，要用中国特色社会主义的制度创新，来有效消除封建社会官本位流毒的回归。在官学研商一体化发展方面打通"旋转门"，对于政府官员实行严格的管理，切实把社会资源交由市场化机制进行配置，并通过一系列的制度改革来破除以官为贵的社会习俗和风气，从而把中国社会真正引入一个清明廉洁、高效开放、公平法治的社会政治体制和社会政治架构中，让科技人才和专业人才真正成为这个社会人人所向往的一种奋斗目标，而不是仍然把官本位作为社会评价的基本标准，甚至在官本位的基础上，仍然把社会资源控制作为政府部门的主要职责。

在这方面，我认为中国长期封建社会没有能够跳出历史周期律的一个最大问题，就是官本位没有得到有效破除；如果能够有效打破中国历史上所形成的这种官本位传统，中国历史就走出了新的格局，中国就有望打破历史纵贯线，从而创造出能够与现代化发展相匹配的社会评价体系和社会发展价值目标，把中国社会引向一个全面走向创新、开放、公平、公正的法治化发展新格局。让人民以创新为己任，让社会以创造为评价方向，让自由、自尊、自重、自强成为社会氛围，中国就真正走在了世界强国的前列。

程冠军： 关于历史周期律，毛泽东当时回答黄炎培说："我们已经找到新路，我们能跳出这个周期律。这条新路，就是民主。只有让人民来监督政府，政府才不敢松懈。只有人人起来负责，才不会人亡政息"。进入信息时代以后，互联网的普及以及移动互联网的快速应用，使人民监督政府更加便捷、更好实现。中共十八大以来，很多腐败官员都是被通过网络举报出来。互联网刚刚兴起的时候，有的学者就指出，互联网时代的兴起是草根政治和草根民主的兴起。

我们要打破历史纵贯线和历史周期律，重要的是要进行自我革命。我们是一党长期执政，要想保持长期执政就必须进行自我革命。我们今天面临"两大革命"：一个是社会革命；另一个是自我革命。自我革命就是自我净化、自我完善、自我提高、自我革新，"四自能力"也是共产党人解决历史纵贯线和历史周期律的一把钥匙。

杨万东：中国历史的周期振荡，当年金观涛和刘青峰曾经专门写过一本小册子来讨论这个问题。中国历史王朝更替，200～300年经常就是一个周期，300年左右都是长周期了，元朝不到100年，隋朝也是不到100年，秦朝更短，中间唐朝盛世出现了"安史之乱"。我们虽然历史悠久，但是战火频频，王朝更替非常频繁。而且每一次王朝更替都是城毁人亡、玉石俱焚，造成了人民的颠沛流离和人民生命财产的重大损失。所以，历史给我们一种严酷的警示，中国社会的发展确实要考虑长治久安的问题，让人民能够安心，让社会能够平稳地发展。

怎么跨出这个历史周期律，怎么验证它，比如官本位，肯定是一个因素，我们从秦朝以来，就一直奉行"以吏为师"，科举制度也是为了挑选官员，甚至在科举制度之前的举孝廉也是以官为荣，学而优则仕，都是以这个为目标。所以，中国人从上到下，甚至在很局部的范围，比如小的单位企业都是争权夺利，这种现象有非常深厚的文化传统。由于有这种文化传统，我们就缺少把一个事情做到极致的工匠精神，比如日本、德国那种"隐形冠军"式的企业、"隐形冠军"式的技术，我们都缺少。而且历史上长期把掌握着特殊技术的技能认定为奇技淫巧，采取一种歧视的态度。所以，中国社会这些历代的社会精英最后都是投奔官府为官，这种体系对于维持中国社会几千年的封建传统、封建体制确实有帮助，但是对于中国社会现代化的推进，特别是以技术来推动社会的进步，就是严重的不足。而且我们看到中国的历史，全是官家史，都是王朝更替史，都是战争和争霸的历史，我们的民间史、科技史、专业史都非常单薄，我们的先人在人类历史过程中所作出的很多细微贡献，都淹没在皇家历史更替的小小细节中。所以，中国社会这种变迁，官本位确实需要打破。

但是，我们这个社会同时更多地还是要主张以人为本。官本位的原因就是对民众的尊重不足，对民权的忽视，对民众呼声的忽视，因此，人民利益常常是被忽略的，听不见民众的呼声，看不见民生的诉求。所以，每一次王朝更替最后都是社会最底层的民众起身造反，最后把一个皇权统治推翻。现在中国社会能不能走出这个周期律，官本位看起来是一个现象，更主要的是对民众利益诉求的忽视，对普通人的不尊重。所以，中国社会走出这个历史的纵贯线，打破这个周期律的根本就是要以人为本、以民为本，人民的利益高于一切。如果能够做到这一点，民间的舆情、民间的诉求能够充分表达，社会矛盾能够迅速化解，中国社会的稳定、经济可持续就能够延续。如果让社会矛盾不断集聚，让一部分人根本就无法生存下去，这部分人就会成为暴民，他们在一段时间内可以成为顺民，但是当达到生存的极限，当他们感觉对未来无望，对现实不满的时候，就成为社会中一个巨大的破坏力量。避免产生暴民，消除社会底层人群的绝望，给他们以希望，给他们以机会，这是中国社会打破历史周期律，实现平稳发展的一个基本保证。

程冠军：我们党和国家处于一个特定的历史方位，在这个历史方位上，我们面临着"四大考验"和"四种危险"。"四大考验"分别是：长期执政考验、改革开放考验、市场经济考验、外部环境考验。四种危险分别是：能力不足危险、脱离群众危险、消极腐败危险、精神懈怠危险。这"四大考验"的每一种考验，"四种危险"的每一种危险，对于共产党人的长期执政都是致命的威胁。

打破历史纵贯线和历史周期律需要建设学习型政党。中共十七届四中全会正式提出建设马克思主义学习型政党，到了中共十八大的时候提出了建设"学习型、服务型、创新型马克思主义执政党"。学习型政党解决了一个很好的问题，就是解决了能力不足，推动自我革命。学习型政党建设的目的是把我们的党打造成为一个终身学习、持续学习的政党。综观封建历史上历代王朝的兴衰教训，任何一个王朝在成立之初的时候都是励精图治、团结一心、斗志昂扬、无往不胜。但经过若干年的积累，取得一定成绩之后，这个团队中的一些人就出现想歇歇脚的想法，有的人想论功行赏，有的人开始贪图享乐，由享乐演变为奢靡，最终由奢靡导致亡国。中国共产党要解决这个问题，就要把党建成一个终身学习、持续学习的马克思主义学习型政党。

中共十八大为什么提出建设学习型、服务型、创新型马克思主义政党？如果我们党不能建成学习型、服务型、创新型的执政党，这个党就无法长期执政。在学习型政党建设方面，习近平总书记提出的新要求是中国要"永远学习""全党来一个大学习"。

建设学习型政党不是单纯地读书看报，不是单纯以获取新知为目的的学习，而是提高我们党的行动能力，也可以说是保持党的先进性。2000年6月《学习时报》发表一篇文章《落日的辉煌——17、18世纪全球变局中的康乾盛世》。该文章揭示了中国为什么从康乾盛世之后不到100年，最后竟然大大落后于西方。文章发表以后，江泽民同志亲自批示，要求中央政治局的同志们都要学习，要写心得体会。这篇文章警示我们：如果我们的政党不是一个学习型的政党，我们就不能长期执政。

学习型政党的建设解决了"学以警醒、学以沟通、学以创新、学以升级"的问题。学习型组织是从西方借鉴过来的。美国麻省理工学院的弗瑞斯特教授在系统动力学的基础上提出了学习型组织的概念，之后，他的学生彼得·圣吉对学习型组织进行了深入研究，出版了专著《第五项修炼》，该书一个核心的问题就是"五项修炼"：自我超越、改善心智模式、建立共同愿景、团队学习、系统思考。其中，系统思考是核心。彼得·圣吉认为，一个团队要想打造成学习型团队，必须具有系统思考的能力。他认为，在五项修炼中，系统思考最重要，系统思考排在第五项，因此这本书的名字也叫《第五项修炼》。中共十八大以来，习近平总书记更加强调马克思主义哲学观、系统观、全面观，提出了"四个全面"战略布局，这就是典型的系统思考。

打破历史纵贯线和历史周期律需要系统思维。全面深化改革就需要系统思维，否则就不叫全面。2013年9月，习近平总书记在党外人士座谈会上指出，全面深化改革是一项复杂的系统工程，需要加强顶层设计和整体谋划，加强各项改革的关联性、系统性、可行性研究。社会治理也需要系统思维，否则就不能推进国家治理体系和治理能力现代化，更不可能实现善治。2017年9月，习近平总书记在会见全国社会治安综合治理表彰大会代表时强调，要坚定不移地走中国特色社会主义社会治理之路，善于把党的领导和我国社会主义制度优势转化为社会治理优势，着力推进社会治理系统化、科学化、智能化、法治化，不断完善中国特色社会主义社会治理体系，确保人民安居乐业、社会安定有序、国家长治久安。

张建君：经济社会发展归根结底是人的活动，人才是一切社会活动中最为重要的主体，如果离开了人才的培养，一切经济活动都很难奏效。人们为什么崇拜美国模式，问题的关键就是，美国的体制机制逼人干事、人才有用武之地。不同模式的竞争归根到底就是不同人群的竞争，有没有超前的人才培养和使用机制就意味着有没有发达的发展模式。所以，美国模式的发达靠什么？许多人为什么对美国有这么高的信任度，说到底就是美国形成了人才培养和应用的健全制度。必须承认，影响目前人们社会生活的重要发明创造大多数是在美国问世的，美国拥有绝对数量最多的诺贝尔奖得主和发明专利，美国拥有世界上最先进最发达的教育系统，美国拥有世界上最灵活、最刺激、最优厚的人才激励机制。

1783年，美国才从殖民地的状态独立起来，却只用了100多年的时间就成为一个工业化的强国，再用100多年的时间成为全球的超级大国；与此同时，中国则从康乾盛世滑落到了一个半殖民地半封建的社会。在经历了百年的腥风血雨之后，才重新找到了一条改革开放发展的新路，到现在仍然处于发展中国家的行列，人均GDP也处于全球的中等靠后的水平。如果中美做一个比较，最大的区别就是，美国的制度是逼人干事，而中国的制度则是不让人干事，甚至在某种程度上还会遏制人的创造性，把人变成一个体制的附属，会让人依附于这个制度，失去自主创新的冲动、甘于平庸；这正在成为全面深化改革的最大敌人。

回溯历史，中国文化的制度安排往往是自上而下的民主文化，最大的隐患就是易于养成官本位的文化毒瘤。跻身其中的人，初始都有以天下为己任的情怀,奈何光阴荏苒,无数才情难敌柴米油盐酱醋茶的现实盘剥,最终不免于世俗。兼之,在中国的政治中,官员是一种终身职业,甚至可以权力遗传,使各色人等蝇营狗苟,投怀送抱、相互勾结,公器遂为私用也。由此形成了中国传统制度最大的劣根性,就是靠政治积累财富。马克斯·韦伯在分析大清封建制度的时候,曾经深刻地指出:中国的官儿,是官儿也是收税人——事实上当官儿的就是收税人,他们有积累财富的理想机会。马克斯·韦伯在此专门罗列了一条史料作为注释:广东的"河伯"(海关监督官兼关税负责人)以其巨大的蓄财机会而闻名——头一年的收入(20万两)抵了捐官费,第二年的还了"礼钱",最后一年,第三年的归己。为了维持和稳定这种官员利益的获得途径,中国官场会发生缓慢的衰变,即在政治生活中越来越偏重礼仪与行政管理技术,并且用中国官员农民式的狡黠使一切看起来无懈可击。中国农民社会的人文主义最终将走向繁文缛节,通过不断地完善和改进偏重礼仪与行政管理技术的政治特征,陷入新一轮走向无所作为、陷于应酬的政治游戏之中。直到这种平静的腐败无法维持社会的稳定,才由革命和流血开始社会的新生。

　　这些封建的、传统的制度糟粕和冠军讲的要打造学习型社会都是密切相关的。为什么会形成这样一种不让人干事的体制弊端,就是中国人口众多,最终在强势政府的管理过程中,形成了精致的利己主义的官本位制度,管理者在这种既得利益的享受中固化着这种体制机制的排外与僵化。所以,我们要警惕中国社会在走向富裕之后,再次向精致利己主义的官本位制度滑落。甚至在最为优秀的人才进入政府后,自觉不自觉地承担起精致利己主义技术官僚的制度设计者,而罔顾社会鲜活的创造和创新实践,从而使社会新陈代谢、自我创造发展动能逐渐衰弱,使社会弊病丛生、暮气沉沉、无所创新、因循守旧、封闭落后,在循规蹈矩、按部就班中把国家再次拉回历史的老路。

　　在这方面,中国特色社会主义要大胆突破,就必须打造一种逼人干事、逼人创业的全新制度安排,大力破除被各种技术官僚所强化的官本位制度再次回归,用开放、透明、法治、公平的制度设计消除官本位的形成机制,用大道至简、天下为公的理念保持社会制度的活力与张力,用现代化制度创新剔除传统因循守旧的制度残存。

程冠军：讲到人才，习近平总书记说要"择天下英才而用之"。如何才能择天下英才而用之？一个政党、一个国家、一个管理团队，是否是一个优秀的团队，是否是一个能保持旺盛生命力的团队，关系到这个团队的生命力。这一点，从中国2000多年历史的经验教训里面可以看出来。春秋战国时期，是一个人才涌现、智慧涌流、群星灿烂、思想大爆炸的时代。春秋五霸、战国七雄的崛起都是因为人才而崛起。拿齐国来讲，齐国之所以当时能够崛起，就是因为齐桓公重用管仲这个人才。齐国崛起因为重用人才，其衰落也是因为失去人才。齐桓公在他的晚年远离贤臣管仲，重用开方、竖刁、易牙等奸臣宵小，最后竟然被困在宫中活活饿死。再看楚国，楚国也是因才而兴，我们都知道有一个词叫"惟楚有才"。但是，楚国连屈原这样忧国忧民、一腔正义的人竟然都被小人逼上绝路，遭到楚王流放，最后跳进汨罗江而死，最终楚国也是才尽国亡。

再看大清王朝，清朝灭亡的一个重要原因也在于人才。清朝的末期发生了很多故事，我们看《官场现形记》，发现里面描写的很多官员都像傻子一样，用一个词叫"颟顸"，意思是糊涂无能，什么事情都做不了。举个例子，慈禧太后在召集大臣议事的时候说，洋人要打来了，哪位爱卿可以退敌？其中有一个大臣就禀告说，洋人是直腿，不会弯曲，我们只要演练下三路枪法，洋人一登陆我们就打得他们落花流水。慈禧高兴地奖励他、赏赐他。有点常识的人就能看出这个大臣胡说八道，但慈禧太后居然深信不疑！全场的官员其实有人是知道这位大臣是在胡说八道，但是为什么没有人敢揭穿他呢？因为当时的清政府已经昏聩到了极点。甚至被称为近代以来"睁眼看世界第一人"的林则徐一开始也认为洋人是直腿。林则徐刚到虎门去销烟的时候，给皇帝上了一封折子，大意是说：臣到虎门以来，得到两条密奏，一条是洋人的腿不能弯曲，我已经安排军民操练勾连枪。另一条是，洋人长期吃牛肉等不易消化的食物，如果没有中国的茶叶和大黄，他们就会腹胀而死。我已经安排军民把茶叶都藏起来。洋人上岸以后，没有茶叶和大黄就会腹胀而死。当然，林则徐不是昏官，最后他发现了这两条密奏都是假的。最终虎门销烟的结果是，林则徐被发配新疆伊犁。晚清政府为什么会出现了一大批昏官？这就是因为大清团队出问题了。龚自珍在清末的时候发出"我劝天公重抖擞，不拘一格降人才"的呼喊也正是由于这个原因。现在我们党也是面临这个问题。执政若干年以后，体制机制里就会出现一些消极的东西，慢慢地会出现一些老好人，不干事的人在这个团队里有市场，一些官本位的人也会有市场。共产党人不解决这个问题就会影响长期执政。如果选择的官员都是一个个不干事、不作为，专门投机钻营、吹牛拍马之人，最终整个官员体系都会出问题，最终的结果必然导致人亡政息。

我们现在要解决这些问题，鼓励干事创业的人，但是绝对不能要老好人。老好人多了，团队就变成了一个昏庸团队。那样的话，这个团队既不能打仗御敌，也不能治国理政。因此，我们一定要按照习近平总书记提出的"择天下英才而用之"，建立一个各种人才能够脱颖而出的体制机制。要打破过去传统的职称评定体系、先进模范评比机制、人才评价体系、教育评价体系，包括官员政绩的评价体系等。

10.4　中华民族的伟大复兴

杨万东：中华文明源远流长，无论是中原的仰韶文化还是辽河流域的红山文化，都有5000年以上的可以用器物标识的历史；用冶铜技术、文字、城邦三大文明来检定，也能证明中国在公元前3000～公元前2500年就已进入文明的门槛。中国文字近可以用3500年前商代中晚期的甲骨文来证明，远则可以用6000年前仰韶文化时的陶器上的刻画符号来表达。在距今约5000年前中国仰韶时期即有小铜刀在仰韶遗址被发现；山东的龙山则发现了距今约4700多年的有数百至数千人聚居的城邦。中国先民在中国开创的文化流传成为世界七大古文明中一脉独传、延续不断的特殊一支。千年传秦制，汉唐流雄风，汉唐之时，中国就开西域，通日本，友结八方，四海来朝，达到农业文明时期的世界巅峰。其后虽朝代更替，多经战乱，但儒家经典完整、道家文化深厚、佛家香火不断，并与中国的诗词歌赋相伴随，与诸子百家的多元思想相聚合，形成中华文化特有的坚韧和包容、开放与自信，历经劫难而绵延不断。中华古文明在陆权为主的农业文明时代傲然屹立于世界各民族之林！

15世纪起世界进入海权为主的时代后，先有西班牙、葡萄牙借地理大发现之风纵横大洋，再有荷兰以"海上马车夫"的身份活跃于欧亚美各洲，再有英国以工业革命之力称雄世界，继而还有以军事强权和工业能力想要挑战龙头地位的德国和日本，后来则出现了苏美双寡头形态的两个超级大国主持全球大局的状态，苏联最终在与美国为首的西方国家角斗中疲于应对而被解体。

苏联解体的教训极其深刻，必须认真吸取！

中国的发展与民族复兴首先是文化的复兴，是中华文化天人合一情况下与世界现代文明的交互与共融，是现代科技与人伦教化的新的聚合与文明推进。中华民族绝不仅仅是一个经济的重商的民族，中华文化不是一种对世界的简单交流与融合，而是一种对人类命运的终极关怀，有着悲天悯人的强烈的诗人气质和舍生取义的英雄情怀。因此，中华民族的复兴必使中国在打造人类命运共同体中负有崇高责任并做出重大贡献。

程冠军： 中华民族伟大复兴有着深厚的历史底蕴。中华民族伟大复兴，"复兴"前面加了"伟大"两个字，就表明我们不仅仅是要恢复往日的辉煌，而是要走在世界发达国家的前列，使中华民族巍然屹立于世界民族之林。

改革开放40年来，我们的经济建设取得了巨大成就，文化建设也取得了一定的成就，但是相对于经济建设而言，我们的文化建设是滞后的，正因为这样，改革开放以来，社会上一度出现了"端起碗来吃饭，放下筷子骂娘"，一度出现了理想信念缺失、仇官仇富现象。一个13亿人的大国如果没有一个共同的前进目标，就像一艘没有航标的巨轮，没有目标将驶向何方？正因为如此，习近平总书记才提出实现中华民族伟大复兴的中国梦，目的是要给全球中华儿女找到一个共同的奋斗目标。无论你生活在世界上任何一个地方，只要你的骨子里流着中华民族的血液，都不反对中华民族伟大复兴。找到了这个最大公约数，还要为它找一个通俗易懂的代名词。这个代名词就是中国梦。"中国梦"三个字不仅中国人听得懂，外国人也听得懂。我们要用中国人听得懂的语言讲好中国故事，也要用外国人听得懂的语言讲好中国故事。

回头看中华民族伟大复兴的历史起点，首先要看1840年这个历史节点。1840年第一次鸦片战争，1860年第二次鸦片战争，1894年中日甲午战争，1900年八国联军进中国，中间还加了一个中法战争。五场战争之后，使旧中国这个主权国家被西方列强瓜分豆剖，中国人成了亡国奴，中华民族的命运到了历史上最坏的时期。但是，我们的民族精神并没有被毁掉，也就是在从那时起，中华民族的仁人志士们就兴起了中华民族伟大复兴的百年宏愿。中华民族的概念是梁启超提出来的，民国政治家张君劢在"中华民族"后面又加了"复兴"两个字，这就是"中华民族复兴"一词的来源。谈到中华民族伟大复兴还有一个更关键的人物，这就是中国民主革命的先行者孙中山。孙中山一生有两大贡献，一大贡献是他领导的辛亥革命推翻了两千多年的封建帝制，建立了中华民国临时政权。第二大贡献是，他提出了"振兴中华"之目标。"振兴中华"这个口号到今天依然没有过时。近代以来，一代又一代中华儿女为振兴中华而不懈奋斗。中华民族复兴、振兴中华都是中华民族伟大复兴早期的代名词。

孙中山、黄兴、宋教仁、蔡元培、闻一多、鲁迅……还有许许多多的仁人志士，他们都是无数中华民族追梦人中的杰出代表。在清朝末期这个历史舞台上，各种思潮风起云涌，各种党派林立并起，但最后真正承载起中华民族伟大复兴历史重任的杰出代表是中国共产党人。为什么这个历史重任落在了共产党人的肩上？我们看到，在清末的历史舞台上，一些有代表性的思潮纷纷出现，他们分别是以慈禧太后为代表的保守派，保守派的结果是断送中国，使中国人成了亡国奴；这时候又出现了以曾国藩、左宗棠、李鸿章、张之洞为代表的洋务派，洋务派"师夷之长技以制夷"，向西方学习富国强兵之路，在中国兴起洋务运动，洋务运动建成亚洲第一大海军——北洋水师。然而，随着1894年甲午海战的隆隆炮声，北洋水师全军覆没，洋务派破产了。这时候，中国的仁人志士清醒了，他们认为，中国的问题不是武器的问题而是思想的问题，这时就出现了以康有为、梁启超、谭嗣同等，包括光绪皇帝在内的变法维新派。变法维新派的结局是什么呢？百日维新以失败而告终，"六君子"喋血北京菜市口！这时候又出现了以孙中山为代表的旧民主主义革命派，也被称为资产阶级民主主义革命派，孙中山领导的旧民主主义革命推翻了两千多年封建帝制，建立了中华民国临时政府。然而，孙中山所领导的旧民主主义革命的胜利果实，很快就被以袁世凯、张勋等为代表的复辟派给窃取了。复辟派窃取了辛亥革命胜利果实之后，中国就进入了北洋军阀时期，北洋军阀16年间，换了8个总统，换了30个政府内阁，打了300场内战。整个中华大地狼烟四起，军阀割据，民不聊生。

各种思潮和党派，你方唱罢我登场，各领风骚一两年。整个中国陷入了国将不国、生灵涂炭的可怜境地，中华民族的美好梦想也就此魂飞梦断。对于当时的中国，毛泽东在1950年10月写给柳亚子的《浣溪沙》中这样形容："长夜难明赤县天，百年魔怪舞翩跹。"在旧中国的历史舞台上，各种派别和思潮粉墨登场之后，都以失败而告终。

中华民族的命运到这个时候，进入历史的最低点。谁来拯救中华民族于水火？这个历史担当就交给了中国共产党。这是历史的选择、时代的选择、人民的选择。历史有它的偶然性，但更多的是必然性。正当西方列强不断地瓜分中国的时候，"一战"结束之后，1919年，在巴黎和会上，日本窃取了德国在中国胶州湾的实力范围。为了捍卫主权，"五四运动"爆发了。五四爱国运动，为中国共产党的成立奠定了思想上和干部上的准备。此前的1917年，俄国爆发了"十月革命"，"十月革命"一声炮响，给中国送来了马克思列宁主义。这两个历史事件正好给中国共产党的成立带来了历史机遇。只有真正了解了清末这段历史，我们才会明白，为什么中国不能搞资本主义，不能搞自由主义，不能搞无政府主义，不能搞君主立宪，为什么不能搞两党制、多党制、轮流制，等等？因为这些主义、思潮和制度在旧中国的历史舞台上都已经上演过了！他们你方唱罢我登场，各领风骚一两年，他们都失败了。为什么失败？因为中国的土壤和文化不适合它们，中国的国情不适合它们！

"中华民族伟大复兴"概念最早出现在中共十三大报告中，中共十五大报告再次出现。江泽民同志在北京大学100周年校庆和美国的哈佛大学演讲的时候，两次提到中华民族伟大复兴。之后，"中华民族伟大复兴"这个词汇就正式进入了中共十六大报告以及中共十七大、十八大报告。更为重要的就是，习近平总书记在中共十八大召开之后不到一个月就带领中央政治局常委参观复兴之路展览，把中华民族伟大复兴诠释为中国梦，赋予中华民族伟大复兴新的时代内涵。

自中共十八大以来，以习近平同志为核心的党中央，不断丰富中国特色社会主义理论体系，坚持中国道路、坚持改革开放、坚决从严治党、坚定理想信念，提出了实现中华民族伟大复兴的中国梦。尤其是中共十八届三中全会明确了全面深化改革的总目标，即"完善和发展中国特色社会主义制度，推进国家治理体系和治理能力现代化"，并提出"到2020年，在重要领域和关键环节改革上取得决定性成果，形成系统完备、科学规范、运行有效的制度体系，使各方面制度更加成熟更加定型"。这个目标正使中国梦一步步变为现实。中共十九大提出"在全面建成小康社会的基础上，分两步走在本世纪中叶建成富强民主文明和谐美丽的社会主义现代化强国"，把第二个一百年奋斗目标进行了加速和升级，这表明中华民族伟大中国梦离我们越来越近了。

如何实现中华民族伟大复兴？我们就得运用改革开放这个时代法宝、关键一招。如果我们把中国梦进行阶段性的划分，首先就是要全面建成小康社会，其次才把中国建成富强、民主、文明、和谐、美丽的社会主义现代化强国，最后才是实现中华民族伟大复兴。这个历史进程靠什么来实现？当然要靠改革开放。中国在清末落伍以后，我们比西方发达资本主义国家已经晚发展100年，中华民族伟大复兴的过程，是一个追梦逐梦的过程，是一个赛跑的过程，人家西方发达国家在这个跑道上已经比我们早跑了 100 圈了，况且我们在奔跑人家也在奔跑，我们要奋起直追、迎头赶上，就要靠改革开放。改革开放是决定当代中国命运的关键一招，也是中国大踏步赶上时代的重要法宝。

改革无坦途，改革无穷期，改革正当时！

改革开放四十年，重整行装再出发！

张建君：20 世纪 80 年代有一首广受欢迎的摇滚歌曲——《梦回唐朝》，反映了中国人对于中华民族伟大复兴的渴望和期盼。中华民族在世界上从来就不是一个弱小的民族，中华文明上下五千年垂而不绝，伟大的英国历史学家汤因比指出，全世界有 22 种文明，有 14 种已经灰飞湮没，有 7 种转型成了其他文明，只有一个文明，就是我们中华文明五千年垂而不绝。中华先民创造了灿烂辉煌的文明历史，现在要重新唤醒国人血脉中的文化自信，小国心态适应不了大国崛起。

中国的落后，就落后在了 1840～1949 年的 100 年，这 100 年中国人付出了沉痛的代价。1820 年，中国处在封建社会的最后一个盛世——康乾盛世，创造了封建社会生产力的巅峰时期。按照世界经合组织首席经济学家安格斯·麦迪逊的测算，1820 年大清王朝是全球经济总量第一的国家，按 1995 年的国际元进行核算，经济总量达到了 1912 亿美元的规模，占了当时世界 10 个主要经济国家经济总量的 28.6%，比目前美国占世界经济的比重还要高。

中国为什么会快速滑落为积贫积弱的落后国家？毛泽东曾经指出："我国从十九世纪四十年代起，到二十世纪四十年代中期，共计一百零五年时间，全世界几乎一切大中小帝国主义国家都侵略过我国，都打过我们，除了最后一次，即抗日战争，由于国内外各种原因以日本帝国主义投降告终以外，没有一次战争不是以我国失败、签订丧权辱国条约而告终。其原因：一是社会制度腐败，二是经济技术落后"（《毛泽东文集》第 8 卷，第 340 页）。经济合作与发展组织首席经济学家安格斯·麦迪逊同样指出了两大原因：一是外来的殖民侵略；二是内部的政治制度腐败。

回顾中国历史，为了更好地把中华民族推向伟大复兴的光辉前景，中国共产党整整奋斗了一百年才为此光辉前景奠定了坚实基础，中华儿女在此别无他路，只有奋勇向前、努力完成这一伟大的民族使命。我在2011年写过一篇文章，阐述中华民族经历了千年未有之屈辱后，现在迎来了前所未有的历史性机遇。从公羊春秋三世说的角度看，中国的发展正处于从升平世向太平世历史性跨越的关键时期。按一世百年的逻辑来看，1840~1949年，就是中国人积贫积弱、水深火热的一百年，付出了惨痛的历史代价，是典型的"据乱世"。从1949年到21世纪中叶，完成从低收入国家向高收入国家的历史性跨越，就是当下中国的"升平世"，只有通过中国人民的勤劳奋斗、改革开放，才能把中华民族重新推向伟大复兴的光荣时刻，真正走向中华民族的伟大复兴。到21世纪中叶，中国人均GDP跨过发达国家的门槛，才有望开创中华民族新的更加辉煌、更加伟大的复兴前程，在中国特色社会主义制度基础上开创伟大的中华民族的又一个太平盛世。在这样一个伟大的历史时刻，我们的头脑必须极其清楚和冷静，就像习近平总书记所指出的，中华民族的伟大复兴不是轻轻松松、不是敲锣打鼓就能够实现的。

中华民族的伟大复兴，第一，要有坚定不移地捍卫中华民族伟大崛起的军事力量和国防体系。在中国人民富起来之后，能不能有强大的军事和国防力量来确保国民财富，已经成为中华民族在21世纪所面临的最大挑战。历史的经验教训就是，在中国人富起来的过程中，一定要把中国人武装起来，要让中国在全球化的发展过程中主动地走出去，实现与全球化同频共振的发展，需要一个更加强大的武装力量来捍卫国家主权、推进国防体系的建设。在这方面，中国要"吃一堑长一智"，要把历史的经验教训转化为中国和平崛起的万里长城，只有拥有一流的军队、强大的国防，才有中华民族伟大复兴的力量保证。

第二，历史的经验告诉我们，任何一个制度长期执行都会产生相应的弊端。中华民族历史纵贯线也告诉我们，曾经创造了辉煌的封建制度最终走向了没落，甚至形成了对生产力的束缚、对国民创造性的束缚、对社会思想的束缚，这些经验教训要深刻吸取。中国特色社会主义制度的发展，也要牢记传统社会制度带给我们的弊端，要真正解放思想、推动创新，解放社会生产力，解放社会的创造性，这些重大的制度安排要有历久弥新、开放包容的优秀品质，从而把中国的发展推进到一个全新的历史方位。重回全球经济总量第一，这应该不是我们中国人的梦想，是中国经济社会发展一个能够达到也必然达到的发展目标。中国有13.9亿的人口，精壮劳动力有2亿多人，是世界上人口最为庞大的国家，美国人口只是我们的一个零头，但是美国创造了比中国更大的经济总量，这就是先进的优势，也是一个动态的相对优势。从中国再次回到全球经济总量第二的发展趋势来看，这是改革开放40年的成果，再次验证了一个庞大人口创造更为庞大经济总量的历史必然，这靠的既是中华民族的勤劳进取，也靠的是技术创新所带来的发展动力。当前，超越美国已经不是一个时间问题，而是一个汇率问题。所以，我们既不要过高估计美国的发展高度，也不要小看我们自身的发展潜力，成为全球经济总量第一的国家，是中华民族伟大复兴的必然结果。

只有增强政治制度的信心，才能不在西方的制度理念里迷失中国道路与制度的优势，要使我们以人民为中心的制度优势更加鲜明，使发展的成果让人民普遍受益，让人民真正得到思想的解放、选择的自由，得到更多个人自主意愿的表达空间，把中国真正打造成一个公开、透明、民主、平等、富有活力的现代化社会。

第三，推动中国文化的历史性跨越，让中华文明重新振兴。中华文明是最具有价值和潜力的优秀文化，有包容开放、和谐天下、协和万邦、四海大同的宏伟愿景，构建人类命运共同体就是要用中华民族的文化理念为世界文明作出贡献。所以，毛泽东同志在1949年新中国成立前后明确讲，中国人一定会富起来，但是中国人富起来之后，我们以什么样的姿态为世界文明作出自己的贡献，毛泽东的讲法就是，我们将以更加文明的国家为世界文明作出自己的文化贡献。毛泽东明确指出，"我们共产党人，多年以来，不但为中国的政治革命和经济革命而奋斗，而且为中国的文化革命而奋斗；一切这些的目的，在于建设一个中华民族的新社会和新国家。在这个新社会和新国家中，不但有新政治、新经济,而且有新文化。"在这方面,用构建人类命运共同体的伟大愿景不但要引领中国文化的现代化,而且要引领全球文化的"各美其美,美美与共",使中国不仅是世界经济的增长极,而且是世界先进思想文化的策源地和创造者。

第四,推动中国社会的历史性跨越,让和谐中华全面实现。在这个过程中,要切实转变人民的思想、转变人民的观念,让中国人大道之行、天下为公的理念不是停留在古代,而是用现代的制度、现代的科学技术、现代的生活场景和现代的社会制度熔炼为中华文明的新高峰,充分展现中国社会的历史性进步——特别是从据乱世、升平世向太平世演进过程中所创造的经济成就和文化辉煌,从而打造中华民族更加繁荣和昌盛的伟大前景。

第五,推动生态文明的历史性跨越,让美丽中国成为全球样板。中国经历长久的战火考验和长期艰难困苦的建设,可谓是生态文明建设的后发国家,在改革开放的四十年成就基础上,要把中国真正打造成一个生态文明的美丽中国,让美丽中国成为这个蔚蓝星球上的耀眼明珠,为全世界树立一个全新的生态文明典范国家,让21世纪的美丽中国照耀全世界。

现在,中华民族正在迎来前所未有的历史机遇,好事不断、喜事连绵,2018年是改革开放40周年,2019年是中华人民共和国建国70周年,2020年是中国人民全面建成小康社会的一年,2021年是中国共产党建党一百周年。伟大的中国共产党和中国人民将完成中国共产党第一个百年奋斗目标,实现全面建成小康社会的百年梦想,从而全面开启社会主义现代化强国建设的第二个百年奋斗目标。站在40年改革开放的成就基础上,展望中华民族伟大复兴的辉煌前景,我们有充分的理由相信——我们中国人民在中国共产党的领导下已经走上了一条正确的、成功的发展道路,改革开放就是我们的制胜法宝、关键一招。

回顾过去,依靠改革开放,我们赢得了过去;展望未来,依靠全面深化改革、扩大开放,我们必将赢得未来!

参考文献

1. 中共中央编译局编:《资本论》(一至三卷),收入《马克思恩格斯全集》,第44~46卷,北京:人民出版社2001年版。

2. 中共中央文献研究室编:《毛泽东文集》(1-8),北京:人民出版社1993年版。

3. 邓小平:《邓小平文选》(1~3卷),北京:人民出版社1993年版。

4. 中共中央宣传部:《习近平总书记系列重要讲话读本》,北京:学习出版社、人民出版社2016年版。

5. 胡乔木:《胡乔木回忆毛泽东》,北京:人民出版社2014年版。

6. 杨万东、张建君、黄树东、朱安东:《经济发展方式转变——"本土派"与"海外派"的对话》,北京:中国人民大学出版社2011年版。

7. 张建君:《全球化视域下的中国发展道路研究》,北京:人民出版社2017年版。

8. [英]阿诺德·汤因比:《历史研究》,郭小凌、王皖强译,世纪出版集团、上海人民出版社2005年版。

9. [美]塞缪尔·亨廷顿:《文明的冲突与世界秩序的重建》,周琪、刘绯、张立平、王圆译,北京:新华出版社2002年版。

10. [德]马克斯·韦伯:《新教伦理与资本主义精神》,阎克文译,北京:生活·读书·新知三联书店1987年版。

11. [美]费正清:《美国与中国》,张理京译,北京:商务印书馆1973

年版。

12. ［印］阿马蒂亚森：《以自由看待发展》，北京：中国人民大学出版社2002年版。

13. ［美］弗朗西斯·福山：《历史的终结与最后的人》，陈高华译，桂林：广西师范大学出版社2014年版。

14. ［法］皮凯蒂：《21世纪资本论》，巴曙松译，北京：中信出版社2014年版。

15. ［德］斯宾格勒：《西方的没落》，吴琼译，上海：上海三联书店2014年版。

16. Pillahury, Michael. The Hundred-Year Marathon: China's Secret Strategy to Replace America as the Global Superpower. Henry Holt and Company, LLC., 2016.

后　记

2018 年，注定是一个不平凡的年份。中国伟大的哲人孔子说过：三十而立，四十不惑。2018 年，是中国改革开放的四十周年，中国社会走过了翻天覆地的改革历程，但中国仍是一个世界上最大的发展中国家。不惑之际话改革，首要是做好自己的事情，让 13.9 亿中国人沐浴于现代文明的阳光之中。中国的现代化是中国人自己的事情，对于中国崛起过程中纷扰的各类杂音，最好的回答就是文艺复兴时期意大利著名诗人但丁的那句名言："走自己的路，让别人说去吧！"

本书三位作者分别成长于祖国的西南、西北和华东地区，见证了中国"文革"的混乱、计划经济的短缺和市场经济改革的曲折与辉煌，杨万东教授领衔合著的《经济发展方式转变：本土派与海外派的对话》已被译为英文将在海外出版，张建君教授的新著《全球化视域下的中国发展道路》受到了理论界广泛好评，程冠军先生的诗作《你从梁家河走来》掀起了全国诵读的热潮。四十年，我们行走于中国大地，冷眼观察着世界的风云变幻；也曾走出国门，略感欧风美雨、苏东近况；更都著书立说，期待以文会友；还经风吹浪打，不忘砥砺前行。我们经历各有差异，观点互有不同，但对改革开放都有真知灼见，对中国发展都有一腔热情，对民族复兴都有无限期待，对中国未来都是满怀信心。

四十年披尽狂沙始见金，四十年弦歌不辍搞改革；四十年中国翻天覆地，四十年人民斗志昂扬；四十年中国改革不惑，四十年人民幸福安康；四十年改革开放再出发，四十年人民感谢共产党。四十年，伟大的中国梦正在扬帆起航；四十年，金灿灿的岁月绽放出迷人光芒；四十年，中国人的生活变了模样；四十年，中国更加坚定了前行的方向。我们啜饮着岁月的芳华，为改革开放而歌唱；我们擦亮灰色的理论，还原生活的亮丽；让书香散发出时代的光芒，让思想传递出民族的心声！听，那咆哮的黄河，那奔腾的长江，那巍巍的珠穆朗玛峰……还有大漠、戈壁和平原。听，那力挽狂澜的号角，那开辟时代的春潮，那改革开放的石破天惊……那些渐渐远去的伟大的灵魂和身影。这是一个民族的拼搏与呐喊，这是一个伟大国家崛起的声音和力量！我们同行，我们和您同行，我们中华民族五千年风雨如歌——人民同行，扣住那时代命门的手啊，就再也不会放松。我们，有幸捧起那奔腾入海的历史浪花，唱响一个民族的时代之音，礼赞中华民族生生不息的精神和灵魂，我们只有怀着谦卑的真情……向时代致敬！向您致敬！向伟大的中华民族致敬！

我们认为，改革开放是中国的制胜之道、关键一招，不管还有多少曲折和困难，不管内外阻力有多大，只要坚持中国共产党的正确领导，坚持改革开放不动摇，坚持中国特色社会主义市场经济道路不松劲，就一定能够战胜任何困难和挫折，迎来下一个更加灿烂辉煌的四十年！

感谢任毅、权衡、黄宗文、焦玉兰、蒋瑜等友人们的宝贵意见，为本书增添了不少光彩；感谢正在阅读本书的您，我们期待您的批评指正！

作 者
2018 年 11 月 1 日